Néstor García Canclini
Demokratie im digitalen Kapitalismus

BiUP General

Néstor García Canclini ist Honorarprofessor an der Universidad Autónoma Metropolitana de México, forschte als Senior Fellow am Maria Sibylla Merian Center for Advanced Latin American Studies (CALAS) in Guadalajara und war Professor an den Universitäten in Austin, Duke, New York, Stanford, Barcelona, Buenos Aires und São Paulo. Er war als Berater für die Organisation Iberoamerikanischer Staaten für Bildung, Wissenschaft und Kultur sowie im wissenschaftlichen Ausschuss des Weltkulturberichts der UNESCO tätig. Neben dem Guggenheim-Stipendium erhielt er zahlreiche nationale und internationale Auszeichnungen für seine Bücher.

Néstor García Canclini

Demokratie im digitalen Kapitalismus

Wie Bürger*innen durch Algorithmen ersetzt werden

Übersetzt aus dem Spanischen von Ann-Kathrin Lauer

Diese Publikation wurde gefördert durch das SUR-Programm für Übersetzungen des Ministeriums für Auswärtiges und Kultur der Republik Argentinien.
Obra editada en el marco del Programa "Sur" de Apoyo a las Traducciones del Ministerio de Relaciones Exteriores y Culto de la República Argentina

We acknowledge support for the publication costs by the Open Access Publication Fund of Bielefeld University.

Bibliografische Information der Deutschen Nationalbibliothek
Die Deutsche Nationalbibliothek verzeichnet diese Publikation in der Deutschen Nationalbibliografie; detaillierte bibliografische Daten sind im Internet über http://dnb.d-nb.de abrufbar.

transcript Verlag | Hermannstraße 26 | D-33602 Bielefeld | live@transcript-verlag.de
http://www.bielefeld-university-press.de

Umschlaggestaltung: Maria Arndt, Bielefeld
Lektorat: Martin Breuer, Olaf Kaltmeier
Druck: Majuskel Medienproduktion GmbH, Wetzlar
Print-ISBN 978-3-8376-5510-0
PDF-ISBN 978-3-8394-5510-4
https://doi.org/10.14361/9783839455104

Gedruckt auf alterungsbeständigem Papier mit chlorfrei gebleichtem Zellstoff.
Besuchen Sie uns im Internet: *https://www.transcript-verlag.de*
Unsere aktuelle Vorschau finden Sie unter *www.transcript-verlag.de/vorschau-download*

Inhalt

Einleitung: Gefangene Bürger

Es gibt einen Ort, an dem einmal Rechte galten, und an dem jetzt Ratlosigkeit herrscht: Ich spreche von der Lebenswelt der Bürger im globalen und digitalen Kapitalismus. Wer kümmert sich um uns Bürger? Viele Parteien und Gewerkschaften scheinen sich auf die Verteilung von Pfründen zu beschränken. Seit das Fernsehen Politik macht, wird Kritik an den Regierenden über den Bildschirm kommuniziert und wir als Bürger werden auf ein Dasein als Zuschauer reduziert. Das Internet suggeriert Horizontalität und Partizipation, aber es neigt gleichzeitig dazu, zwar hochintensive aber kurzlebige Bewegungen hervorzubringen.

Unsere Meinungen und Verhaltensweisen werden durch Algorithmen erfasst und von globalisierten Unternehmen ausgewertet. Der öffentliche Raum wird undurchsichtiger, komplexer und schwerer zu fassen. Die *Entbürgerlichung*, also die Entleerung der bürgerlich-zivilgesellschaftlichen Teilhabe, spitzt sich zu. Nur einigen wenigen gesellschaftlichen Gruppen gelingt es, sich neu zu erfinden und partielle Kämpfe zu gewinnen, etwa wenn es um Menschenrechte, Geschlechtergerechtigkeit oder Umweltschutz geht. Dennoch erhält und vertieft der neoliberale Einsatz von Technologien die chronischen Ungleichheiten im Kapitalismus. Welche Alternativen haben wir angesichts dieser Entmündigung? Dissidenz und Hackertum? Wo liegen unsere Wahlmöglichkeiten? Wie gestaltet sich die Beziehung zwischen Staat und Gesellschaft, wenn diese durch Technologien und Märkte neu programmiert und gleichzeitig von unabhängigen sozialen Bewegungen in Frage gestellt wird?

Entglobalisierung

Das Einzige, was letztendlich global geworden zu sein scheint, ist das Gefühl, dass wir nahezu alle zu den Verlierern gehören. Innerhalb weniger Jahre haben sich das Mandat zur Grenzöffnung und die Faszination für die Verbindung mit dem Unbekannten in ein Bedürfnis nach Entglobalisierung gewandelt. Die Briten stimmten dafür, die Europäische Union zu verlassen. Die EU als regionales Bündnis wird durch weitere Brüche gespalten: Zwischen Ost und West in der Migrationsfrage, zwischen Nord und Süd durch den Euro und unterschiedliche Strategien zur Bewältigung der ökonomischen Stagnation und der sozialen Missstände. Auf die offensichtlichen wissenschaftlichen Beweise für die Erderwärmung wird keine Rücksicht genommen, obwohl wir alle für sie verantwortlich sind und sie nur durch solidarische Zusammenarbeit gemildert werden kann. Die USA, China und andere große Umweltsünder isolieren sich zusehends.

Die Globalisierung wurde nach und nach durch den Vorwurf diskreditiert, sie habe vor allem auf junge Menschen durch Arbeitsplatzverlust und Kürzung von Sozialleistungen verheerend ausgewirkt. Weiterhin führe sie zu einem massiven Rückgang der Kaufkraft, schränke Rechte und Garantien für Bürger zunehmend ein und befördere das vermehrte Auftreten von *Fake News* und die Einschränkung der Privatsphäre. Kilometerlange Schlangen von Migrantenfamilien, Fotos von überfüllten Booten und Schiffbrüchigen, sowie Grenzmauern wurden zu performativen Denkmälern für die Verlierer der Globalisierung.

Gleichzeitig befördern die digitalen Technologien, verbunden mit der sozioökonomischen und kulturellen Globalisierung, auch positive Entwicklungen: Mehr Information und vielfältige Unterhaltung, Räume für Debatten und Partizipation, sowie Zugang zu Gütern, Nachrichten und Dienstleistungen, die inländisch sonst nicht verfügbar wären. In Lateinamerika etwa, wo ein hoher Prozentsatz der Staatsbürger vieler Länder im Ausland lebt (z.B. in Ecuador, Honduras, Mexiko, Uruguay und Venezuela zwischen 10 und 25 Prozent), genießen Menschen die Möglichkeit zur Kommunikation über das Internet mit weit entfernten Familienmitgliedern und Freunden. Ebenso können sie scharfe Salsas, Arepas oder Ceviche mit fast der gleichen authentischen Erfahrung wie in der Heimat genießen. Das Eigene wird, gemeinsam mit anderen Landsleuten, in einem Zustand der Entwurzelung konsumiert.

Wären Debatten wie #MeToo und »*Ni una menos*«, oder die Zusammenarbeit in der Wissenschaft und im künstlerischen Bereich auf Distanz und ohne soziale Netzwerke möglich? Die Rebellion gegen die negativen Folgen der Globalisierung und die Versuche vieler Länder, diesen etwas entgegenzusetzen, scheinen durch die Liste von neuen Freihandelsabkommen konterkariert zu werden: Am 28. Juni 2019 unterzeichnete die Europäische Union ein Abkommen zur Senkung der Zolltarife mit den Mercosur-Staaten, das noch der Zustimmung der beteiligten Parlamente bedarf. Am 30. Mai desselben Jahres initiierten 55 afrikanische Länder ein Freihandelsabkommen, das den Handel mit Gütern und Dienstleistungen für zweihundert Millionen Menschen auf dem Kontinent erleichtern wird. 2018 stimmten mehrere pazifische Volkswirtschaften, darunter Australien, Chile, Japan, Mexiko, Peru, Singapur und Vietnam, dem *Comprehensive and Progressive Trans-Pacific Partnership Treaty* (CPTPP) zu. Der Handelsblock, der von US-Präsident Barack Obama vorangetrieben worden war, soll zum Teil der chinesischen Expansion entgegenwirken. Inzwischen haben sich die USA unter Präsident Trump daraus zurückgezogen. Einige Analysten weisen darauf hin, dass die Globalisierung trotz der zunehmenden politischen Isolation, etwa der USA und der Briten, nicht aufhört. Dies wirft die Frage auf, ob eine neue Ära der Globalisierung ohne die USA beginnt (Oppenheimer 2019, 14).

Genauer betrachtet stellen diese neuen Abkommen Beispiele regionaler statt globaler Integration dar. Zahlreiche andere Erhebungen legen wiederum offen, dass Handelskriege und Wettbewerb zunehmen, und dass die Verfolgung von Immigranten und die Verletzung von Menschenrechten in den internationalen Beziehungen vorherrschen. Die problematische Geschichte der in den letzten zwanzig bis dreißig Jahren unterzeichneten Freihandelsabkommen macht nachdenklich: Was bringen diese Abkommen für Bürger, Verbraucher und Anwender? Mehr Arbeitsplätze und bessere Löhne oder prekärere Bedingungen, leere Dörfer und Migrationsbewegungen, die Familien spalten und ihnen ihre Rechte entziehen? Mehr Mauern, gekenterte Boote und eine total überwachte und eingeschränkte gesellschaftliche Bewegungsfreiheit? Tausende von Kindern, die an den Grenzen von ihren Familien getrennt werden, riesige Flüchtlingslager und Fremdenfeindlichkeit, den Verlust des Grundrechts auf eine Unterkunft, auf Gesundheitsversorgung und Bildung? Die Kürzung von Mitteln für die Kontrolle des Klimawandels und für die wissenschaftliche Forschung, und stattdessen die Förderung des verheerenden Extraktivismus? Die Vernachlässigung des Schutzes der Biodiversität, zum Beispiel im Amazonas-Regenwald und in den andinen Wäldern des amerikanischen Kontinents?

Lateinamerika ist auf verschiedene Weisen in diese globale Umgestaltung eingebunden. So zeichnet sich etwa ein Scheitern der Initiativen ab, die bis vor einigen Jahren die regionale Integration vorantreiben und Schritte zur Schaffung einer gemeinsamen Staatsbürgerschaft gehen wollten. Genannt seien an dieser Stelle ALBA, UNASUR und MERCOSUR. Die Pazifische Allianz, gegründet von Chile, Kolumbien, Peru und Mexiko, wird durch die politische Instabilität der drei letztgenannten Länder und durch die Schwierigkeiten bei der Neuausrichtung ihrer Wirtschafts- und Handelsbeziehungen gegenüber Asien eingeschränkt. Gleichermaßen sind die ältesten Organisationen (Lateinamerikanische Freihandelsvereinigung (ALALC), Organisation Amerikanischer Staaten (OAS), Organisation Iberoamerikanischer Staaten (OEI) und die *Secretaría General Iberoamericana*) nicht in der Lage, einen Beitrag zu einem nicht-regressiven Management des wirtschaftlichen Handels zu leisten und die Demokratie zu fördern, wie dies um die Jahrtausendwende noch stattfand. Ebenso versagen diese Institutionen beim Umgang mit Arbeitslosigkeit, prekären Lebensverhältnissen und gescheiterten Staaten.

Während der 1990er und 2000er Jahre äußerten sich die Fortschritte bei der Schaffung eines lateinamerikanischen Kulturraums in regionalen Programmen gemeinsamer Kulturproduktion, sowie im Informationsaustausch auf iberoamerikanischer Ebene (Ibermedia, Iberescena, Ibermúsica und Ibermuseos). Diese Entwicklung wurde ab 2008 durch den umfassenden Rückzugs Spaniens und die Rezession in vielen lateinamerikanischen Volkswirtschaften gebremst. So wurden seither weder Projekte zur Schaffung eines gemeinsamen iberoamerikanischen Fernsehsenders angestoßen, noch internationale Steuerabkommen geschlossen, um die Produktion und Verbreitung von Medieninhalten in der Region zu erleichtern. Sendesysteme und Medienplattformen wurden zwar entwickelt, darunter *Reina Latina* und *Pantalla Caci*, aber der Prozess eines multimedialen, digitalen Zusammenwachsens fiel fast vollständig in die Hände von Megakonzernen. Die Möglichkeiten zur Horizontalisierung der Kommunikation, zur größeren Reichweite kultureller Inhalte und zur Förderung der Bürgerbeteiligung bei öffentlichen Entscheidungen wurden dabei nicht genutzt (Canelas und Bayardo 2008; García Canclini 2018; Garretón 2003). Die wenigen Regierungen, die sich weiterhin so gut wie möglich um eine Integration und um demokratische Interaktionen bemühen, scheitern bereits daran, sich darauf zu einigen, wie sie den negativen Aspekten der Globalisierung gegenübertreten wollen.

Mit Blick auf die Länder des Globalen Nordens kritisiert Gayatri Spivak die beschriebenen Rückschritte und stellt fest, dass »Globalisierung ausschließlich in Bezug auf Kapital und Daten stattfindet« (2012, 17).[1] Vielleicht waren die schwerwiegenden sozialen Folgen des Bankencrashs von 2008 noch nicht deutlich genug. Vielleicht reichte auch die Tatsache nicht aus, dass Regierungen lieber Finanzspekulanten retteten anstelle der Arbeiter, die in den Privatbankrott getrieben wurden, oder der Gesundheits- und Kulturprogramme. Die durch die unberechenbare Natur des Kapitals verursachten Einschnitte in das alltägliche Leben der Bürger und Verbraucher gehen dabei Hand in Hand mit der Manipulation von Daten durch Algorithmen.

Spivak schrieb den oben genannten Satz, als wir uns noch wähnten, allzeit bestens informierte Internetnutzer zu sein. Heutzutage sind die Vorteile der globalen und schnellen Vernetzung verhängnisvoll mit dem Eindringen derjenigen in unsere persönlichen Bildschirme verbunden, die unsere Nutzungsgewohnheiten kommerzialisieren: Es ist nicht angenehm, sich täglich durch einen Dschungel aus Spam, unerwünschter Werbung und verdächtiger Nachrichten zu quälen bis das, was eigentlich vorgeht, kaum mehr wahrnehmbar ist. Angesichts einer solchen weltweiten Unordnung wird es zunehmend schwieriger, proaktiv zu handeln, sich Informationen zu erschließen und miteinander zu kommunizieren. Diejenigen, die derzeit die Geld- und Datenbanken steuern, wollen verhindern, dass sich in Zukunft andere in diese Bereiche einmischen. Wäre die überhaupt machbar, und wenn ja, wem würde es nutzen? In welchem Zusammenhang stehen die globale Interdependenz und ihr Versprechen zur Erleichterung der Kommunikation und des Wachstums, mit abstrakten Konzentration von Geldvermögen und Datensätzen? Es ist eben diese Abstraktion der Banken, die Geld und Daten horten, die die Lebenswelt für uns Bürger zunehmend unverständlich machen.

Die Rohfassung dieses Buchs hatte ich im Juli 2019 beendet. Gegen Ende dieses Jahres – oder gar schon im Sommer – kam es zum ersten Ausbruch von COVID-19 in der chinesischen Stadt Wuhan. Schon kurz darauf gelangte das Virus über Reisende nach Italien, und somit ins restliche Europa, wieder nach Asien, und in alle Länder Lateinamerikas. Die globale Ausbreitung der Krankheit wird von Zweifeln über ihre Entstehung und über die Möglichkeiten zum Infektionsschutz begleitet. Einerseits ist dies eine schmerzliche Bestätigung dafür, dass die Globalisierung Bedingungen nicht nur

1 Direkte Zitate wurden größtenteils von der Übersetzerin aus dem spanischen Original ins Deutsche übersetzt. Einige zitierte Passagen wurden aus bereits veröffentlichen deutschen Ausgaben der Texte übernommen, die dann auch dementsprechend im Literaturverzeichnis ausgewiesen sind.

für die Entwicklungen von Volkswirtschaften, sondern auch für deren Zusammenbruch schafft. Wir sehen, dass die Kommunikationsmöglichkeiten von heute unsere Konnektivität unter anderem mit fragwürdigen Informationen vorantreiben, die mit politischen und kulturellen Interessen verwoben sind. Dadurch wird ihr Informationsgehalt verzerrt. Wir Bürger werden während der aktuellen Pandemie schutzlos und verwirrt zurückgelassen. Internationale Organismen (von der WHO über die UN, bis hin zu regionalen Organisationen) sind nicht in der Lage, wirksame Regeln für das Überleben und das Zusammenleben in dieser Situation zu schaffen. Währenddessen verschärft sich der Trend zum Rückzug mit Konzentration auf das eigene Land oder auf die lokale Ebene: die Entglobalisierung.

Im Rahmen der Übersetzung des vorliegenden Buches ins Deutsche wurde ich gebeten, Analysen zur aktuellen Pandemielage hinzuzufügen und Veränderungen seit ihrem Ausbruch zu berücksichtigen, um den Text auf den neuesten Stand zu bringen. Aus diesem Grund sollen die nächsten beiden, in Kursivschrift gekennzeichneten Abschnitte Bezug auf einige Daten und Überlegungen nehmen, die die Katastrophe von 2020 mit sich gebracht hat. Sie sollen nicht getrennt von den Inhalten der ersten Version stehen, da diese neue Etappe seit COVID eine Weiterführung und eine Verschlimmerung der Krise bedeutet: Unregierbarkeit, Prozesse der Entbürgerlichung, das wachsende Gewicht der Algorithmen bei der Organisation und der Zersetzung des Sozialen, Hypervigilanz, und weitere Trends, die in diesem Buch und in einigen meiner vorherigen Publikationen thematisiert werden. Da bisher noch nicht absehbar ist, ob es eine Post-Pandemie geben wird und wie diese aussehen wird, insbesondere in Bezug auf den persönlichen, den nationalen und globalen Alltag, können wir die Frage nach einer Neuorientierung der Gesellschaft und der Individuen, die zurzeit noch von der algorithmischen Gouvernementalität geregelt wird, nur ansatzweise formulieren. Wie sollen wir beständige Antworten finden, wenn gefühlt monatlich von einer anderen Art der Globalisierung die Rede ist? Im März 2020 wurde die fast homogene Globalisierung so sehr von der Pandemie überrumpelt, dass in den abgeriegelten Metropolen (Mexiko-Stadt, Peking, Neu-Delhi) anstelle der Autos Kühe, Bären und Elefanten ihren Weg in die menschenleeren Straßen fanden. Im April und Mai wurde den Menschen weltweit empfohlen, zu Hause zu bleiben. Aber dieser internationale Konsens, der in einigen Ländern streng und in anderen als freiwillig verstanden wird, wurde anderswo unter Präsidenten wie Bolsonaro und Trump vernachlässigt. Schon im Juni wurden Produktionsstätten und Freizeitstätten wieder geöffnet, um die »Wirtschaft neu anzukurbeln« und die dringenden systemrelevanten wirtschaftlichen Aktivitäten wieder zu ermöglichen – obwohl ja vor allem die Arbeit der Menschen, die in der informellen Wirtschaft Produkte auf der Straße verkaufen, für diese Menschen dringend ist. Man wollte einen wirtschaftlichen Rückschritt mit allen Mitteln verhindern. Die konstantesten Globalisierungsbewegun-

gen gab es bei den Technologieanbietern, vor allem beim »heiligen Retter« aller Probleme, Zoom Video Communications, der im Dezember 2019 über 10 Millionen Nutzer pro Tag verfügte. Im ersten Quartal 2020 stieg die Nutzerzahl auf 300 Millionen pro Tag. Das teilweise Festsitzen im eigenen Zuhause und das Vorherrschen der virtuellen anstelle der persönlichen Kommunikation verstärkt die Einschränkungen bei der organisierten Bürgerbeteiligung, die in diesem Buch Gegenstand der Analyse sind.

Das kulturelle Gesicht der Entpolitisierung

Der Titel dieses Langessays suggeriert weder, dass die Staatsbürgerschaft per se von technologischen Mutationen verschlungen wird, noch, dass wir die politischen Ursachen für die Entfremdung der Demokratie vernachlässigen sollten: Wir haben es zu tun mit weitverbreiteter Korruption in Parteien, Elitismus auf Führungsebenen, und einer Krise der klassischen Konsensbildung und politischen Repräsentation. Die Vielfalt dieser miteinander verflochtenen Ebenen wird in lateinamerikanischen Umfragen ersichtlich. Das Latinobarómetro sagt aus, dass 1995 ein Drittel der lateinamerikanischen Bevölkerung an autoritären Positionen festhielt; 2018 wuchs diese Einstellung in einigen Ländern um zwei Drittel, und durchschnittlich erreicht die Zustimmung zur Demokratie nicht einmal 50 %.

Auch wenn Umfragen immer mit Vorsicht betrachtet werden sollten, da sie nicht die sozialen Umstände miteinbeziehen, unter denen die Antworten geäußert werden, fällt auf, dass die Tendenz zur Ablehnung der politischen Parteien und anderer Institutionen sich in so vielen lateinamerikanischen Ländern wiederholt. Daher kombinieren wir in diesem Buch quantitative Daten mit aussagekräftigen Erfahrungen aus bestimmten Situationen, die keine lineare Interpretation zulassen. Die *Entbürgerlichung* meint den Verlust (oder mehrere) der bürgerlichen Teilhabe im klassischen Sinne; nicht jedoch, dass zivilgesellschaftliche Aktivitäten komplett verschwinden. Es ist zum Beispiel möglich, politische Parteien abzulehnen, aber sich gleichzeitig in feministischen Bewegungen, Nachbarschafts- und Studierendenbewegungen zu engagieren.

An dieser Stelle soll über das Siechtum der Parteienpolitik sowie die Unzulänglichkeit der technokratischen Visionen gesprochen werden. Angeblich setzten gerade technokratische Ansätze darauf, die gesellschaftliche Organisation einer neutralen algorithmischen Formel anzuvertrauen. Gehen wir einmal davon aus, dass Google, Apple, Facebook und Amazon nach der Neufor-

Grafik 1. Zustimmung zur Demokratie. Gesamtzahlen pro Land 2018.

Folgender Anteil der Befragten stimmte in den gelisteten Ländern der Aussage "Die Demokratie ist besser als jede andere Regierungsform"

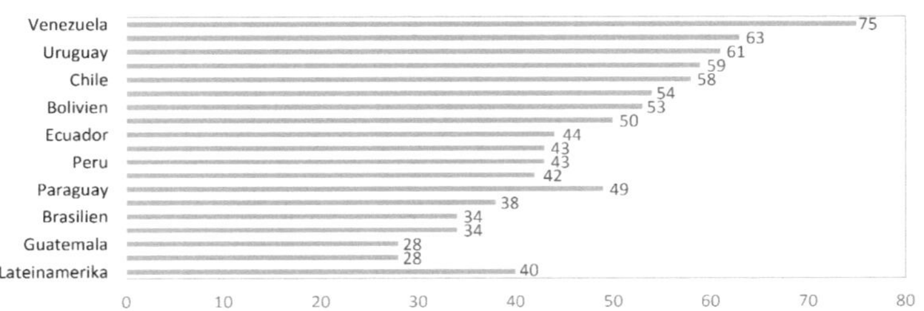

Quelle: Latinobarómetro (2018)

matierung der wirtschaftlich-politischen Macht den sozialen Sinn neu definieren: die Gewohnheiten, die Bedeutung von Arbeit, den Konsum, die Kommunikation und die Isolation der Menschen. Bei diesen Unternehmen handelt sich nicht nur um die größten Unternehmenskomplexe und wichtigsten technologischen Innovatoren unserer Zeit. Vielmehr rekonfigurieren sie die Bedeutung unseres Zusammenlebens und unserer Interaktionen. Sie zerstören das *Gefühl des Zusammenlebens* nach dem Verständnis der liberalen Modernisierung. Wir befinden uns jetzt jenseits der multikulturellen Fragmentierung, die die postmoderne Ära so feierte, und jenseits des Sinnpluralismus, der in den frühen Phasen der Ausbreitung des Internets und der sozialen Netzwerke konzipiert wurde.

Ein Teil dessen, was die politische Soziologie heute vor ein Rätsel stellt, wenn Phänomene wie Trump, Bolsonaro und andere Autoritarismen um sich greifen, sollte als Kultur- und Kommunikationskrise der Gesellschaft oder als neuer Weg zum Verständnis von Koexistenz, sozialer Verständigung und der Bürgerschaft untersucht werden. Der Fokus auf die Situation der Bürger ermöglicht es auch, einflussreiche, aber wenig untersuchte Phänomene zu verstehen, deren Zerstreuung es für uns Wissenschaftler unmöglich macht, sie alle gleichzeitig zu erfassen. Um die *Entbürgerlichung* und neu auftauchende Formen von *cititzenship* zu erklären, ist es notwendig, sich mit dem zu befassen, was von der bürgerlichen Teilhabe in Parteien, Gewerkschaften und religiösen und ethnischen Gruppierungen übrigbleibt. Ferner ist es wichtig zu sehen, was in feministischen und anderen Bewegungen, die derzeit die traditionellen Konfliktlinien, verstärkt aktiviert wird. Es ist darüber hinaus notwendig, die Rezeption literarischer und wissenschaftlicher Erzählungen in Fernsehprogrammen und Serien wie *Westworld* oder *Black Mirror*, sowie die Rezeption sozialer Netzwerke und deren diverser Nutzungsmöglichkeiten zu verfolgen. In anderen Worten geht es um globale oder regionale Akteure, die sich an Gedanken und Handlungsmöglichkeiten zur Entglobalisierung und der ökologischen Krise versuchen. Dazu stütze ich mich auf Studien, die das Wissen über diese Bereiche zwar erneuern. Angesichts der Unmöglichkeit, dieses immense Panorama vollständig zu dokumentieren und zu interpretieren, werde ich mich jedoch auf einzelne Szenarien und ausdrucksstarke Akteure der Prozesse in Lateinamerika und in mit der Region verbundenen Ländern stützen. Es werden Daten aus der quantitativen Forschung verwendet, wie zum Beispiel *Latinobarómetro*, *Eurobarómetro* und nationale Statistiken, sowie die neuesten Studien über die soziokulturelle Rekonstruktion der Staatsbürgerschaft in der jungen Generation und in ihrem Online- und Offlineverhalten. Aus diesen Zahlen sowie aus Ethnografien sozialer Gruppen lässt sich herausarbeiten, wie sich die Effekte der sozioökonomischen Krise und der Ausbildung digitaler Kulturen auf die subjektive Wahrnehmung sozialer Wandlungsprozesse auswirken.

Der vorliegende Text zielt damit nicht zuerst darauf, eine neue Vermessung zivilgesellschaftlichen Handelns vorzunehmen. Vielmehr geht es mir darum, kritische Dilemmata des zivilgesellschaftlichen Handelns aufzuzeigen und dessen Potential wie Beschränktheit auszuloten. Darüber hinaus möchte ich einen kritischen Blick auf das Vorgehen werfen, mit dem wir diese Dilemmata untersuchen und interpretieren, um so zivilisatorische Veränderungen zu erforschen. Ich werde insbesondere zwei Erklärungsmöglichkeiten berücksichtigen: Zum einen den biotechnologischen Determinismus und zum anderen die kritische Geschichte der Aneignung und Vermittlung von Technologie, Massenmedien und digitalen Netzwerken. Als weiteres Fundament dienen qualitative Studien, die die charakteristischen Krisen in Lateinamerika untersuchen. Für einen verständlichen und überschaubaren Leseprozess konzentriere ich mich auf die wichtigsten Knotenpunkte und verweise auf eine abschließende Bibliographie, um so im Sinne eines Essays die Freude am Lesen und Reflektieren anzuregen ohne die akademische Exaktheit zu sehr zu vernachlässigen.

Selbstsabotage

Warum haben die Brasilianer mit großer Mehrheit für einen Ex-Militär gestimmt, der Tyrannei und Folter befürwortet? Sogar Frauen, Homosexuelle und Afro-Brasilianer stimmten für ihn, ungeachtet der Tatsache, dass die Wahl Jair Bolsonaros einen Anstieg von Ungleichheit und Diskriminierung bedeuten würde. Brasilien gilt als eines der am meisten von Ungleichheiten geprägten Länder weltweit. Nach zahlreichen Rückschlägen (dem Anstieg der Arbeitslosigkeit, abnehmender öffentlicher Sicherheit, und den Folgen der parteienübergreifenden landesweiten Korruption) stellt sich die Frage, was das Volk zu dem Gedanken führt, dass es einen neuen Autoritarismus braucht. Ist es einzig das Bedürfnis nach Sicherheit?

Wir sollten uns dabei auf diejenigen konzentrieren, die aufgrund ihrer Jugend noch nicht so viel verloren haben: Junge Europäer, Latein- und U.S.-Amerikaner, oder Asiaten, die gerade erst anfangen, herauszufinden, ob sie sich in Zukunft eine Wohnung, modische Kleidung, ein Smartphone oder Tickets für ein Musikfestival leisten werden können, um so zu ihrer eigenen Generation dazuzugehören. Sie kennen Krisen oder Zusammenbrüche bereits aus den Erzählungen ihrer Eltern und wissen, dass das, was sie wollen, wohl kaum über eine durchschnittliche Arbeitsstelle mit staatlichem Mindestlohn erreicht werden kann. Eine Ausbildung in einem Unternehmen, das weder eine langfristige Beschäftigung, noch die sozialen Absicherungen verspricht, die früher einmal üblich waren, bietet auch keine Perspektive für sie.

Millionen junger Menschen greifen auf die Möglichkeit zurück, ihre Staatsbürgerschaft aufzugeben und in ein anderes Land auszuwandern. Gegenwärtig wird der Weg ins Ausland aber immer finsterer: In welchem Land gibt es keine Gewalt durch Polizei, Paramilitärs oder Mafias, und wo werden noch sichere Arbeitsplätze geboten? Mehrere asiatische Länder gewinnen an Stabilität und Wohlstand, aber sie durchleben auch Kriege, digitale Überwachung, und kulturelle Differenzen, was aus der westlichen Perspektive ebenso eine ungewisse Zukunft signalisiert.

Es mangelt nicht an hoffnungslosen Aussichten: Lohnt es sich, in zwielichtige Bündnisse mit einer Mafia einzusteigen, um wenigstens für ein paar Monate oder Jahre gut zu leben? Es ist schwierig, die aktuelle Krise der Demokratie und des sozialen Zusammenlebens zu erfassen, ohne den alternativen Verlockungen für junge Menschen, die in der Grauzone zwischen dem Legalen und dem Illegalen stehen, ein Kapitel zu widmen: Copyright-Piraten, Kriminelle in den Diensten krimineller Vereinigungen, aber auch Migranten und politische Akteure suchen nach Alternativen außerhalb der etablierten politischen Parteien.

Die zentrale Rolle, die die Gruppe der Jugendlichen in diesem Buch einnimmt, gründet in der Tatsache, dass sie aufgrund ihres Alters erst wenige Rückschläge hinnehmen musste, aber dennoch weitverbreiteten Formen verschiedener Unsicherheiten ausgesetzt ist. Dieses Paradoxon zeigt, wie die Zukunft des Kapitalismus langfristig aussehen wird: Wir werden ständigen Bedrohungen wie der Arbeitslosigkeit oder einer unsicheren Machtverteilung gegenüberstehen, sowie einer auf Algorithmen basierenden Gouvernementalität und einem unzureichenden mafiaartigen Regierungsstil unterworfen sein. Auch wenn die Umfragen aus Lateinamerika die Überwindung der Unsicherheit als das Hauptanliegen der Bürger ausweisen, gliedern die erhobenen Daten die verschiedenen Komponenten der Unsicherheit, die sich in den Lebenswelten der jungen Generation verflechten, nicht gesondert auf. Dies ist ein wichtiger Punkt, da Prekarität und Unsicherheit neben dem Versagen des sozio-ökonomischen Systems, wie Judith Butler und Isabell Lorey aufzeigen, auch zu einer Ressource werden für die »Akkumulation von Macht innerhalb des Staates und der unternehmerischen Institutionen und gleichzeitig einen neuen Typ des unterlegenen Subjekts produzieren. Bevölkerungen werden jetzt nicht mehr anhand ihrer Kritik und ihres Widerstands definiert, sondern durch ihr Bedürfnis, ihre Unsicherheiten zu lindern, womit schließlich Formen der Polizeiarbeit und der staatlichen Kontrolle aufgewertet werden.« (Butler 2016, 14).

Da diese klaren Einsichten oft versteckt liegen, werden wir im Laufe dieses Buches im Sinne von Carlo Ginzburg nach weiteren Hinweisen suchen, und zwar in einer undurchsichtigen Sphäre, in welcher die Algorithmen unser Handeln aus- und bewerten während wir auf unserem Bürgersein beharren und nach neuen Formen der Herstellung von Öffentlichkeit, des Hackertums, sowie gemeinschaftlicher Organisation suchen, um so aus der Monopolisierung der Daten ausbrechen zu können.

Liberale Fassungslosigkeit über die Auswirkungen des Neoliberalismus

Die Befürworter der liberalen Demokratie loben weiterhin den Stellenwert von Wahlen, die alle sechs bis vier Jahre eine Regierung für das eigene Land bestimmen und bei denen Stimmen sorgfältig gezählt werden. Es wird darauf vertraut, dass die individuellen und rationalen Entscheidungen der freien Bürger in den Mehrparteienparlamenten angemessen vertreten werden. In der liberalen Doktrin fördert man die »universellen« Menschenrechte, aber aktuell werden auch kollektive und persönliche Differenzen miteinbezogen. Es kommt zu einer Erweiterung des Begriffs der Staatsbürgerschaft, indem geschlechtsspezifische und Minderheitenrechte für ethnische Gruppen und Migranten hinzugezählt werden. Diese politische Philosophie trägt infolgedessen am meisten zur Autonomie der Institutionen und zur Pluralität im öffentlichen Raum bei. Durch sie ist es auch möglich, zwischen dem Öffentlichen und dem Privaten, sowie dem Sakralen und dem Profanen, zu unterscheiden. Diese Bereiche werden durch Handlungen der Parteien und der ihnen nahestehenden Medien zuweilen nicht klar getrennt.

Seit der Entstehung der Kulturindustrien haben jedoch nur wenige liberale Parteien und Denker die bisher beispiellose Herausforderung an die Demokratie verstanden: Es geht um die Neukonfigurierung der Verknüpfung von Kommunikation und Politik. Beide Felder sind an technologische und wirtschaftliche Einflüsse gebunden, die über den Rahmen des modernen Staates und der modernen Gesellschaft hinausgehen. Sich als Bürger neu zu erfinden wird in der digitalen Ära zunehmend schwierig. Die liberalen und die sozialdemokratischen Parteien versäumen die Schaffung einer neuen öffentlichen Ordnung zur Regulierung der Rechtsverletzungen gegenüber Verbrauchern, Anwendern und prekarisierten Arbeitern durch nationale und transnationale Unternehmen.

Dabei gilt es, das Ringen des Liberalismus mit der Erkenntnis über diese Verlagerung der Staatsbürgerschaft zu analysieren, und zwar in einer Ära, die von der Zersetzung der Parteien und der Rekonfiguration der Kommunikation gekennzeichnet ist. Dies zeigte sich in Mexiko, als sich die Bewegung »YoSoy132« gegen Allianzen zwischen der Politik und den Fernsehmedien formierte. Die Empfehlung liberaler Analysten an die Jugendlichen lautete daraufhin, im Fall von Unzufriedenheit schlicht eine neue politische Partei zu gründen. Interessant ist dabei die Frage, warum eine Gruppe verärgerter Bürger nach anfänglicher Ablehnung gegen »die politische Kaste«, die sich in Spott und Rebellion äußert, am Ende dennoch die Entscheidung trifft, eine Partei zu gründen. Häufig geschieht dies, nachdem unabhängige Kandidaten, darunter Pedro Kumamoto in Mexiko, einige Wahlerfolge erreicht hatten. Ein weiteres Beispiel ist »Podemos« in Spanien. Was haben sie, in beiden Fällen, durch ihren unkonventionellen Stil und die Nutzung alternativer Medien erreicht?

Weder die Staaten, die ihre Kapazität zur wirtschaftlichen Ordnungspolitik in der Aufschwungsphase der Globalisierung abgegeben haben, noch die als autonom dargestellten Individuen – die übrigens vor dem Internet auch nicht besonders autonom waren – können den politischen Liberalismus wirksam schützen.

Die Ergebnisse der vergangenen zwanzig Jahre unter dieser Doktrin zeigen, dass diese weder Führungs-, noch Überzeugungskraft vermittelt: Zu negativ und zu zahlreich waren die Erfahrungen derer, die ihr Wahlrecht verraten sahen. Sie hatten den Eindruck, dass ihre Beschwerden nicht gehört wurden, weil Regierungen durch Handelsabkommen die Hände gebunden waren und wichtige Entscheidungen eine Ebene nach oben nach Washington oder Brüssel abgetreten wurden. Die repräsentative Demokratie der verschiedenen Nationen löst sich langsam auf, indem sie sich internationalen Organismen und Rating-Unternehmen unterwirft.

Im 21. Jahrhundert wird der Handlungsspielraum der Regierungen und der nationalen Parteien durch die *überwachte Demokratie* (Keane 2018) zunehmend reduziert, indem diese ihre Entscheidungsbefugnis an Offshore-Netzwerke wie Google und Facebook oder an andere Cyberfirmen veräußern. Unter dem Einfluss dieser Akteure ist es schwierig zu entziffern, ob ein Angriff auf unsere Privatsphäre etwa durch eine nordkoreanische Gruppe erfolgt ist, oder ob die Handschrift der Attacke doch eher westlich anmutet.

Welches Wissen benötigen eine Bürgerin oder ein Bürger? Sind es die Namen der Kandidaten der Parteien (in Brasilien fünfunddreißig), oder die Frage, für wen Cyberspione arbeiten? Ist es wichtig zu wissen, wer hinter Cambridge Analytica oder APT38 steht, oder eher warum es unsicher ist, Strom, Gas und Miete für die Wohnung elektronisch zu bezahlen und wie man solche Risiken vermeidet? Wenn die Kontrolle über die wichtigsten Punkte in der Debatte – also Waffen, vor allem Atomwaffen; die globale Erwärmung; Korruption in der Politik; soziale Medien – vernebelt wird, dann möchten wir als Bürger wenigstens wissen, wer die Verantwortlichen sind, damit sie morgen nicht auch noch unsere Arbeitsplätze, unsere Ersparnisse und das Leben unserer Kinder in Gefahr bringen. In solch undurchsichtigen wirtschaftlichen und politischen Systemen besteht das Problem darin, dass das Bürgersein uns gleichermaßen Sorgen bereitet wie unsere Rolle als Vater, als Mutter, als Konsument oder fester Mitarbeiter. Wer kann uns weismachen, dass diese Aufgaben einander so sehr ähneln? Und falls es so ist, wen belangen wir dafür?

Noch wird gewählt

Die Zeitungen und das Fernsehen versorgen uns mit unterschiedlichen Meinungen. Die meisten Meinungsäußerungen erfolgen jedoch über soziale Netzwerke. In ihnen gruppieren die Algorithmen Gruppen, die sich ähneln. Kurios ist daran, dass diese programmierten Homogenitäten Sprünge von einer Gruppenzugehörigkeit zur anderen erzeugen. So kommt es ausgehend von Meinungsroutinen zu plötzlichen Veränderungen in öffentlichen Abstimmungen. Briten, die eigentlich stolz auf ihr Demokratieverständnis und auf ihre Stellung in der Europäischen Union sind, stimmen dann für ihre Isolierung durch den Brexit. US-Amerikaner, die so sehr von dem beispielhaften Wert ihres politischen Systems überzeugt sind, und sogar einige Verfechter des Multikulturalismus, wählen Trump. Ehemalige Anhänger der Arbeiterpartei von Lula da Silva und Dilma Rousseff wenden sich jetzt Jair Bolsonaro zu. Welchen Zusammenhang gibt es zwischen dem Verschleiß und der Inkompetenz der Eliten und der schwindenden Rationalität der Wähler?

Zur Beantwortung dieser Frage ist es notwendig, die Mischung aus objektiven und subjektiven Bedingungen zu verstehen, wie zum Beispiel in Brasilien: Trotz großer Enttäuschung gegenüber der Arbeiterpartei (*Partido dos Trabalhadores*, PT) haben dort 45 % der Wähler der Verlockung durch Bolsonaro widerstanden, und 37 % der Wähler wählten den Kandidaten der PT, der sich im Wahlkampf als Akademiker präsentierte. Wegen solcher Ambivalenzen nehmen einige an, die Demokratie könne sich selbst demokratisieren. Oft werden in diesem Zusammenhang Akteure aufgeführt, die über die Verteidigung der Vielfalt, der Kritik und der Institutionen, die die Macht teilen, noch etwas erreichen: Feministische Bewegungen, Gender-Aktivismus, ethnische Protestbewegungen, Menschenrechtsorganisationen, Gruppen zur Forderung nach einem kostenlosen Zugang zum Internet. Diese Bewegungen treten auch außerhalb der westlichen Hemisphäre auf, was der Annahme derer widersprechen würde, die die Demokratie als rein atlantisches Phänomen, das zum Untergang verurteilt ist, wenn es zu einer Dezentralisierung und Neuordnung globaler Machtstrukturen kommt. Diese Beispiele, die Hoffnung verbreiten sollen, beziehen allesamt soziokulturelle Erfahrungen mit ein, bei denen der Demokratiebegriff nicht zuerst als politisches System verstanden wird, sondern als eine Art der Lebensgestaltung und Form der Entscheidungsfindung.

Selbst an Orten, an denen sich diese Gegenbeispiele in Form von politischen Aktionen konfigurieren – zum Beispiel »YoSoy132« in Mexiko in Opposition gegen den Präsidentschaftskandidaten des *Partido Revolucionario Institucional* (PRI) im Jahr 2012 oder die »Ele Não«-Bewegung gegen Jair Bolsonaro bei den Wahlen 2018 in Brasilien – gehen sie über die Definition von Parteipolitik hinaus. Sie berücksichtigen, wie wir später genauer sehen werden, nicht nur, wer regiert. Vielmehr beziehen diese Bewegungen die Frage ein, wie Genderunterschiede und Unterschiede in der ethnischen Herkunft sowie die mediale Kommunikation, die freie Forschung und die freie Meinungsäußerung in Wissenschaft, Kunst und Kultur gelebt werden können. Die soziokulturelle und kommunikative Agenda ist auch für das Aufkommen heterogener Sektoren relevant, die die neue Rechte bilden: Sie erschweren den Zugang der Bevölkerungsmehrheit zu den Universitäten, zensieren die Presse und verwirren diejenigen, die sich über digitale Netzwerke informieren wollen. Es sind reichlich Motive vorhanden, um zu untersuchen, was mit der Demokratie und den Bürgern im Rahmen neuer kultureller und kommunikationsbezogener Experimente geschieht.

Ein weiterer wichtiger Grund, dem soziokulturellen Verständnis der Bürger einen strategischen Platz einzuräumen, ist, dass weder die politischen Führungspersonen noch die parteipolitischen Eliten bereit zur Selbstkritik sind. Wenn sie Wahlniederlagen erfahren, führen sie diese meist auf feindliche Verschwörungen zurück (»Das ist die Schuld des Imperialismus oder eine Manipulation der Medien in Kooperation mit der Rechten.«). Das mag zwar manchmal eine nützliche Teilerklärung liefern. Wenn Politiker jedoch ihr Fehlverhalten und Korruptionsfälle nicht eingestehen, durch die sie sich selbst in Verruf bringen, machen sie weder ihre scheinheilige Selbstkritik in Form von Wirtschaftsplänen, noch politische Sanktionen gegen angebliche Schuldige glaubhaft. In anderen Fällen werden abstrakte Entitäten verantwortlich gemacht, zum Beispiel »die Bedrohung durch den Weltmarkt«. Doch ihr Handeln und ihre Taktiken in Konfliktsituationen unterminieren ihr selbstprojiziertes Bild als einheitliche, kohärente und allmächtige Akteure.

Die demokratischen Niederlagen und Veränderungen im politischen System werden auch auf die Vorliebe der Wähler für rechte und linke Populisten zurückgeführt. Somit verliert der Begriff Populismus – der in den Sozialwissenschaften niemals eng gefasst oder eindeutig definiert wird – an Bedeutung, sobald das Wählerverhalten auf solch verschiedene Taktikten der Massenkommunikation reduziert wird. Wie kann die Kategorie des Populismus erklärt werden, wenn wir sie auf Berlusconi, Chávez, die Kirchners, Trump, López Obrador und Bolsonaro anwenden? Es ist schwer nachzuvollziehen, wie eine derart diverse Gruppe von Politikern unter einem Begriff zusammengefasst werden soll. Die Formen der politischen Kommunikation dieser Führungspersönlichkeiten mit den Massen unterscheiden sich erheblich voneinander, während parallel die aktuellen Formen einer auf Algorithmen basierenden Gouvernementalität sich grundsätzlich der staatszentrierten Form vergangener Tage abheben.

Diese »Erklärungen« für das Scheitern der liberalen Demokratie haben eins gemeinsam: Sie schreiben die Zersetzung der liberalen Regime irgendwelchen Eliten oder politischen Führungspersönlichkeiten zu und stellen ihre eigene Rezeption gegenüber dem, was die Bürger denken, fühlen oder tun, kaum in Frage. Die Machthaber zeigen weder Bereitschaft, sich über die groben Umfragetrends und deren Teildiagnosen hinaus zu informieren, noch erkennen sie die globalen Schwächen des Neoliberalismus an. Denn dadurch würde eine Entmystifizierung der ominösen »Märkte« erfolgen. Scheinbar trägt niemand die Verantwortung für die Niederlagen der Sozialdemokraten und der Linken in den letzten Jahren. Um dem Feind sozusagen nicht in die Hände zu spielen, schweigen sie lieber angesichts politischer Katastrophen wie dem Chavismus in Venezuela oder der Präsidentschaft Daniel Ortegas in Nicaragua, sowie zu Korruptionsfällen, die zum Niedergang der progressiven Parteien in den meisten westlichen Ländern beigetragen haben.

Die Gründer des *Partido de la Revolución Democrática* (PRD) in Mexiko haben gerade wegen solcher Versäumnisse und folgenlosen Fehler aufgegeben. Im Kirchnerismus und im Petismo (für die Arbeiterpartei Brasiliens – PT) führten unter anderem Vertuschungen über abenteuerliche politische *deals*, die täglich von den Medien aufgedeckt wurden, zum Rücktritt von führenden Politikern und zum Verlust von Millionen von Wählern. Nur sehr wenige Ideologen und Berater dieser selbstzerstörerischen Regierungen nannten im Anschluss an solche Katastrophen einige Ursachen beim Namen:

> Lula war ein großartiger Präsident, aber er hat viele Fehler begangen. Er hat das veraltete politische System benutzt, um zusammen mit der Rechten zu regieren. Es gab keinerlei Neuerungen: Weder Steuerreformen, noch Reformen des Systems oder der Massenmedien, und das in einem Moment, in dem seine Partei, die PT, eigentlich über eine große Legitimität verfügte, um diese zu bewerkstelligen. Nach dem alten System zu regieren bedeutete, im Sinne der stolzen Kumpanei und mit weitverbreiteter Korruption in allen Parteien, nicht nur in der PT, zu herrschen. (Martín del Barrio, 2018)

Millionen von Wählern sagten zuvor, dass sie das bereits geahnt hatten. Aus diesem Grund ist es umso wichtiger und interessanter zu verstehen, was mit uns Bürgern eigentlich passiert, anstatt endlos auf die vermeintliche Genesung des Parteiensystems oder der Unternehmenspolitik zu hoffen. Es ist zweifelhaft, ob die Demokratie sich selbst demokratisieren kann, wenn sie das Problem nicht selber angeht.

Während ich diesen Abschnitt im Zuge der Vorbereitung der Übersetzung Ende Oktober 2020 nochmal überfliege, erfahre ich, dass 78 % der Chilenen in einer Volksabstimmung für eine Reformierung der Pinochet-Verfassung gestimmt haben und dass die neue Verfassung nicht vom Kongress, sondern von den Bürgern geschrieben werden soll. Mit dem Wissen, dass hinter diesen 78 % verschiedene Menschen mit heterogenen Ängsten und Sorgen stehen, stellt sich uns die Frage, was es für die Bürger bedeuten wird, gemeinsam eine neue Verfassung zu schreiben: Wird diese von den alltäglich spürbaren wirtschaftlichen Missständen ausgehen? Von neuen Utopien? Von der Agenda der Frauen (die 50 % der Verfasserschaft ausmachen werden)? Von den Jugendlichen und den Studierenden, die seit einem Jahrzehnt einer der Protagonisten der Proteste sind?

Verbindungen neu denken

Als wir Bürger erkannten, dass die letzten großen Ideologien – der Marxismus, der Liberalismus und der Neoliberalismus – gescheitert waren, haben wir in der Wissenschaft auch keine neuen, nachhaltigen Vorschläge finden können. Die Philosophie und die Sozialwissenschaften haben in den letzten vier Jahrzehnten folgende simple Metapher vermittelt: Wir verfügen bloß über einen gedanklichen Werkzeugkasten. In diesem *Essay* sollen diejenigen Bausteine verwendet werden, die auf der Mikro- und Makroebene auf die aktuellen Entwicklungen angewendet werden können. Das Ziel ist eine essayistische Vision im experimentellen Sinne der Wissenschaft, also eine Hypothese – Fehler – Fehlerberichtigung mit offener Reflexion. Das Konzept des Essays nach Adorno ist ebenfalls zentral für diese Analyse, indem es die Komplexität eines Sachverhaltes zeigt, ohne diesen vollständig erklären zu können.

Auch das Nichtvorhandensein integrierter Ansätze ist ein Anlass für die Verflechtung aus *Essay* und *Montage*, wie in der Kunst und der Literatur. Dahingehend sollen Teile, beziehungsweise Bruchstücke inklusive Interpretationen vorgestellt werden. Die Koproduktion weitreichender, uneingeschränkter und vielfältiger Perspektiven ist die geteilte Aufgabe zwischen Autor und Lesern, wie wir sie zwischen Künstlern und Schriftstellern und deren Publikum oder Leserschaft kennen. Wir befinden uns sozusagen in einer Erprobung, da nur noch wenige funktionierende Strukturen vorhanden sind und es Bereiche gibt, die wir nicht erklären können. Wir stellen also eine Montage zusammen, weil es uns nicht möglich ist, eine sichere Interpretation im Sinne einer Handlungsanweisung zu entwickeln.

Trotz des essayistischen Ansatzes brauchen wir Konzepte. Das Aufkommen von Begriffen wie *Entbürgerlichung, Entpolitisierung* und *Entglobalisierung* bedeutet nicht das automatische Verschwinden von Begriffen wie *Bürger, Politik* und *Globalisierung*. Vielmehr verschwimmen allmählich die klassische Vorstellung vom Bürger und der Politik, sowie Konzepte aus der Globalisierungsliteratur der 1990er-Jahre und des ersten Jahrzehnts des 21. Jahrhunderts. Ein festgelegter Gebrauch dieser neuen Begriffe ist nicht ohne weiteres möglich, obwohl eine begriffliche Eingrenzung in der heutigen Zeit immer noch vor dem Aufstellen einer These erwartet wird. Selbst technisch anmutende Begriffe wie »Algorithmen« oder »Apps« ändern ständig ihre Bedeutung und variieren in ihrer Verwendung oder in ihren Ableitungen, die sich aufgrund technologischer Veränderungen oder auch durch Veränderungen ihrer Wichtigkeit in der sozialen Interaktion ergeben. Anstatt die richtige Verwendung dieser Konzepte vorzuschreiben, ist es interessanter zu betrachten, auf welche Weise verschiedene Akteure sie sich aneignen und wiederverwenden, um sich in Konflikten zu positionieren.

Beim Umgang mit diesen Begriffen bestehen zwei Risiken: Erstens, dass soziale Dynamiken und die instabile Hegemonie einer Tendenz über eine andere den Sinngehalt und Aussagekraft der Begriffe bestimmen. Hier ist es die Rolle der empirischen Forschung und kritischen theoretischen Arbeit (ob akademischer Natur oder nicht), einer Verzerrung des eigentlichen Gedankens durch soziale Tendenzen, etwa verschiedene Formen von Aktivismus oder trendige Hashtags, entgegenzuwirken. Jedoch sind auch ausführliche, konsistente wissenschaftliche Erkenntnisse auf eine andere Weise instabil. Sie bringen verschiedene Disziplinen zusammen, die vorher nicht berücksichtigt wurden, und die sich folglich entweder ergänzen oder aufeinanderprallen. Dieser Vorgang ist vergleichbar mit einem Abiturienten, den wir nach seinen Plänen für ein Studium fragen und dann von ihm erfahren, er wolle lernen, wie er später Probleme wie den Verkehr und die Umweltverschmutzung lösen könne, aber er wisse nicht, ob er den Schwerpunkt auf Städteplanung, Ökologie oder Mathematik legen soll, wobei er erwähnt, dass er nebenbei auch noch Musik schreibt und Gitarre spielt. Schließlich ist dieses Phänomen, wie ein Journalist anlässlich des 500. Geburtstages von Leonardo da Vinci im Jahr 2019 formulierte, gar nichts Neues: Schon damals hätte es wenig Sinn gemacht, da Vinci zu fragen, ob er sich entweder für Naturwissenschaften, oder für Literatur entscheiden will.

Das zweite Risiko besteht darin, dass der Fokus auf das systematische und begründete Wissen sowie die heutigen Formen der Wissensproduktion den Blick darauf verstellt, wie sich Konzepte im Zuge ihrer alltäglichen Verwendung ständig wandeln. Ich erinnere mich beispielsweise an eine Unterhaltung mit einer Psychoanalytikerin, die sich als militant und feministisch identifizierte und vor drei Jahrzehnten den ersten Lehrstuhl für Gender Studies an der Universität Buenos Aires gegründet hatte. Sie erzählte mir, dass sie auf einem Protestmarsch verschiedener sozialer Bewegungen gegen die Regierung von Mauricio Macri im Jahr 2019 beobachtet hatte, wie verschiedene Gruppen beim Start der Demonstration an der Plaza de Mayo über die Platzverteilung diskutierten. Eine feministische Gruppe stellte sich vehement gegen eine andere, von Männern angeführte Gruppe. Zwischen den beiden Gruppen entlud sich ein Konflikt. Die Studentinnen, die der feministischen Gruppe angehörten, versuchten für einen Zusammenschluss trotz Differenzen zu argumentieren. Eine junge Frau, die etwa 16 Jahre alt gewesen sein könnte und bis dahin geschwiegen hatte, trat hervor und sagte: »Männer nach hinten, raus mit den Machos!«.

In dieser Auseinandersetzung zwischen Aktivisten wird der Unterschied zwischen Männern und »Machos« deutlich. In feministisch-militanten Kreisen wurde der Begriff des Männlichen auch neu formuliert: Durch die Dekonstruktion der binären Opposition zwischen den Geschlechtern und damit des kanonischen Begriffs des Weiblichen verändert sich die Männlichkeit sowohl praktisch als auch konzeptuell. Die Neudefinition, die sich in der gängigen Praxis herausgebildet hat, ist produktiv. Aber die Komplexität ihrer Anwendung auf andere Bereiche zeigt sich bereits in akademischen Diskussionen und in der Wiederaufarbeitung in der Politik, etwa als einige Regierungen begannen, Gleichstellung zu postulieren und Lesben und Schwule einzubeziehen. Bürger, Bürgerin oder Bürger*zu sein, führt uns zum Umdenken darüber, wie wir uns selbst begreifen und konzipieren. Der erweiterte Geschlechterbegriff und seine Optionen schaffen ein Stück mehr Freiraum als die Frage, wer in der Gesellschaft außen vor bleibt, wer ganz vorn mit dabei ist, und wer zurückbleibt.

Parallel zur Globalisierung der sozialen Niederlagen globalisierte sich auch die Einsicht, dass es unterschiedliche und plurale Modernitäten, Kapitalismen, Geschichten und legitime Bewegungen gibt – und zwar nicht nur in akademischen Kontexten. Diese unterscheiden sich in der Frage, wie das, was sie ausmacht, konzeptuell zu erfassen ist. Durch globale Interaktionen sind sie miteinander verflochten. Überall, auch jenseits der wissenschaftlichen Fachdiskussionen, heißt es, dass es vielfältige Möglichkeiten und Wege gibt, die Welt zu erfassen und zu formalisieren, ohne dass diese zu universellem und endgültigem Wissen werden. Im Sinne von Historikern wie George Didi-Hubermann oder Kuratoren wie Manuel Borja-Villel erproben und sammeln wir das, was wir haben. Dabei wissen wir, dass Fehler möglich sind und gemacht werden dürfen und uns dabei als »eine Art Ankündigung für einen Neuversuch« dienen (Expósito 2015, 252).

Wie kann man Eklektizismus in dieser Montage vermeiden? Ein gewisser Eklektizismus, der den unterschiedlichen Klientelen entgegenkommt, ist die epistemologische und ästhetische Ressource des Neoliberalismus. Er gibt vor, die individuelle Entscheidungsfreiheit zu bejahen, während er eigentlich verschiedene Lebensformen gleichmacht oder steuert. Die Beseitigung von Ungleichheiten wird nur simuliert. Wir setzen stattdessen darauf, die Prozesse im Rahmen einer kritischen Interpretation lesbarer zu machen. Hierzu sollen verschiedene Ansätze kombiniert werden. Vor allem hat hierbei die Anforderung Priorität, im derzeitigen Ausmaß des transnationalen und konzentrierten Kapitalismus lokale und regionale Wege der Stärkung der Bürger zu finden, die in den globalisierten Konflikten Sinn ergeben. Dies erfordert eine interdisziplinäre und intersektionale Zusammenarbeit in der Soziologie, der Anthropologie und in den Kommunikationswissenschaften, wodurch gleichzeitig eklektische Risiken entstehen. Ein gutes Beispiel ist die Stellungnahme der Neurologin und Schriftstellerin Siri Hustvedt auf die Frage, wie sie die Schnittstelle zwischen ihren Beschäftigungen finde: »Meine Lösung ist der Pluralismus. Es ist möglich, dasselbe Problem von mehreren Standpunkten aus zu betrachten. Sie werden keine eindeutige richtige Antwort erhalten, aber Sie werden eine, wie ich es nenne ›Zone der konzentrierten Zweideutigkeit‹ erreichen, die es uns erlaubt, gute Fragestellungen zu formulieren.« (Gigena 2018).

Dieser pluralistische und unsichere Weg zum Wissen hat den Anspruch, demokratisch zu sein, wie das Theater, das seine Drehbücher schreibt, indem es auf Laienschauspieler hört und offen für neue oder alte ist. Das Theater fängt die Publikumsmeinung ein und hört denjenigen zu, die abseits von der Bühne leben. In diesem Buch geht es darum, die Stimmen und die Praktiken derer zu sammeln, die wir Bürger, Verbraucher und Nutzer nennen – also derjenigen, die nicht mehr repräsentiert werden.

Auf der Autobahn überholt

Im Mai 2018, also zwei Wochen vor der Präsidentschafts- und Gouverneurswahlen, fragte ich einen Meinungsforscher einer mexikanischen Consultingfirma: Wer kümmert sich um uns Bürger? Seine Antwort war, dass bis vor einigen Jahren noch das Gefühl vorherrschte, die Politiker seien genauso interessiert an dieser Frage wie die Wähler. Im letzten Wahlkampf vermittelten die Debatten und Beleidigungen zwischen den Kandidaten dann den Eindruck, dass ihnen der Kampf untereinander um den besten Posten am wichtigsten ist.

Ein argentinischer Kommunikationswissenschaftler erklärte mir, dass die Medien den Zuschauer als ihren Kunden sehen, und das gelte auch für analytische Politsendungen. Ihr Anliegen sei es, immer bessere Bewertungen zu erhalten, um mehr Werbekunden für sich zu gewinnen. Und wollen die Bürger überhaupt Bürger sein? Häufige Proteste auf den Straßen, in der Presse und den sozialen Netzwerken und der Anstieg von Massenmärschen in mehreren Ländern wecken Hoffnung. Allerdings sind die Prozentzahlen der Wahlbeteiligung in Spanien, Italien, Peru, sowie in anderen Ländern in den Jahren 2017 und 2018 gefallen. Im April 2018 wählten in Spanien 75 % der Wahlberechtigten, möglicherweise aus Angst vor einem Zuwachs der extremen Rechten. Angesichts der Unfähigkeit zur Konfliktlösung bezüglich der Arbeitsplatzunsicherheit, der Arbeitslosigkeit und der prekären Lebensverhältnisse, sowie in Anbetracht sich wiederholender Korruptionsskandale in fast allen Parteien verlieren ideologische Dispute zunehmend an Bedeutung. Der Aufschrei, mit dem die Argentinier während der Finanzkrise 2001 unter dem gegen die Politik gerichteten Motto »Que se vayan todos« (dt. »Alle raus«) auf die Straße gingen, fand in weiten Teilen des Westens ein Echo. Das Misstrauen gegenüber der Politik führt zu allgemeinen Zweifeln an der Demokratie und zu Hemmungen, in überparteilichen Organisationen mitzuwirken, sie zu verteidigen oder umzugestalten.

Am Rande der Straße

Mit Rückbezug auf die Frage der Proteste werden im Folgenden vier Beispiele analysiert:

- Die klare Präferenz für einen Militärangehörigen bei den brasilianischen Präsidentschaftswahlen im Oktober 2018 hatte sich dort schon im Rahmen öffentlicher Demonstrationen angekündigt. Wütende LKW-Fahrer, die den Umlauf von Lebensmitteln, Medikamenten und Benzin im Mai 2018 während eines zweiwöchigen Streiks ins Stocken gebracht hatten, forderten angesichts der angestiegenen Benzin- und Dieselpreise eine »militärische Intervention«. Wie in anderen Nationen auch, steht in Brasilieneine unfähige und strukturveraltete Bürokratie einer Gewaltsituation mit Tausenden Opfern pro Jahr gegenüber, in der kriminelle Vereinigungen die territoriale Kontrolle über bestimmte Stadtteile und Landstriche übernehmen. Daher fordern Menschenrechtsorganisationen und prominente Stimmen öffentlich ein Eingreifen internationaler Institutionen, zum Beispiel der Interamerikanischen Kommission für Menschenrechte und der Vereinten Nationen. Der Appell an außerstaatliche Kräfte zeigt auf, dass die Bürger von ihren Regierungen längst nicht mehr die Herstellung der öffentlichen Sicherheit erwarten können.
  So wurden etwa in den USA und in anderen Ländern Unternehmer ohne jeglichen politischen Hintergrund zu Präsidentschaftskandidaten von Parteien ernannt, nur um sich später in der Regierung von eben jenen Parteien abzuwenden, was wiederum von großen Teilen der Anhängerschaft positiv honoriert wurde. Dies demonstriert die Repräsentationskrise der traditionellen Strukturen. In Europa nimmt dieser Trend mehrere Formen an. Eine davon ist die Zunahme von Bewegungen, die den Austritt aus der EU fordern und sich hinter nationalen und regionalen Identitäten abschotten; eine weitere ist der Einzug offen fremdenfeindlicher und rassistischer Parteien in die nationalen Parlamente, darunter Vox in Spanien, die Demokraten in Schweden, die Lega in Italien, der Rassemblement National unter Marine Le Pen in Frankreich, und die AfD in Deutschland. Ihr Zuwachs bei den Wahlen zwingt die liberalen politischen Kräfte dazu, ihre Agenda als Reaktion auf die Rechten anzupassen, um sich unter den neuen Konkurrenzverhältnissen weiterhin erfolgreich positionieren zu können.

- Die Schwierigkeiten bei der multilateralen Zusammenarbeit sind nicht nur in den Umfragen präsent. Sie erscheinen auch in Bewegungen ohne roten Faden, ohne Programm, ohne dauerhafte Führungsfiguren oder Steuerungsstrategien, wie etwa die Gelbwesten in Frankreich – sie identifizieren sich anhand einer Warnweste, die in allen Fahrzeugen obligatorisch mitzuführen ist. Die Bewegung äußert ihren Ärger über den Anstieg der Dieselpreise und stellt weitere Forderungen für Verbraucher oder bezüglich territorialer Ungleichheiten, bis hin zum Rücktritt des Präsidenten. Es handelt sich um eine diffuse Antisystemreaktion, der mehrere Analysten eine Ähnlichkeit zum Motto »Que se vayan todos« (dt. »Haut Alle ab«) zuschreiben, und deren Straßenblockaden und gewalttätige Angriffe auf nationale Symbole wie den Triumphbogen oder auf die Streitkräfte von liberalen Politikern als »Beleidigung für die Republik« interpretiert werden. Warum sollten sie den verehrten Symbolen der Republik Respekt zollen? Stattdessen entscheidet sich diese Gruppe dafür, die Warnweste, die von denjenigen angelegt wird, die am Straßenrand mit einer Panne liegengeblieben sind, zu ihrem Symbol zu machen.
  Ein gemeinsames Merkmal dieser Bewegungen ist ihre schnelle und überraschende Expansion, Sie macht es möglich, dass sich in wenigen Tagen oder Wochen für Straßenaktionen oder für medial wirksame Aktionen viele Verbündete finden. So hatte alles begonnen: Die Französin Priscilla Ludosky forderte, dass die Treibstoffpreise gesenkt werden sollten. Im September 2017 sammelte sie 500 Unterschriften, einen Monat später waren es 226.000, und im Dezember schließlich über eine Million. Am 17. November kritisierte die aus der Bretagne stammende Hypnotherapeutin und Musikerin Jacqueline Norwand die Verfolgung von Autofahrern durch die Regierung. Ihr Video vom 18. Oktober hatte bereits im Dezember 2018 mehr als sechs Millionen Klicks. Die Stadt- und Straßenblockaden wurden durch eine Facebook-Seite verstärkt, auf der lokale Informationen nationale und globale Relevanz gewannen: Im März 2019 begann eine gleichnamige Bewegung in Mexiko mit ähnlichen Warnwesten und unter verschiedenen Parolen mit Demonstrationen gegen die Regierung von López Obrador. In Frankreich brachte die Bewegung Beschäftige und Arbeitslose zusammen, sie vereinte junge Menschen, Rentner und Kleinunternehmer, deren aller Einkommen (falls sie über eines verfügen) 30 % unter dem Durchschnitt liegen. Sie gewannen die Sympathie von 80 % der Franzosen, wie Umfragen von Anfang 2019 belegen. Spätere gewalttätige Aktionen ließen diese Prozentzahl wieder schrumpfen.

Historiker suchten zunächst nach Präzedenzfällen in der französischen Revolution und nach vorherigen Konflikten aus dem 19. und 20. Jahrhundert, betonten aber später, dass diese historischen Aufstände auf Bündnisse zwischen der Bourgeoisie und dem einfachen Volk zurückzuführen waren. Die Gelbwesten sind hingegen ein Produkt der Globalisierung und der Entfremdung zwischen den transnationalisierten Eliten und den lokalen Verlierern. Sie sind mitschuldig an der »sozialen Prekarität und der kulturellen Marginalisierung, die keine Ähnlichkeiten mit den Lebensumständen der früheren Arbeiterklasse mehr haben«, schreibt der Geograph Christophe Guilluy (2018, 4). Herbeigerufen werden sie durch den digitalen Wandel, und die sozioökonomische Misere geht einher mit dem Kampf um die kulturelle Repräsentation. Wie bei dem Staunen der britischen Eliten über die Brexit-Abstimmung und der Überraschung der US-Amerikaner nach Trumps Wahlsieg, entdecken Oberschichten aus anderen Ländern, dass das Volk immer noch die Entscheidungsmacht hat und dass seine Stimme auch in ländlichen Zonen wichtig ist – also da, wo vergessen wurde, Arbeitsplätze zu schaffen und wo der wirtschaftliche Fortschritt von sozialen Nöten überschattet wird.

Sozialwissenschaftler gingen in den 1990er und den 2000er-Jahren noch davon aus, dass die Globalisierung sich letztendlich anhand so genannter *Global Cities* artikulieren würde (vgl. Saskia Sassen und andere). Guilluy mahnt: »Obwohl die Oberschicht und Einwanderer in sie integriert werden können, indem Arbeitsplätze für Hochqualifizierte besetzt und im zweiten Fall prekäre und schlecht bezahlte Arbeitsplätze gefragt sein werden, findet die Mittelschicht hier ihren Platz nicht mehr« (2018, 4).

In den USA, in Frankreich, Deutschland und Italien stimmen die wirtschaftlich und kulturell Vernachlässigten für Trump, einige für Le Pen, andere für Jean-Luc Mélenchon; also für die Rechten oder Linken, die das traditionelle politische System verachten. Sie entscheiden sich für die supranationale Bewegung von Macron und lehnen sie kurz darauf wieder ab; in Italien erteilen sie der destabilisierenden Lega und der Fünf-Sterne-Bewegung ein Regierungsmandat; in Spanien ergänzt Vox die Wahlbilanzen des *Partido Popular* (PP) und der Partei *Ciudadanos*, damit diese ihnen im Gegenzug einen Platz in regionalen Regierungen verschaffen. Den Wählern ist klarer, was ihnen schadet, als dass sie den Ursprung der Verschlechterung erkennen, und deshalb vertrauen sie ihre Überzeugungen – sie fordern häufiger die Abschaffung existierender Strukturen als die

Umsetzung neuer Ideen – Führungsfiguren an, die diese Umstände gar nicht verbessern werden.

Die Gelbwesten, deren Ärger sich im äußersten Fall in Form von Antisemitismus und Antikapitalismus unter linken Symbolen manifestiert, stimmen im symbolischen Tragen der Warnweste überein. Sie tragen die Weste oder hängen sie plakativ an ihren Balkon, wie es früher mit der französischen Flagge üblich war. Was sagen diese Bilder eines nationslosen Nationalismus aus, und auf welche Bedeutungsleere spielen sie an?

- In Lateinamerika provoziert die Entzweiung zwischen der globalisierten Wirtschaft und den lokalen Gesellschaften das, was die klassischen Repräsentationssysteme erschaudern lässt. Sie verursacht andere Reaktionen als in den Vereinigten Staaten und in Europa. Während sie auf der Nordhalbkugel um neue identitäre Symbole wie Mauern oder Gelbwesten gruppiert sind, überwiegen im Süden andere Identifikationen.

Abgesehen von der Adaptation der Gelbwesten in Mexiko in einigen Demonstrationen, und das in einem anderen Sinne als in Frankreich, bilden sich die symbolischen Bezüge in Lateinamerika im lokalen Kontext bis hin zur illegalen Kultur heraus, der ein Symbolwert der »Opposition« zugeschrieben wurde. Opfergaben an Altären gelten Jungfrauen, Heiligen und Drogenbossen. Es werden so genannte *narcocorridos*, also Drogen-Balladen gesungen und Kriminalgeschichten erzählt. Neologismen werden zur Täuschung der angeblichen Hüter des Gesetzes: Drogenflugzeuge heißen dann *muchachas* (»Mädchen«), das Kokain wird zu *camisas* (»Hemden«) und das Geld wird *documentos* genannt. Die Verschleierungsoperationen der Drogenbosse, die sich Gesichtsoperationen unterziehen und mit Stolz abgetrennte Köpfe herumtragen, verlagern Identifikationen und symbolische Repertoires in einen Bereich, in dem neo-religiöse Formen mit der Glorifizierung des Bösen koexistieren.

Die Geschichten, die Musik und die Tätowierungen sind in Mexiko, Kolumbien und Zentralamerika inzwischen bei einem breiten Teil der Bevölkerung angekommen. Die Grausamkeit und der Zerfall der nationalen politischen Systeme führen immer häufiger zur Disqualifizierung lateinamerikanischer Institutionen, deren Vertreter etwa im Strafprozess gegen den mexikanischen Mafiaboss *El Chapo* Guzmán in New York beim fleißigen Notizenmachen beobachtet wurden. Zeitungsleser und Fernsehzuschauer fragten sich, warum in unseren Ländern, in denen diese Verbrechen stattgefunden haben, die Justiz scheinbar von nichts etwas mitbekommen hat. Man fragt sich, wieso Politiker entweder zu Komplizen dieser Verbrechen werden oder unfähig sind, die Morde, die Wirtschaftskriminalität und das Waschen von illegalem Vermögen unter Kontrolle zu bringen, während sich die US-Regierung regelmäßig dieser Delikte annimmt.

- Dieses Zusammenspiel zwischen zersetzten Realitäten und symbolischen Abspaltungen wirft die Frage auf, weshalb so viele destabilisierende Proteste in Kontexten und Kreisläufen der Kommunikation und des Transports auftreten. Neben den LKW-Fahrern, die Brasilien lahmlegten und eine militärische Intervention von der Regierung verlangten, sowie den Gelbwesten aus Frankreich steht der Konflikt der so genannten *Huachicoleros* in Mexiko. Sie plündern die Treibstoffpipelines um das erbeutete Benzin weiterzuverkaufen. Diese Fälle des Rohstoffdiebstahls, die zum Teil auch auf das eigenen Personal des staatlichen Unternehmens *Petróleos Mexicanos* (Pemex) zurückgehen, haben seit rund zwei Jahrzehnten Brände und Todesfälle in mehreren Regionen zur Folge. In den ersten Monaten des Jahres 2019 war die Situation besonders erschreckend, da die Regierung von López Obrador die Pipelines vorübergehend schloss, um die Vorfälle zu stoppen. Man begann damit, von der Armee bewachte Lastwagen für den Transport des Treibstoffs einzusetzen. Dies verursachte Engpässe in den Staaten im Inneren des Landes, sodass Auto- und LKW-Fahrer bis zu sechs Stunden lang Schlange fürs Tanken standen. Inmitten dieses Konflikts zapfte eine Gruppe im zwei Stunden von der Hauptstadt entfernten Tlahuelilpan im Staat Hidalgo eine Pipeline an, was eine Benzinfontäne von 30 Metern Höhe hervorrief. Die Dorfbewohner verbreiteten die Neuigkeit, und Hunderte kamen mit allen möglichen Behältern an, um feiernd so viel Treibstoff wie möglich aufzusammeln. Zwei Stunden später kam es zu einer 30 Meter hohen Explosion, bei der die mit dem Benzin in Kontakt gekommenen Menschen Feuer fingen. Es gab mehr als 129 Tote.

Das Problem bei der Entstehung von Gruppen wie den *Huachicoleros* ist ein Spannungseffekt zwischen der extraktivistischen Wirtschaft und der sozialen Verteilung des Reichtums. Die Benzinpipelines sind ein perfektes Beispiel für diese Spannung, denn sie durchqueren Gebiete, die ohne *huachicol*, also ohne das gestohlene Benzin, überhaupt nicht von ihnen profitieren würden. Damit ähneln die Pipelines den Mega-Autobahnen, die unsere Länder durchqueren und ganze Städte und Regionen zu bloßen Betrachtern des auf ihnen transportierten Reichtums degradieren. Die Menschen in diesen Städ-

> ten sehen Autos vorbeirauschen, aber sie haben nicht einmal einen ordentlichen Zugang zu dieser Straße. Angesichts eines solch exklusiven technologischen Fortschritts sind die Anreize zur Auflehnung, die mit den *Huachicoleros* an mehr als 11.000 Orten ins Rollen gekommen sind, als Versuch zu verstehen, Reichtum gerade an jenen Orten zu verteilen, die normalerweise von jeglichem Gewinn ausgeschlossen werden. Tatsächlich ist das Vokabular der *Huachicoleros* selbst in dieser Hinsicht bezeichnend: »das Melken« (*la ordeña*) und das Trinken aus dem Strohhalm« (*el popoteo*) suggerieren die Freude, die sich aus dem Zugang zum Luxusgut Benzin ergibt, das andernfalls in den Pipelines versteckt bliebe. Selbst wenn sie sozusagen nicht der Besitzer des Goldesels sind, können sie ihn melken. Wenn man sich das Getränk nicht leisten kann, so kann man zumindest ein paarmal daran nippen. (Lomnitz 2019)

Die Kehrseite dieser tragischen Kreuzung zwischen Prekarität und Diebstahl öffentlichen Eigentums, zwischen Zelebration und Tod zeigt, dass der über so viele Jahre abwesende Staat, der auch in illegale Versuche zur Bekämpfung solcher Mängel verstrickt war, Schwierigkeiten hat, sich der Katastrophe zu stellen. Wie Lomnitz feststellt, gibt es einen Konflikt zwischen politischen und der wirtschaftlichen Vorstellungen.

> Präsident López Obrador hat nicht Unrecht, wenn er die Notwendigkeit zur militärischen Überwachung des Benzins durch politische Projekte und Sozialausgaben für die betroffenen Regionen ergänzen möchte. Wenn vermieden werden soll, dass das Benzin in falsche Hände fließt, müssen auf der anderen Seite öffentliche Ausgaben getätigt werden. Wenn die Armee die Menschenmassen kontrolliert und dabei auf Schüsse verzichten will, muss sie diese in die Leistungen miteinbeziehen, die der Staat theoretisch anbieten kann. Das wirtschaftliche Problem verschwindet mit der Anwesenheit des Militärs daher nicht. Der Benzinraub unter den *Huachicoleros* kann nur ohne Gewalt überwunden werden, wenn man sie durch staatliche Investitionen entschädigt. Aber dafür braucht die Regierung finanzielle Ressourcen. Und woraus sollen diese gewonnen werden? Sie erahnen die Antwort auf diese Frage bereits. Es scheint so, als beiße sich der Obradorismo in diesem Aspekt in seinen eigenen Schwanz. Die Strategie zur Vermeidung von Pipeline-Plünderungen setzt auf den Kauf neuer Rohre. Das kostet. Der Raub soll durch eine Vergrößerung der Pipelines und durch eine verbesserte militärische Ausrüstung vermieden werden. Das kostet auch. Um die sozialen

> Ursprünge der *Huachicolero*-Bewegung zu beseitigen, werden öffentliche Investitionen noch intensiver in die bisherigen Gebiete mit Pipelines fließen. Die Kosten steigen. Obradors Blick auf die Wirtschaft bleibt letzten Endes an die extraktivistische Vision gebunden, die auch das Leben der Opfer von Tlahuelilpan forderte. Auch sie dachten, wie die Regierung, dass Reichtum durch Öl entstehe. Diese Einstellung kostet: Geld und Menschenleben. (Lomnitz 2019)

Dem ist hinzuzufügen, dass die geplanten Aktionen wie bei der Tragödie im Staat Hidalgo und zahlreichen ähnlichen Fällen in Puebla, Guanajuato und anderen Staaten, sowie das Aufeinandertreffen zwischen Menschen, Polizei und Militär und die nachgewiesene Komplizenschaft gewöhnlicher Anwohner mit Mafias ernstzunehmende Hindernisse für jede Politik zur Wiederherstellung der Staatsbürgerschaft darstellen: Es handelt sich um Strategien gegen den Staat. Die Wiederherstellung eines Gefühls der Öffentlichkeit und der Gemeinschaft ist umso anstrengender, wenn die Regierung selbst verlautet, dass 80 % der Diebstahlfälle von Mitarbeitern des öffentlichen Unternehmens Pemex begangen wurden. Wie soll der Kampf gegen die Korruption und für eine gerechtere Nutzung der öffentlichen Güter, vom Öl bis hin zu den zuständigen Institutionen, angegangen werden?

Bürger ohne Staat

Das beschriebene, weitverbreitete Gefühl der Hilflosigkeit entsteht, wie wir sehen werden, nicht in einem Zeitraum von ein bis zwei Jahren. Seine internationale Dimension widerlegt Erklärungen, die versuchen, die Katastrophen mit der jeweiligen nationalen Geschichte zu begründen. Die Ereignisse müssen einzeln berücksichtigt werden, um nicht in ein und derselben grauen Masse der Prozesse unterzugehen. Man muss unterscheiden zwischen den *White Anglo-Saxon Protestants* (WASP), die für Trump stimmten, den brasilianischen Randgruppen, die Bolsonaro an die Macht gewählt haben, den Gelbwesten aus Frankreich und den mexikanischen *Huachicoleros*. Ihre nationalen Kontexte bringen unterschiedliche Interessenlagen mit sich. Auf der anderen Seite gehen ihre Gleichzeitigkeit, der Rückzug der Parteien und Gewerkschaften sowie die Nutzung informeller Netzwerke und der Mobiltelefone zur Durchsetzung und Kommunikation ihrer Forderungen über den lokalen Zusammenhang hinaus. Worin sind sie sich also ähnlich?

Ich stelle die Hypothese auf, dass es in verschiedenen Ländern im Zuge der ökonomischen Krise und im Kontext der wirtschaftlichen und kommunikativen Globalisierung zu parallelen Zerwürfnissen zwischen den Eliten und breiten Teilen der Bevölkerung gekommen ist hinsichtlich der Frage, wie Gesellschaft gestaltet werden soll. Ein globales System, von dem wir dachten, es funktioniere, ist gerade dabei, zusammenzubrechen. Diese transnationale *Entbürgerlichung* verläuft auf mehreren Ebenen. Dafür werden in der Regel drei Gründe aufgeführt: a) die Elitisierung der Parteien und ihre Abkoppelung von ihrer sozialen Basis, b) die Kommodifizierung der Medien, und damit die Reduzierung ihrer gesellschaftlichen Funktion, und c) der Eindruck von Seiten der Bürger, dass ihre Proteste und Bedürfnisse nicht mehr von den öffentlichen Einrichtungen gehört und beantwortet werden. Bürger zu sein bedeutet heute nicht mehr das, was es früher bedeutete, oder was man sich darunter vor der Ära des globalen Kapitalismus vorstellte. Heute erleben wir ein anderes Verständnis von Politik: Staaten schließen abkommen mit Unternehmen. Soziale Grundrechte, die ursprünglich sinnstiftend für die moderne und demokratische Konzeption der Staatsbürgerschaft waren, werden heute flexibel geändert oder revidiert. Wendy Brown bezeichnet den Zusammenbruch dieser Idee von Demokratie als »Entdemokratisierung« (2005).

Die Auswirkungen von *Fake News* sind nur ein lauter Nebeneffekt der langjährigen Diskrepanzen zwischen Versprechen und Handeln. Technologische Neuerungen sind ein Grund, weshalb wir Durchschnittsbürger den Eindruck haben, in einem radikal neuen und modernen Zeitalter zu leben, in dem die Wissensproduktion und die Verbreitung von und der Zugriff auf Information revolutioniert worden sind. In diesem Buch wird argumentiert, warum die Entmündigung der Bürger ihre Vorgeschichte in früheren Prozessen hat. Wir haben es mit Brüchen und Ungleichmäßigkeiten zu tun, die, wie bereits erwähnt, nicht nur technologischer Natur sind, sondern auch als Folge der kognitiven Reorganisation des Kapitalismus zu bewerten sind (Lash 2007; Moulier 2007; Lins 2018). Es handelt sich um einen viel komplexeren Prozess als denjenigen, den die marxistische Tradition bloß als die Dissoziation zwischen Sprache und deren Anwendung im ideologischen Kontext kennt.

Die angeführten Veränderungen des Wissens und seiner digitalen Zirkulation sind allerdings nicht nur auf Technologien und auf die kapitalistische Wirtschaftsordnung, sondern auch auf die Umgestaltung des sozialen und kulturellen Sektors sowie des demokratischen Führungsstils zurückzuführen. Folglich ist eine Analyse erforderlich, die diese Mutationen und ihre Verflechtung im Zusammenhang betrachtet. Im Unterschied zu soziologischen

Analysen und zur politischen Philosophie, die sich der Untersuchung des Zusammenbruchs der Demokratie als Legitimitäts- und Vertretungskrise der Parteien und der Steuerung von Unternehmen und Medien widmet, zeigen andere Betrachtungsweisen die Perspektive der Bürger auf. Sie befassen sich mit der Frage, wie diese über illegale oder informelle Wege nichtsdestotrotz ihre Ansprüche geltend machen, sie kommunizieren und sichtbar machen.

In diesem Buch soll untersucht werden, inwieweit das Ungleichgewicht in den Produktionsverhältnissen und der politischen Kultur der Regierungen, sowie in den Herausforderungen der privaten Akteure und den technologischen Möglichkeiten zu deren Ersetzung einen anderen Prozess des Wandels beleuchtet: den Bruch mit den kulturellen Grundlagen des Konzepts der Staatsbürgerschaft.

Die Macht der Medien und der digitalen Netzwerke führt Journalisten und Politologen dazu, die Theorie der Massenmanipulation durch diese Akteure wieder aufzugreifen. Dieser Ansatz wurde in den Kommunikationswissenschaften seit den 1970er-Jahren eigentlich als überholt eingestuft. Andere verweisen wiederum auf das Vordringen konservativer evangelikaler Kirchen, oder sie kritisieren die durch populistische Diskurse generierten Illusionen. Außerdem wird auf den Einfluss krimineller Organisationen und deren »Dienstleistungen« verwiesen, die zum Erhalt zahlreicher Sektoren beitragen. Diese vagen Hypothesen erklären kaum die Bandbreite der Erscheinungen, und sie liefern keine ausreichende Erklärung für die Strategien, die die Medien, die Kirche, die Politik und die kriminellen Kartelle anwenden. Deshalb muss nach anderen Erklärungsmöglichkeiten für diese Veränderungen in den Lebensverhältnissen, der Denkweise und der Unterstützung für hegemoniale Akteure gesucht werden. Die kulturelle Krise der Staatsbürgerschaft offenbart neue Pakte zwischen »dem gemeinen Volk« und den Führungspersonen aus Politik, Wirtschaft und Medien, seien sie illegal oder legal, und sie machen die Bandbreite an Überlebens- und Wohlstandsstrategien sichtbar, die unter dem Deckmantel des Neoliberalismus stehen.

Diese Diskrepanz zwischen Reden und Handeln und dem Wissen über die Funktionsweise unseres Landes oder der Welt und den effektiven Strategien, um sie verändern zu können, hat sich durch die COVID-Pandemie noch vergrößert. Was wir über die Verwendung persönlicher Daten zur Beeinflussung unseres Verhaltens und unserer Erkenntnis über den Anspruch auf unsere Rechte gelernt haben, hat für Unruhe in der politischen Führung gesorgt (vgl. der Wahlskandal unter dem Einfluss von Cambridge Analytica und andere Wahlmanipulationen). Mit dieser neuen Erkenntnis wachsen auch die Bewegungen des Feminismus, des Antirassismus, des Umweltschutzes sowie gegen die Prekarität in der jungen Generation. In den europäischen Parlamenten und im US-Kongress und bei den Straßenprotesten, die die oberen politischen Etagen scharf kritisieren, ist dies sichtbar geworden. Wenige Erfahrungen haben eine so große öffentliche Reichweite, wie die der feministischen Proteste und der Opposition gegen das historische Vermächtnis von Pinochet in der chilenischen Verfassung und in der Gesellschaft, oder wie die unkontrollierbaren Protestmärsche in den Städten: Sie fanden ihren Höhepunkt in den Demonstrationen am Internationalen Frauentag am 8. März 2020 und in der sinkenden Zustimmungsrate auf magere 6 % für Präsident Piñera in der gleichen Woche. Er hatte die Quarantäne ausgenutzt, um die Bürger in ihren Häusern festzuhalten. Die überwältigende Mehrheit von 78 %, die die Pinochet-Verfassung am 25. Oktober 2020 mit deutlich größerer Wahlbeteiligung als bei früheren Wahlen abwählte, hat die Hegemonie der Rechten in Chile damit erschüttert.

Damit wurde deutlich, dass die Einschränkungen aus Angst vor dem Coronavirus kein Ende der anhaltenden Proteste in den sozialen Netzwerken bedeuten. In vielen Ländern haben die Demonstranten selbst angesichts der größten Gefährdung für die Gesundheit den öffentlichen Raum eingenommen. Das bekannteste Beispiel ist das der entrüsteten US-Bürger nach der Ermordung an George Floyd, deren Bewegung #BlackLivesMatter in mehreren Ländern ein Echo fand, und die auf Proteste gegen andere Formen der Diskriminierung ausgeweitet wurde. Die verschiedenen Programmpunkte des physischen und virtuellen Protests vermischen sich mit Misstrauen gegenüber offiziellen Zahlen und politischen Maßnahmen angesichts der Pandemie. Sie zeigen die sozioökonomische Zersplitterung und die Komplexität der globalisierten Missstände, die reale Ängste und deren herbeigeführte Verschlimmerung nicht aufhebt. Selbst unter den Einschränkungen des öffentlichen Lebens, die uns die Pandemie auferlegt hat, sind wir Zeugen von Bewegungen zur Wiederherstellung der Staatsbürgerschaft geworden. Nicht nur die politisch motivierten, sondern auch »einfache« Bürger-Verbraucher sind den Regierungen einen Schritt voraus (und kompensieren deren fehlenden Handlungswillen), indem sie sich selbst organisieren. Bürger versorgen sich in der aktuellen Lage selbst, verteilen Lebensmittel oder bieten Pflege für Nachbarn an. Sie teilen Informationen schnell und mit globaler Reichweite. Wissenschaftliche Netzwerke und Journalistengruppen, die Informationen vergleichen und sie auf Fakten prüfen, weiten ihre neuen Wissensmodelle und innovative Vorgehensweisen als Bürger aus.

Die Parteien und Gewerkschaften, die weltweit seit Jahrzehnten in Verruf geraten sind, sind in der aktuellen Lage jedoch stumm geblieben. Zwar gibt es Solidaritätsbewegungen (z.B. während der Erdbeben in Mexiko), die besonders intensiv und von kurzer Dauer sind. Es bleibt jedoch abzuwarten, welche solcher innovativen Initiativen im Kontext einer Post-Pandemie eine sinnvolle Vertiefung anbieten würden. Geht es um die Straßenproteste, die in den sozialen Netzwerken zunächst an Stärke gewinnen und Unternehmen dazu zwingen, Falschmeldungen aus dem Verkehr zu ziehen oder gegen die Bürger gerichteten Regierungen keine Daten zu verkaufen, so stellt sich die Frage, ob sie sich durch das wachsende Aufkommen von Online-Netzwerken nochmal bestätigen werden: Nachbarschaftsnetzwerke, Kollegengruppen, Freundesgruppen, Migrantencommunitys, nonkonforme Experten, und viele andere? Das Bürgersein lässt sich nicht darauf reduzieren, was die Algorithmen mit uns oder mit den großen Unternehmen anstellen.

Die einvernehmliche Unterordnung

In der jüngsten Phase des Zusammenbruchs der politischen Parteien in Brasilien wurde der Versuch unternommen, Konzepte aus den Sozialwissenschaften neu zu schreiben. Statt das scheinbar irrationale Wählerverhalten zu beurteilen, fragt man sich nach alternativen Wegen, dieses zu verstehen. Der brasilianische Soziologe Carlos Eduardo Martins beschrieb den durch den Sturz Dilma Rousseffs ausgelösten Ausnahmezustand, der im Wahlsieg von Bolsonaro gipfelte, als »faschistisch-liberal«. Er argumentiert, dass diese Verschmelzung zweier scheinbar gegensätzlicher politischer Strömungen sich aktuell dadurch auszeichnet, dass zwar Grundsätze der liberalen Demokratie unter Beibehaltung ihrer formalen Aspekte erhalten bleiben. Die autokratische Machtstruktur, die den politischen Wettbewerb einschränkt und die freie Ausübung der Souveränität oder Proteste durch das Volk verhindert, dringe jedoch weiter vor. Seit dem Wahlkampf in Brasilien, so Martins, beobachten wir den Einsatz begrenzter, aber strategischer Maßnahmen der Gewalt, der Willkür und des Terrors. Sie werden eingesetzt, um Arbeitnehmer- oder Menschenrechtsbewegungen sowie die Opfer des in den Drogenhandel verwickelten Staats zum Schweigen zu bringen. Unterdessen werden neue Bündnisse eingegangen, und zwar zwischen regierungsunfähigen Eliten und transnationalen Megakonzernen, sowie Teilen der Mittel- und Unterschicht, die von der Rezession betroffen sind. Ähnliche Prozesse treten in den letzten Jahren in Argentinien, Mexiko und einigen zentralamerikanischen Ländern auf, wenn auch in kleinerem Maßstab.

Diese Erklärungen stützen die gängigen Argumente bezüglich der Neuformierung der Machtverhältnisse durch die Rechten. Es gibt immer noch keine vollständige Erklärung für die grundlegenden Ursachen dieser massenhaften Zustimmung oder für die Umwandlung der Arbeiterklasse und anderer Gesellschaftsgruppen, die früher mal Unterstützer der progressiven Parteien waren und inzwischen einen wirtschaftspolitischen Kurs befeuern, der sie selbst zu Verlierern macht. Die Untersuchung der französisch-marokkanischen Journalistin Lamia Oualoulou zeigt weitere Anhaltspunkte auf. Oualoulou untersuchte, wie evangelikale Kirchen sich in den ärmsten Gebieten Brasiliens etablieren. Die katholische Kirche und die Linke hatten sich hingegen zunehmend aus diesen Gebieten zurückgezogen, indem sie sich vor allem auf den städtischen Raum konzentrierten. Der Vormarsch der Evangelikalen und anderer nicht-traditioneller Kirchen hat soziokulturelle und kommunikationsbezogene Ursachen. Zum einen haben sie die Fähigkeit zur Vermittlung von Geborgenheit, Geselligkeit und Schutz für Randgruppen. Darüber hinaus haben sie eigens Medien geschaffen, die sie repräsentieren. Der Staat hat sich aus den Favelas und den benachteiligten Zonen zurückgezogen, während die neoliberale Wirtschaft immer mehr Prekarität produzierte.

> Als ich die Leute fragte, warum sie sich evangelikalen Gemeinden angeschlossen hatten, ging es nie um theologische Überzeugungen. Ein Zentraler Treffpunkt sei hingegen das Gemeindehaus: Hier könne man gemeinsam singen, Freunde finden, und die Kinder betreuen lassen. Weder der Staat noch die öffentlichen Einrichtungen für Gesundheit, Arbeit und Bildung, noch die katholische Kirche, sondern die Evangelikalen sind diejenigen, die diese Dienste in vielen Fällen anbieten. Die Menschen sehen in den Gemeindehäusern einen Ort der sozialen Unterstützung. Verliert jemand beispielsweise seine Arbeitsstelle, so findet er über die Gemeinde und deren aktive Mithilfe schnell eine neue. Jemand hat nicht genug zu essen? In der Gemeindeküche gibt es reichlich Reis für alle. Die Evangelikalen nehmen in Brasilien den Raum des Staates ein, und sie nutzen die sich daraus ergebenden kulturellen und politischen Auswirkungen für ihre Zwecke. Die Menschen leben die ganze Zeit über eingesperrt in ihrer kleinen Welt. Das liegt teilweise auch daran, dass progressive Bewegungen, also linke Parteien, diese Menschen unter beträchtlichen Vorurteilen alleine gelassen haben. Aber wir dürfen die engen Verbindungen der Linken mit der katholischen Kirche dabei nicht außer Acht lassen. (Febbro 2018)

Eine weitere Strategie dieser Gruppen besteht in der Schaffung eines Mediensystems, das sie repräsentiert. Es nimmt vernachlässigte Bevölkerungsgruppen wieder neu in den Diskurs auf und unterstützt sie öffentlich. Der zweite Fernsehsender in Brasilien gehört dem Bischof der Universalkirche Edir Macedo, der zusätzlich zu biblischen Botschaften und spirituellen Tröstungen

Medikamente anbietet, Volksapotheken plant und alternative Bildungsangebote stellt.

Macedo stellte seinen Fernsehsender auch in den Dienst der Bewegung um den Ex-Militär Jair Bolsonaro. In der letzten offiziellen Fernsehdebatte vor der Wahl war Bolsonaro der einzige Kandidat, der seine Teilnahme absagte. Stattdessen strahlte das evangelikale Fernsehen zur exakt gleichen Sendezeit ein exklusives Interview mit ihm aus. Millionen von armen Brasilianern, die der evangelikalen Bewegung angehören, lernen in den Gemeinden, auf Alkohol zu verzichten und die Arbeit zu ehren. Sie nutzen ausschließlich evangelikale Radio- und Fernsehsender und gehören auf Facebook und WhatsApp religiösen Gruppen an. Im katholischsten Land der Welt, das als Wiege der Befreiungstheologie gilt, entwickelt sich nun eine »Theologie des Wohlstands«. Sie propagiert dem Gläubigen, dass

> er ein Recht auf alles hat: Auf Gesundheit und auf ein materiell abgesichertes Leben. Und zwar jetzt, und nicht erst im Himmelreich! Fehlt es ihm an etwas, dann nur, weil er nicht weiß, dass es ihm zusteht. So entsteht ein Wandel in der Beziehung zu Gott: Dein Schöpfer *muss* dir all das geben. Du musst nur wissen, wie du ihn darum bittest. Um Gott danach fragen zu können, musst du unbedingt Teil der evangelikalen Kirche sein, bezahlen und beten. Interessant ist, dass diese Strategie am Ende aufgeht: Wenn Evangelikale dem Gebot, mit dem Trinken aufzuhören und die Arbeit zu ehren, folgen, arbeiten sie härter und trinken weniger. Die Leute erkennen den positiven Einfluss auf ihr Leben, weil sie weniger Geld für Alkohol oder andere Vergnügen ausgeben. Am Ende bleibt mehr Erspartes übrig. Der Pastor verspricht ihnen noch viel mehr, aber die Gläubigen passen ihre Bedürfnisse an die Grundidee an. Die Versprechen des Geistlichen, eines Tages stolzer Besitzer eines Cadillacs zu sein, verwandeln sich in Hoffnungen, zumindest eine besser bezahlte Arbeit oder ein gutes Immobiliendarlehen zu erhalten. Die Leute folgen der Ideologie, selbst wenn dabei nur ein Minimum für sie herausspringt. (Febbro 2018)

Das Beispiel der evangelikalen Kirche soll keinen Versuch darstellen, die Krise in der Beziehung zwischen Staat, Gesellschaft und Bürgern oder den abrupten Übergang zum Bolsonaro-Regime alleinig durch sie zu erklären. Gleichermaßen bieten die Ausführungen über die französischen Gelbwesten keine umfassende Interpretation der dekadenten Repräsentativität des politischen Systems in Frankreich. Sie sind lediglich ein Hinweis auf die Notwendigkeit einer mehrdimensionalen Betrachtung, der zunächst nur zur Untersuchung der Rekonfiguration verschiedener Lebensrealitäten und Erfahrungen dient, die in der politischen Soziologie nicht erfasst werden. In der Regel fallen diese unter Begriffe wie »öffentliche Meinung« oder werden unter dem Begriff »Demokratieerziehung« zusammengefasst. Über unsere Betrachtungsweise werden die heterogenen Ausgangssituationen und Bedingungen, die bei Wahlen und sozialer Teilhabe mitspielen, deutlich. Es geht darum, die streng vertikale und der Politik dienende Perspektive zu verlassen. Diese wird den neuen religiösen Dynamiken in der Gesellschaft nicht gerecht. Außerdem übersieht sie die Bevorzugung des urbanen Raums gegenüber den vernachlässigten Randgebieten, sowie die allgemeine Präferenz für Ausländer statt Einheimischer. Dabei entgehen ihr auch die neuen Wege des Volkes, sich mitzuteilen und seine Unzufriedenheit symbolisch zum Ausdruck zu bringen. Ziel ist es, den Zerfall der Demokratie aus der Alltagskultur der Bürger, und nicht aus der Perspektive der Elite zu betrachten.

Diese Schwerpunktverlagerung geht von einer Verflechtung zwischen religiösen Institutionen, Parteien und Gewerkschaften im Hinblick auf die Erwartungen und neuen Wege der Sozialisierung aus. Sie geht auf die Frage ein, wie ein Mensch in der heutigen Zeit zum Bürger erzogen wird. In Ländern wie Mexiko und in Mittelamerika zählen die evangelikale Expansion genau wie die angebotenen Dienste krimineller Vereinigungen zu den »sozialen Diensten«. Sie kompensieren das Angebot an der Stelle, wo öffentliche Einrichtungen keine Not erkennen.

Welche soziokulturellen Veränderungen führen zur Normalisierung der Teilhabe so vieler Sektoren an der Korrumpierung armer Menschen? Wie kommt es zur Salonfähigkeit der Mitwirkung bei mafiösen Organisationen, die auf undemokratische Weise ganze Gebiete und soziale Gefüge unter Kontrolle bringen und systematisch öffentliche Güter entwenden, etwa in Form von Überfällen auf Lebensmitteltransporte und Benzinpipelines? Was bringt Jugendliche und junge Erwachsene dazu, sich massiv an riskanten Kriminalverbrechen zu beteiligen, ihr Leben einem Dasein als Mörder zu widmen oder beim Verstecken tausender Leichen mitzuhelfen? Die weitverbreitete Akzeptanz dieser zerstörerischen Verhaltensweisen in Bezug auf das Soziale erfordert die Erweiterung des Begriffs der *Banalität des Bösen* nach Hannah Arendt: Die Bevölkerung wird nicht nur durch die grausame Natur des Totalitarismus zum Schweigen gebracht, indem sich dieser ausgehend von der Staatsmacht durchsetzt. Vielmehr ist es seine Ausbreitung in die alltäglichen sozialen Beziehungen, die nicht unter dem Schutz von Gesetzen, Prinzipien und liberalen Organisationsstrukturen stehen. In manchen Fällen sind die öffentlichen Institutionen selbst an dieser Zersetzung beteiligt. Dies wurde zum Beispiel in einem Zugeständnis des mexikanischen Präsidenten López Obrador deutlich. Der mexikanische Präsident erklärte, dass Arbeiter und Beamte der staatlichen Firma Pemex zu 80 % Schuld am Treibstoffdiebstahl und dessen illegalen Handel trugen.

Ebenso beobachten wir in Lateinamerika einen Anstieg von Menschenrechtsorganisationen, Antikorruptionsverbänden, und Zusammenschlüssen von Familienmitgliedern Verschwundener, sowie von Studierendenorganisationen und Angestelltenverbänden, die deren Anliegen unterstützen (Dutrénit 2017). Erste neue Erfahrungen mit der Solidarwirtschaft werden in den mittleren und unteren Bevölkerungsschichten ausprobiert; Tauschhandel und soziale Währungen, Selbstverteidigung und gemeinschaftlich organisierte Sicherheitskontrollen durch Anwohner sind ein Versuch, die abwesende Rolle des Staates neu zu besetzen. Gleichzeitig verändern sie jeweils den Sozialvertrag und die Ressourcen zum Überleben.

Auf der anderen Seite nehmen auch autoritäre Antworten auf die täglichen Umwälzungen und für den Umgang mit ihnen zu. Diese Bewegungen zur einvernehmlichen Unterwerfung sind der Grund für den Stimmenzuwachs für eine rechtsgerichtete Wirtschaftspolitik, Fremdenfeindlichkeit, internalisierten Rassismus und für eine Übereinkunft zur Militarisierung vieler Lebensbereiche, die durch den sozialen Zusammenbruch der Wirtschaft auf demokratischem Wege scheinbar unregierbar geworden sind. Wir haben es hierbei nicht mit isolierten Entscheidungen einzelner rational Denkender zu tun. Eher handelt es sich um soziale Vereinbarungen, bei denen kollektive Vorstellungen mobilisiert und als Gesamtsystem vorangetrieben werden. Diesen Prozess als Zumutung durch die Medien und die Eliten oder gar als populistischen Verführungsversuch zu verstehen wäre daher trügerisch und keineswegs zielführend, und es würde auch nichts bringen, der Entwicklung entgegenzuwirken, indem man an vermeintlich vernünftige Menschen appelliert, das demokratische Zusammenleben zu retten. Ein solcher Ansatz wäre umso wirkungsloser in Zeiten, in denen die Verschlechterung der Lebensqualität die meisten Menschen dazu verführt, solche Herausforderungen eher als Frage des Über- statt des Zusammenlebens zu betrachten.

An dieser Stelle möchte ich die konzeptuelle Sichtweise des Sozialtheoretikers David Harvey erweitern, wenn er von der »Akkumulation durch Enteignung« (Harvey 2005) spricht. Mit dem Begriff wird die Enteignung im Sinne des Sprachgebrauchs und der freien Verhaltenswahl der Bürger im Kontext der kulturellen und kommunikativen Logik der neoliberalen Wirtschaft analysiert. Welche neuen Formen der Ausbeutung (sowohl materiell als auch symbolisch) finden statt, wenn Konsumhandlungen, politische Beteiligung und Zivilgesellschaften von Medienunternehmen und digitalen Servern enteignet werden? Die Thematik wirft noch weitere Fragen auf: Auf welche Weise profitieren prekäre Sektoren aller Art von informellen und illegalen Gruppierungen? Wie wird die zivile politische Kultur nun als Teil einer Alltagskultur konfiguriert, die anders ist als diejenige, die der liberalen Konzeption der Staatsbürgerschaft einst als Inspiration diente?

Doch diese letzte Frage scheint mir weiterhin zu sehr in der Moderne verfangen zu sein. Stattdessen möchte ich ein besseres Verständnis für die Verbindungen zwischen der Parapolitik der Parteien und den kriminellen Organisationen, der Infrapolitik der sozialen Bewegungen sowie den unbeständigen und kurzlebigen Aktionen der Medienmächte und der sozialen Netzwerke erlangen. Auf diese Weise konfiguriert sich das (zerbrochene) soziale Gefüge, in dessen Rahmen wir nach einer Möglichkeit suchen müssen, Staatsbürgerschaft wiederherzustellen.

Von Medienbürgern zu überwachten Bürgern

Bestimmte klassische Formen der Staatsbürgerschaft sind von der Medienmacht ausgeschaltet worden. Für ein besseres Verständnis müssen wir diese Entwicklung im Rückblick betrachten ehe wir beurteilen, inwieweit die Abschaffung – oder die Neuerfindung – der Macht des Volkes auf die soziodigitale Wende anwendbar ist. Diejenigen von uns, die in der zweiten Hälfte des 20. Jahrhunderts die Narrative des Liberalismus über die Staatsbürgerschaft miterlebt haben, wissen, dass man als Bürger bestimmte Rechte genießt und seine Staatsbürgerschaft auslebt, indem man einer Gemeinschaft in einem bestimmten geographischen Gebiet angehört. In Argentinien, Brasilien oder in Frankreich geboren zu werden gibt uns ursprünglich das Recht, dort zu leben und uns in diesen Ländern frei zu bewegen. Wir erhalten Bildung, arbeiten, und bauen Beziehungen zu anderen Bürger und Ausländern auf, sofern dies mit den nationalen Gesetzen vereinbar ist. Es wurde davon ausgegangen, dass diese Rechte durch Regierungen, politische Parteien und Gewerkschaften bewahrt werden, und dass notwendige Änderungen innerhalb dieser Strukturen erstritten werden können. Diese Idee der Staatsbürgerschaft als universelle Ausübung zur Teilnahme an der Verteilung öffentlicher Güter geriet durch die Ausgrenzung indigener Gemeinschaften oder deren erzwungene Assimilierung ins Wanken, ebenso wie durch die Blockierung bestimmter Räume für diejenigen, die gerne Bürger wären, darunter offenkundig Frauen, die bis in die erste Hälfte des vergangenen Jahrhunderts kein Wahlrecht hatten und noch heute auf so gut wie allen Ebenen unterrepräsentiert sind (Álvarez 2019). Zu diesen ernstzunehmenden Mängeln kamen in vielen lateinamerikanischen Ländern Militärputsche hinzu, die das demokratische Leben vollkommen annullierten (auch wenn diese Annullierung in einigen Fällen als eine Unterbrechung betrachtet und sie danach wieder schrittweise zurückgewonnen wurde).

In den letzten Jahrzehnten wurden die Putsche weniger. Dafür schwächten andere Prozesse den politischen Liberalismus und dessen Demokratievorstellung. Die Regierungsverantwortlichen sind seither nicht in der Lage, die Rechte der Bürger zu wahren. Sie sind in einigen Fällen sogar Komplizen illegaler Gruppierungen, die diesem Anspruch schaden. Damit deaktivieren sie die politische Partizipation, die für einen ständigen demokratischen Wandel sorgen soll. In den am meisten von Gewalt und Chaos betroffenen Gebieten werden Militäreinsätze durchgeführt und Menschenrechte mit Füßen getreten. Bürgervereinigungen zur Selbstverteidigung werden gewaltsam aufgelöst und angegriffen. Auf diese Weise werden demokratische Mechanismen wie Wahlen und Rechtsmittel verzerrt (»Bolsonaros Brasilien« oder »Chávez' Venezuela«), und Bereiche des sozialen Miteinanders militarisiert.

Videopolitik: Demokratische Einbeziehung, Ausschluss oder Beruhigungspille?

Der Erfolgskurs der Medien hat für uns Bürger unterschiedliche Folgen: Er erweitert und neutralisiert die gesellschaftliche Teilhabe zugleich. Als das Fernsehen zum Hauptakteur der modernen Kommunikation wurde und die Druckpresse ersetzte, wurde die Videopolitik geschaffen: Debatten und öffentliche Meinungsmache verschwanden von den Straßen und kommen seither aus den Bildschirmen in die Köpfe. Die Politiker entfernten sich von ihren Wählern und der Parteiapparat verlor seine ursprüngliche Macht zur Vermittlung zwischen den Forderungen der Bürger und den Regierungen. In Chile und Uruguay, wo die Parteien die Fähigkeit zur Vermittlung noch aufrechterhalten, haben sie weiterhin wichtige Rollen bei den politischen Auseinandersetzungen inne. In Argentinien, Kolumbien und anderswo machte sie ihre eigene Fragilität hingegen abhängig vom Medienapparat. 1991 schrieb Oscar Landi:

> Allgemein scheint die Videopolitik die Entwicklung von Parteien mit einem niedrigen ideologischen Profil, pragmatischer inhaltlicher Bündelung und Forderungen nach aktuellen Interessen zu begünstigen – so genannte »Catch-All-Parties«. Dies geschieht entweder durch die Transformation bereits existierender oder durch das Auftauchen neuer Parteien auf der Basis einer neuen Vertrauenswürdigkeit, die durch eine bestimmte Führungsfigur oder politische Ästhetik geweckt wird. (Landi 1991, 5)

Diese Ästhetik steht in den Diensten einer soziokulturellen Rekonfiguration:

> Ein Präsident mit gutem Draht zum Volk, der mit Persönlichkeiten aus der Entertainmentbranche und dem Sport befreundet ist, der von Humanisten hofiert wird und der selbst verschiedene soziale Persönlichkeiten annimmt, bildet zusammen mit einer günstigen Gestaltung der Agenda durch bestimmte Pressebeauftragte das zentrale Spiel eines glaubwürdigen Kulturmenemisten. (*Ibid.*, 6)[1]

Affekte, Repräsentationen und Simulakren verbanden sich stets in den Handlungen der Regierenden und schlugen sich dann auch in schriftlichen Protestäußerungen und Demonstrationen auf den Straßen nieder. Fernsehpropaganda, Podiumsdiskussionen und Politsendungen im Fernsehen haben diesbezüglich aber eine Umgestaltung bewirkt. Wie wichtig sind die sozialen Proteste innerhalb dieser affektiven und wirtschaftlich motivierten Pakte zwischen Pressevertretern und Politikern noch? Die Protestmärsche gehen immer weiter, obwohl die Medien dazu neigen, fast ausschließlich dann über sie zu berichten, wenn sie das städtische Leben oder die Wirtschaft beeinträchtigen.

Die Regeln der Fernsehberichterstattung haben den Sinn von Politik rekonstruiert. Der Bürger als Fernsehzuschauer interessiert sich inzwischen mehr für das Ereignis, anstatt für den Diskurs: Statt begründeter Argumente oder Parteienprogramme erwartet er herausragende Persönlichkeiten. Ihnen vertraut er wie Helden, die die Raubzüge der korrupten Beamten (von Collor bis Bolsonaro) für ein und allemal beenden sollen. Er hält sie für die neuen Symbolträger der Überwindung der klassenbedingten Ausbeutung der Arbeiter (Lula). Landis bekannte Studie bezog sich auf diese Neugestaltung des Vertrauensverhältnisses zwischen Bürgern und Macht im Brasilien der 1980er-Jahre, als die Glaubwürdigkeit der Parteien und der Protagonismus der Druckpresse allmählich abnahmen.

Aber waren die Dramatisierung und die Ritualisierung unter der Verherrlichung und Anpreisung von Einzelpersonen und Führungsfiguren, sowie das Karnevaleske an der Politik nicht schon seit Jahrhunderten Teil der Politikgestaltung? Blenden wir daher die Macht des Zuschauers vor den Bildschirmen nur aus, die mit dem ständig wachsenden Fernsehangebot im *Free-* und *Pay-TV* weiter wächst? Unterscheiden nicht die Actionfilme und Komödien nach

---

1 Als *menemistas* bezeichnet man in Argentinien die Anhänger des Ex-Präsidenten Carlos Menem.

wie vor zwischen dem Bildschirmvergnügen auf der einen Seite und der realen Welt, die dafür den Rahmen bildet, auf der anderen Seite? Die verschiedenen Dekodierungen in den Lesarten der TV-Zuschauer werden heutzutage etwa durch die kleinen interaktiven Bildschirme und sarkastische Memes erweitert. Sie bieten die Möglichkeit, die Berichterstattungen der verschiedenen Medien miteinander zu vergleichen. Aktiver Zuschauer oder Prosumer zu sein, ist jedoch nicht gleichbedeutend mit der Rolle als Bürger.

Um diese Verbindungen zwischen Medien, digitalen Netzwerken und neuen soziokulturellen Umgebungen aus einer komplexen Perspektive zu begreifen, ist es notwendig, die weniger offensichtlichen Tendenzen zu betrachten: Die Kulturwirtschaft rekonfiguriert allmählich den öffentlichen Raum und verändert dabei beispielsweise Verfahren der Interpellation, das heißt der Art und Weise, konkrete Anfragen an die Regierung zu stellen und so eine Interaktion zwischen Bürger und Regierungen zu ermöglichen (oder zu verhindern). Die Möglichkeit, wer wie Zugriff auf diesen Informationsfluss hat, ihn verstehen kann und entsprechend auf ihn reagieren kann, hängt von strukturellen Veränderungen innerhalb der Verbindungen zwischen Medienschaffenden und politischen und wirtschaftlichen Akteuren ab. Dabei sollten nicht nur individuelle Ressourcen in Betracht gezogen werden, die Zahlungswege ermöglichen (gegenwärtig Breitbandnetzwerke und Endgeräte mit hoher Verbindungskapazität und vielen Apps). Vielmehr müssen auch die Ziele derjenigen Akteure in der Kommunikationsbranche, die hinter diesen Entwicklungen stehen, bedacht werden. Wie und in welchen Bereichen sind die Bedingungen für ein schnelles Eingreifen gegeben, wenn dies erforderlich sein sollte?

Die Massenmedien haben die neoliberale Tendenz, der die Schlüsselfunktionen des Nationalstaats verlagert hat, in eine global gültige Logik umgewandelt: Das Regieren über die Wirtschaft und die Kommunikation, deren Verwaltung, und die Kontrolle über das, was ein Land verlassen und was eingeführt werden darf, ist heute Aufgabe internationaler Gremien und Unternehmen. In manchen Fällen wurden unsere Rechte erweitert, indem wir zu Unionsbürgern unter Abkommen wie Mercosur oder dem Lissabon-Vertrag wurden, aber die Transnationalisierung der Medienkonzerne führte letztendlich zu Koproduktionen der Botschaften im Fernsehen über nationale Grenzen hinweg, und befindet sich somit außerhalb der Umlaufbahn des bürgerlichen Handelns. Die Nachrichten und ihre Inszenierung durchlaufen Grenzkontrollen, wie viele andere Güter – etwa Waffen – auch, leichter als Menschen. Die mediale Entfernung des Bürgers von Prozessen der Entscheidungsfindung und deren Veröffentlichung ging also einher mit einer Enteignung der Öffentlichkeit durch Lobby-Netzwerke zwischen Unternehmen und kreditgebenden Banken.

Der Vormarsch des Fernsehens, die Schwächung des Staates und das Misstrauen gegenüber den Parteien sind drei miteinander verflochtene Prozesse. Der Machtverlust und die Ausrichtung des gesellschaftlichen Lebens durch Regierungen und parteinahe Institutionen artikuliert sich anhand eines neuen inoffiziellen Abkommens zwischen verschiedenen Branchen, Kommunikationsdienstleistern und der Gesellschaft. Seit Jahrzehnten übertragen Presse, Radio, Fernsehen und das Internet Beschwerden, öffentliche Anschuldigungen und Kritik an den Behörden, oder sie ersetzen sie. Die Medien und schließlich die digitalen Kommunikationsunternehmen sind inzwischen zu stärkeren Akteuren geworden als der Staat in seiner Rolle als transnationaler Akteur des Kulturaustauschs. Sender wie Fox in den USA, Televisa in Mexiko, Globo in Brasilien oder Clarín in Argentinien beschränken sich längst nicht mehr nur darauf, das Publikum an sich zu binden und die Einstellung der Bürger für wirtschaftlichen Profit zu beeinflussen. Das Fernsehen und die digitalen Netzwerke filtern und verwalten soziale Unzufriedenheit und organisieren affektive Aufmerksamkeitsgemeinschaften.

Wie hat sich das Verhalten der Öffentlichkeiten und der Nutzer verändert? Enttäuscht vom erhöhtem staatlichem Verwaltungsaufwand und von den ehemals zuverlässigen Parteien und Gewerkschaften wenden sie sich nun an das Radio und das Fernsehen, um das zu erreichen, was die Institutionen aus ihrer Sicht versäumen: Dienstleistungen, Gerechtigkeit, Wiedergutmachungen oder einfach nur Aufmerksamkeit.

Auf der anderen Seite besteht die Möglichkeit, dass die Medien auf die Sorgen der Nutzer eingehen, selbst wenn sich diese in den eigenen vier Wänden oder auf der Straße abzeichnen: Während Menschen gerade im Stau stehen, Versorgungsengpässe bei der medizinischen Behandlung erleiden oder zwei Stunden Schlange stehen, um sich auf eine Arbeitsstelle zu bewerben. Es handelt sich dabei nicht um einen Raum des Ideenaustauschs, sondern es geht darum, grobe Missstände sichtbar zu machen. Der öffentliche Raum dieser »Medien-Bürger«, wie Rosalía Winocur sie bezeichnet, basiert auf Situationen der Dringlichkeit. Er vermittelt den Anreiz zur direkten Übermittlung von Informationen, die wiederum emotional behaftet sind. Dadurch wird der anonyme Stadtbewohner zu einer zentralen Figur in den Berichterstattungen und vermittelt gemeinsame Anliegen in einem Kontext, in dem »Intimität, Körperlichkeit, Sexualität, Familie, Partnerschaft, Kinder, die Gesundheit und Ernährung« von wichtiger Bedeutung sind (Winocur 2002, 20).

So wirken die Medien zwar als eine Art Kummertelefon, verstärken dabei aber nicht automatisch die Forderungen der Bürger und setzen somit auch nicht Autoritäten direkt unter Druck. Die Medien sind also als Transmitter der Forderungen der Bürger nicht immer effektiv, aber sie sind faszinierend, weil sie den Menschen scheinbar zuhören und den Nutzern das Gefühl vermitteln, dass »keine Verzögerungen, Fristen und formale Verfahren zu beachten sind, die ihre Bedürfnisse hierarchisieren oder verschieben. [...] Die Welt des Fernsehens ist schnell und scheint transparent; die institutionelle Ebene ist hingegen langsam und ihre Formen (also genau die Strukturen, die ihre Existenz möglich machen) sind so kompliziert, dass sie für Verzweiflung sorgen« (Sarlo 1994, 83).

Bereits in der vordigitalen Ära wurden Studien über die Nutzungsweisen von Radio und Fernsehen gegen Ende des 20. Jahrhunderts durchgeführt. Dabei wurde festgestellt, dass die Medien Bürgergruppierungen bündeln: Selbsthilfegruppen aller Art, Radiohörer, Nachbarschaftsvereinigungen, Austausch- und Diskussionsrunden über kollektive Bedürfnisse. Nach John Keane also »Mikrosphären der Öffentlichkeit« mit der zentralen Einschränkung, dass »deren Aufmerksamkeit ausschließlich dem Hier und Jetzt gilt« (Keane 1995, 59). Gelegentlich kommt es dazu, dass wir die über Funk und Fernsehen vermittelten Zusammenhänge interpretieren und jemand »die öffentlichen Probleme sichtbar macht, sie sozialisiert, sie interpretiert, sie erklärt und ihnen einen universellen Sinn verleiht. Das kann jedem von uns passieren.« (Winocur 2002, 155). Winocur beschäftigte sich mit der Frage, inwieweit diese Imaginarien emanzipatorisch sind, oder ob sie bloß patriarchalische Strukturen wiederherstellen. Sie ging auch der Frage nach, ob die Medien eine wirksame Interpellationen an öffentliche Stellen ermöglichen, oder ob sie die Bürger auch wieder in *Bürger erster Klasse* (etwa viel zitierte Nachrichtenkommentatoren, Politiker, Akademiker und neuerdings Influencer) und *Bürger zweiter Klasse* unterteilen (etwa Straßenverkäufer oder Protestierende bei Straßenblockaden). Vor der Entstehung digitaler Netzwerke und Algorithmen mussten wir selbst beurteilen, inwiefern die Medien dazu beitrugen, Menschen und Themen einzubeziehen, auszuschließen oder zu glätten. Gelang es den Medien, eine neue Art der Gemeinschaft herzustellen, oder besänftigen sie eher die Skepsis gegenüber der bereits bestehenden?

Die beschriebenen Entwicklungen fallen dabei noch in die Vorphase der *Entbürgerlichung*. Die mit ihnen verbundenen Ambivalenzen stellen sich gegenwärtig, im Zuge des Aufkommens neuer Verbindungen zwischen Bürgern und digitalen Mächten, noch komplizierter und breiter dar:

- Angesichts der Diskreditierung der Regierungsinstitutionen und auch des Radios und des Fernsehens und deren Unvermögen zur Aufklärung von Verbrechen, Korruptionsfällen und Amtsmissbräuchen gewinnen neue Medien eine wichtige Rolle. Dies geht nicht zuletzt auf ihr Potenzial zurück, Video- und Tonaufnahmen schnell und privilegiert zugänglich zu machen und so zu schnellen Zeugen der Gegenwart zu werden. Das Vakuum der öffentlichen Glaubwürdigkeit wird wieder gefüllt. Die neuen Medien ersetzen Gerichtsverfahren und sprechen schuldig, ohne Rücksicht auf Beweise oder ein detailliertes Nachvollziehen der Geschehnisse zu nehmen.
- Diese Rolle des Richters wird durch soziale Netzwerke und andere Funktionen zunehmend erweitert:
  a) Wir alle haben ein Mikrofon und eine Kamera zur Verfügung. Diese Geräte vermitteln das Gefühl, dass jeder dazu fähig ist, als aktiver Bürger Geschehnisse anzuzeigen und als Richter ein Urteil zu sprechen.
  b) Wir alle werden von der Gewissheit verunsichert, dass persönliche Verhaltensweisen – vom Vorfahrtsunfall an der Kreuzung bis hin zur Abgabe und Entgegennahme von Bestechungsgeldern – gefilmt und massiv verbreitet werden können.
  c) Unsere Verwundbarkeit und Ohnmacht als Bürger nimmt mit der Gewissheit zu, dass zusätzlich zu unserer persönlichen Kommunikation, die aufgenommen und öffentlich bloßgestellt werden kann, auch noch die Summe unserer Verhaltensweisen in Algorithmen kombiniert und zu mathematischen Berechnungen unserer Intimsphäre werden. Diese werden von unbekannten und globalisierten höheren Gewalten organisiert. Das Wissen über uns wird für unsere Steuerung als Verbraucher und Bürger genutzt. Der öffentliche Raum erscheint uns trotz seiner transparent wirkenden Oberfläche intransparent und weit entfernt. Dabei sollte er eigentlich für uns verfügbar sein, damit wir unsere Rolle als Bürger frei ausleben können.

Eine erste Umgestaltung der Staatsbürgerschaft hat bereits stattgefunden, indem wir zu mediatisierten, das heißt zu mediengesteuerten Bürgern geworden sind. Aber die Ausweitung des sozialen Raums und der Interaktionen im Internet machen uns, wie Zizi Papacharissi erklärt, zu *Monitoring-*

Bürgern: Jeder ist gleichzeitig Bewacher und heimlicher Beobachter. Raúl Trejo ergänzt, dass der so genannte Monitoring-Bürger

> alle möglichen Themen diskutiert und mit verschiedensten Menschen in Kontakt steht. Denn er begegnet ihnen nicht nur im Fernsehen oder hört ihnen im Radio zu, sondern ist oft Teil der gleichen Netzwerke wie sie. Wenn unter den Personen, denen wir auf Twitter folgen neben dem Abgeordneten für unsere Region, dem Vorsitzenden unserer bevorzugten Partei und dem Präsidenten auch unsere ArbeitskollegInnen oder Schulfreunde, Nachbarn und alte Bekannte sind, hat sich etwas Grundlegendes in unserem Verhältnis zu öffentlichen Angelegenheiten geändert. Wir beobachten all unsere Mitmenschen sowohl in den Medien, als auch in den soziodigitalen Netzwerken. (Trejo 2015, 21)

In dieser neuen Kommunikationssituation ist der so genannte Cyber-Utopismus entstanden. Jeder Bürger hätte Zugang zu Informationen darüber, wie Politiker öffentliche Güter verwalten und verwenden und vielleicht in Korruption verwickelt sind, etwa durch Chats und Interaktionen mit anderen Bürgern auf Facebook und Twitter. Wir könnten gar das Entstehen politischer Alternativen begleiten. Kurz gesagt, würden wir uns als Bürger in unserem Zugang zu Informationen emanzipieren. Was hat nun – trotz Blogs, sozialen Netzwerken und Wikis – innerhalb und außerhalb der Logik des Internets dazu beigetragen, dass diese Illusionen heute nicht mehr gültig sind?

Was haben wir gemeinsam?

Diese Interaktionen zwischen Akteuren mit noch unklaren Potentialen und diffusen Eigenschaften, sowohl was Unternehmen als auch Bürger betrifft, neigen dazu, imaginative Ausdrucksformen hervorzubringen. Sie nehmen geradezu wahnhafte Formen an, wenn das Durcheinander zwischen der Expansion von Unternehmen, dem zögerlichen Handeln des Staates und den Gegenaktionen der Bürger durch das Treiben so genannter Internet-*Trolls* zunehmend undurchsichtiger wird: *Trolls* sind bezahlte Internetnutzer, die Handlungen simulieren oder andere Nutzer emotional provozieren. In einigen Fällen handelt es sich um Bots, die aus versteckten Servern fremdgesteuert werden. Sie werden von dort aus verwaltet, und die vordigitalen Regeln der Partizipation somit gestört. Das ist für echte Nutzer nicht selten entmutigend.

Eine Neuvorstellung des Schlüsselbegriffs *Öffentlichkeit* im Sinne des liberalen Gedankens ist ohne eine tiefe Reflexion der Eigenschaften, die der Liberalismus ihr einst zugeschrieben hat, unmöglich. Dazu ist eine Entschlüsselung der Kernelemente nötig, die die Beschreibungen und die Verteidigung des öffentlichen Lebens entweder überzeugend oder für eine Epoche unpassend machen. Hierzu dienen unter anderem die Ideen von Jürgen Habermas und Hannah Arendt, Ulrich Beck oder Richard Sennett. Sie geben treffende Hinweise auf die Schwächung des Staats gegenüber dem ökonomischen Markt sowie die Verlagerung des öffentlichen Bereichs in die Sphäre des Privaten. Darüber hinaus markieren sie den Anstieg deregulierter Medienunternehmen, das Pochen auf Gewinn und den klientelhaften Umgang mit den Zuschauern. Diese Entwicklungen bleiben bestehen und werden für Unmut sorgen. Es ergibt sich allerdings ein anderer Sinn dieser Entwicklungen, wenn wir uns nicht auf die politische Soziologie, auf Institutionen oder auf die industrielle Dynamik der Medienbranche, sondern auf die Erfahrung der Bürger konzentrieren. Was bedeutet der Begriff des Öffentlichen für sie? Was bedeutet »das Gemeinschaftliche« aus der Perspektive der Bürger? Immerhin lassen diese Vorstellungen uns immer noch mit einem gewissen Gefühl der Koexistenz leben, und sie führen zur Interaktion, zum Wettbewerb und manchmal noch zu Solidarität. Ohne die vielen Arten und Weisen des Sich-Neuerfindens als Bürger zu vernachlässigen, soll jedoch zunächst auf zwei typische Merkmale der heutigen Zeit eingegangen werden: die Prekarität und die Unsicherheit.

Eine erste Definition des Begriffs des Öffentlichen geht von einem gedanklich abstrakten Ort aus, an dem wir das Risiko eines Lebens ohne Grenzen und Regeln vermeiden oder kontrollieren möchten. In der Moderne sorgen wir uns um die Öffentlichkeit, da wir einen Ort außerhalb des Göttlichen kreieren müssen, dessen Regeln des Zusammenlebens sich nicht hinreichend aus dem Fortbestand der Familie und des Nationalstaats ergründen. Seitdem wir in einer Welt mit globalen Interdependenzen leben, die sich nicht in äquivalenten Formen und Strukturen einer globalen Regierung spiegeln, wird die Herausforderung für eine Definition dessen, was wir Menschen noch gemeinsam haben oder in welchen Punkten wir trotz einiger Unterschiede noch übereinstimmen, eine zunehmend dringendere und schwierigere Frage. Es besteht das Risiko, die Grenzen für das, was erlaubt ist, und das was nicht erlaubt ist, stetig niedriger zu setzen, indem wir immer weniger soziokulturelle und politische Kriterien festlegen, die ein Zusammenleben trotz Unterschieden ermöglichen.

Die Medien und Netzwerke erfassen die Unzufriedenheit der Bewohner des urbanen Raums. Diese finden sich nicht damit ab, inmitten von diffusen und unüberschaubaren Prozessen zu leben. Folglich kreieren das Radio, das Fernsehen und vor allem das Internet translokale Netzwerke – ortsbezogene Geschichten. Während die territoriale Expansion der Megastädte die reale Verbindung zwischen den Gruppierungen ihrer Bewohner schwächt, liefern soziale Netzwerke Informationen und Unterhaltung nach Hause: Die unkontrollierte Informationsexplosion in Richtung der Randgebiete lässt die Bewohner das Gefühl für die Grenzen »ihres« Territoriums verlieren. Ihre Abgeschiedenheit wird durch Medienberichte, WhatsApp-Nachrichten und die Übertragung der Geschehnisse an weit entfernten Orten über virtuelle Server kompensiert.

Radio und Fernsehen, die sich dazu verpflichtet haben, der Stadt Gehör zu verschaffen und ihr Kohärenz zu verleihen, gestalten ihre Kommunikationsstrategien derweilen so um, dass sie an Orten mit Wiedererkennungswert greifen: Reporte beginnen mit »Wir befinden uns hier vor dem Gebäude…«. Auch beginnen Mitteilungsfelder auf dem Handy in der Regel mit der Frage »Wo bist du gerade?«. Sogar transnationale Unternehmen wissen, dass ihre Zielgruppen von ihnen erwarten, dass die Bedeutung eines bestimmten Ortes und der dortigen Gemeinschaft zur Sprache kommt. Folglich nehmen die Medien eine Doppelrolle ein: Zum einen als makrosoziale Informanten, die die Geschehnisse an abgelegenen Orten im eigenen Land und auf der Welt weitergeben. Zum anderen als eine Art mikrosoziale Vertrauensperson, die die emotionalen Engpässe und Erschütterungen in der Stadt, sowie gleichermaßen globale Unruhen und Katastrophen wiedergeben. Demgemäß erscheinen in einer Berichterstattung die Sitten der internationalen Diplomatie, und in der anderen das private Auftreten unserer Nachbarn.

Von Interesse sind auch die jüngsten Veränderungen bei der medialen Verwaltung der öffentlichen Angelegenheiten: Zu Beginn der Radioübertragung und des Fernsehens richteten einige Sender in nationalstaatlichem Besitz ihre Inhalte im sozialen Sinn aus. Die Konzeption des öffentlichen Raums war laut John Keane an ein »Broadcast-Modell des öffentlichen Dienstes« gebunden. Keane hat aufgezeigt, wie wichtig dieses Modell in Großbritannien, den Niederlanden, in Deutschland und Kanada war. Es diente der Verhinderung von finanziellem Druck und der Einschränkung von Werbung in ihrem Umfang und ihrer Ausrichtung. Weiterhin gewährte es den Bürgern Zugriff auf Informationen, um sich an den jeweiligen gesellschaftlichen Debatten zu beteiligen. Mehrere Autoren haben diese befürwortende Sicht auf die medialen Errungenschaften auf den Rundfunk und das Fernsehen in Lateinamerika ausgeweitet. Dort wurden über diese Medien erste virtuelle Gemeinschaften geschaffen. Diese wurden unter anderem auch für die Herstellung eines nationalen Sinns zwischen Regierungen ohne Massenbasis und der Bevölkerung genutzt (Martín Barbero 1987; Ortiz 1988).

Als das Internet und die neuen Medien begannen, ihre Wirkung zu entfalten, wurden sie als die neuen Agorai bezeichnet, als Orte der Masseninformation. Diese Beschreibung trifft teilweise zu. Durch die Kommunikationsmedien, wie heute in den sozialen Netzwerken, empfangen wir einen Großteil der Berichterstattungen und Nachrichten, beobachten unterschiedliche Meinungsäußerungen über sie und beteiligen uns selbst an den Diskursen. Während die politischen Parteien ihre Glaubwürdigkeit und die Fähigkeit zur Vertretung öffentlicher Interessen immer mehr verlieren, beginnen die Medien mit der Neubesetzung dieser Vermittlerrolle und steigen in die soziale Debatte ein.

Dies legt die Frage nahe, wie sich diese ehemals als Agorai bezeichneten Räume angesichts der Multiplikation an Informationen durch die Kommunikation auf städtischer, nationaler und transnationaler Ebene transformieren. Es entsteht ein Gefühl der Hyperinformation. Gleichzeitig beeinflussen uns so viele Prozesse, die uns zwar betreffen, aber die wir nicht kontrollieren können. Dies liegt etwa an ihrem Ausmaß, ihrer schnellen Überholung oder an der Tatsache, dass ihre Logik an abgelegenen, für uns nicht einsehbaren Schauplätzen entschieden oder verwaltet wird.

So verändert sich die Erfahrung rund um das, was wir *konstruieren* und *entscheiden* können. Das Gefühl der Dekonstruktion und der Unfähigkeit zum Entscheiden (d.h. die Unregierbarkeit) suggeriert, dass nur noch Fragmente von dem, was uns Menschen noch verbindet, entscheidend für die Konfiguration der heutigen Welt sind. Diese Fragmente werden zudem bloß noch *verwaltet* und die Orte, an denen Entscheidungen getroffen werden, sind für uns nicht unzugänglich. Da wir uns weiterhin nach verständlichen Zusammenhängen und klaren Rahmenbedingungen sehnen, an denen wir festhalten können, *imaginieren* wir einerseits Minderheiten, Ausländer und abstrakte Begriffe wie der Imperialismus einerseits als die Schuldigen für die Unordnung. Anderseits sehnen wir uns nach rettenden Instanzen der Anerkennung und Solidarität, wie etwa den sozialen Netzwerken. Je weiter entfernt und je undurchsichtiger das Wissen über die Mächtigen der Welt scheint, desto bunter werden die Vorstellungen über sie. Nur vereinzelt gelingt es Menschen, alternative Formen der Resignation und der Kritik zu äußern, indem sie die Machtverhältnisse der großen nationalen und transnationalen Akteure grundsätzlich in Frage stellen.

Vor etwa zwanzig Jahren wurden Studien durchgeführt, die zivilgesellschaftliche Organisationsformen und deren Potenzial für einen gesellschaftlichen Wandel im Übergang zu einem neuen Zeitalter evaluieren sollten. Dabei wurde vor allem die Ungleichheit im Zugang zu Informationen und Ressourcen bei lokalen Akteuren festgestellt. So sehr NGOs den Versuch unternommen haben, über Plattformen oder transnationale Netzwerke einzugreifen und sich mit der Diversität vor Ort zu verbinden, so sehr mussten sie erkennen, dass die Bedürfnisse und die Handlungsstile der einzelnen Gesellschaften eher entlang globaler thematischer Moden interpretiert wurden als auf der Grundlage einer gemeinsamen Diagnose der realen Umstände. Die bürokratische Logik der multilateralen Kooperation und der Banken, sowie die Abhängigkeiten verschiedener Organismen vom System der Vereinten Nationen, sind längst überall angekommen. Diese sind eben keine de-territorialen, sondern transterritoriale Organismen, die für die Produktion von Diskursen verantwortlich sind und in Bezug auf spezifische soziale Kontexte handeln (Abéles 2008; Mato 2004). Ihre Vorherrschaft zeigt sich auch im globalen System der audiovisuellen Produktion (Kino oder Fernsehen) und ist im Internet noch stärker ausgeprägt. In der elektronischen Agora wird versucht, »von unten« zu handeln und durch mehrdimensionale Bürgernetze sinnvolle Verbindungen zu schaffen (Winocur 2002). Diese Versuche brachten es bisher zu dem ersten Schritt, Gemeinschaften zu vernetzen und den digitalen Umweltaktivismus voranzutreiben, sowie für mehr Horizontalität im Internet im Sinne einer emanzipatorischen Verbindung zu sorgen. Ein Beispiel für diese Expansion lokaler Auseinandersetzungen ist der *Zapatismo*.

Für individuelle und institutionelle Akteure hat sich die Situation lokal, national und transnational verändert, seit wir in einer *algorithmischen Gouvernementalität* leben. Die vorherige Phase der statistischen Regierungsführung sortierte die Daten der Menschen, die an Befragungen teilgenommen und damit die von der Regierung, einer Partei, einer Firma oder einer sozialen Organisation zu bestimmten Zwecken erbetene Information preisgegeben hatten. Ausgehend von dieser Sichtweise sammeln Regierungen Daten, um

> für Sicherheit, Kontrolle, Ressourcenmanagement und optimierte Ausgaben zu sorgen […]; private Unternehmen erheben Daten für Marketing-

> und Werbezwecke, individualisierte Angebote, die letztendlich auch die Lagerverwaltung und das gesamte Dienstleistungsangebot verbessern. Dies geschieht hinter der Idee, ihre kommerzielle Effizienz und folglich ihre Einnahmen zu erhöhen…; Wissenschaftler sammeln Daten zur Gewinnung und Verbesserung von Wissen. (Rouvroy und Berns 2016, 92)

Im Gegensatz dazu werden im Rahmen der algorithmischen Expansion Millionen verstreuter Daten, die bis zu einem gewissen Punkt unabhängig von den Anwendungen, den Nutzern oder kollektiven Organismen vorliegen, korreliert. Dabei nutzten diese Anwendungen und Organismen die Daten ursprünglich bloß für soziodigitale Zwecke. Die automatisierte Produktion von Wissen erfordert fast kein menschliches Eingreifen mehr, und »kann daher auf jede Form früherer Hypothesen (im Gegensatz zu traditionellen Statistiken und ihrer klassischen Verifikation einer Hypothese) verzichten, also jede Form der Subjektivität vermeiden« (*Ibid.*, 93).

Diese Unterscheidung zwischen Regierungsmodi und verschiedenen Kommunikationsstadien verdichtet die im ersten Kapitel angedeutete Kritik am Begriff des Populismus. Die Bandbreite verschiedener Prozesse schlicht und einfach als Populismus zu bezeichnen, bedeutet, die Geschichte als Wiederholung der Beziehungsformen zwischen der Elite und der Masse zu denken. Schon vor 70 Jahren wurde dies übersehen, als versucht wurde, Mussolini und Perón zu vergleichen. Und dies gilt auch heute für die Gleichsetzung von Führungsfiguren, die zwar nicht in länger vergangenen doch durchaus unterschiedlichen historischen Kontexten aktiv waren, wie etwa Berlusconi, Chávez und Trump.

Unter anderem führen zwei Fehler zu diesen schwer haltbaren Assoziationen: Erstens wird nicht beachtet, dass Führungsfiguren größere Foucaultianer sind, als ihre Analysten, und – kurz gesagt – ihre Macht nicht von oben nach unten ausüben: Ihr politisches Geschick leitet sich vielmehr aus dem Verständnis ab, dass es bei Macht um das Erkennen einer strategischen Chance geht, durch die man politische Kräfte aufteilt und sie zum richtigen Zeitpunkt wirken lässt. Zweitens ist die Autonomisierung des politischen Konflikts, wie weiterhin an Begriffen oder Aufteilungen in Pro- oder Anti-Castro, in Peronismus oder Anti-Peronismus zu erkennen ist, eine träge Verlängerung der wirtschaftlichen und politisch-kulturellen Konfiguration, die dem vergangenen Jahrhundert angehört. Die strategische Lage der Politik hat sich mit der Existenz des Internets so sehr verändert wie der Rest der Gesellschaft(en). Mit dem Internet als alltäglichem Gegenstand, dem Zugang für alle ins World Wide Web und dem Vormarsch der sozialen Netzwerke und dem Datenmarkt hat sich unsere Welt grundlegend gewandelt. Wir blicken auf einen Wandel ausgehend von einer Ära, in der die Gouvernementalität klassisch statistisch aufgebaut war, hin zu einer Zeit, in der der Konsens durch Algorithmen hergestellt wird.

Regieren oder den Schaden in Grenzen halten?

In diesem Kapitel soll der Frage nachgegangen werden, in welche Arten von soziokultureller und politischer Überlastung die Anhäufung von Information und Nachrichten, der Überfluss an Kommunikation und deren andauernde inhaltliche und technologische Überholung münden. Angesichts dieser Prozesse bekräftigt sich die Vorstellung, dass es anstelle von Prozessen heute häufiger um isolierte Ereignisse geht; statt von Geschichte ist die Rede von Bewegungen oder der Turbulenzen auf dem Kreditmarkt. Anstelle von gut formulierten Nachrichtenmeldungen lesen wir von »Neuigkeiten aus Politik, Wirtschaft und Werbung«. Unsere Computer und Smartphones laufen mit mehr und mehr Apps, die in einem Augenblick entsorgt und gegen neue ausgetauscht werden können.

Was geschieht mit Akteuren wie Unternehmen, beziehungsweise den nicht staatsbürgerlichen, nicht nationalen oder nicht globalisierten? Sie tragen ihre privaten Absichten in getarnter Form als öffentlich oder neutral nach außen und halten sich an gemeinsame Absprachen. Diese Rituale haben eher den Zweck, Gewinne und Umsatz zu erzeugen, als dass sie der Aufrechterhaltung des Betriebs dienen. Es gibt nur eine Handvoll großer Akteure mit wenig sichtbaren langfristigen Strategien. Sie messen unsere Meinungen und Vorlieben mit dem angeblichen Zweck, »die Kundenwünsche« (und fast nie die Bedürfnisse) zu kennen, und im Falle der Unzufriedenheit oder bei Mängeln so genannte »Schadensbegrenzung« zu gewährleisten. Ein Großteil der Arbeit solcher Meinungserhebungen bezieht sich auf diese beiden Aktivitäten. Die Wirksamkeit dieser beiden Erkennungsmethoden ist zweifelhaft, wenn wir sie auf soziale Missstände oder auf den Zerfall der Politik beziehen. Sie zeichnen sich durch eine Unbeständigkeit der Wähler- und Konsumvorlieben, die Krise des Fernsehens und der so genannten digitalen Server, der Unterminierung von Parteiführern, sowie durch instabile Pakte zwischen Regierungen, Unternehmern und uns Bürger-Verbrauchern aus.

Ansätze zur sozialen Organisation seitens Fox, Televisa und Facebook haben von den 1970er-Jahren bis heute durchgehend versagt.

Was passiert währenddessen mit dem Stellenwert und der Macht der Bürger? Umfragen zeigen die Überheblichkeit von Fernsehsendern und von Beauftragten sozialer Netzwerke, wenn es um die Frage der Legitimation ihrer Rolle als soziale Vermittler geht. Sie weisen auf das Bestreben bestimmter Zuschauer oder Internetnutzer hin, als Akteure anerkannt zu werden. So sei es wichtig, diesen Gehör zu verschaffen und sich für die Wiederherstellung einer sozialen Verknüpfung zwischen Sender und Empfänger einzusetzen. Ebenso gelte es die Verbindung zwischen den oftmals ausweichend agierenden Zentren der Macht und den von den Handlungen dieser Zentren betroffenen Menschen wieder herzustellen. Wie viele andere kommunikative Praktiken rechtfertigt sich die Initiative zur Anregung der Partizipation und der Zuschauerreaktionen hauptsächlich durch das Gesetz der Massengesellschaften: Ein Ort mit vielen Menschen ist gut, um über das zu sprechen, was bisher noch nicht gelöst wurde. Jedoch verlieren dabei unverzichtbare Bedingungen für die Bürgerbeteiligung wesentlich an Bedeutung, unter anderem folgende:

> Zweifel hegen; ein gesundes Misstrauen gegenüber der Angemessenheit von Zusammenhängen haben; zwischen Zusammenhang und Ursache unterscheiden; misstrauisch gegenüber vorgegebenen, scheinbar gegebenen Effekten von Zusammenhängen und deren Rückwirkung sein; Entscheidungen verhindern, die sich rechtlich auf Personen auswirken oder diese erheblich beeinträchtigen, wenn deren alleinige Grundlage die automatisierte Verarbeitung von Daten ist. (Rouvroy und Berns 2016, 94)

Ein weiteres postpolitisches, postmediales und postdigitales Risiko für die Öffentlichkeit muss an dieser Stelle erwähnt werden. Wie zuvor angedeutet, kann man sich die Öffentlichkeit als imaginären Ort vorstellen, an dem wir das Risiko, das alles erlaubt ist, vermeiden oder kontrollieren wollen. Die Öffentlichkeit könnte als Raum der Möglichkeit zur Begegnung mit anderen Menschen ohne eine zwangsläufige (Selbst-)Zerstörung neu gedacht werden. Wie jeder Nutzer von Facebook oder Twitter weiß, ist das allerdings nicht so simpel, wie es klingt. Die destruktive Kapazität des sozialen Bandes in Interaktionen mit bestimmten, oft anonym auftretenden Personen zu begrenzen erfordert einen kollektiven oder öffentlichen Nachdruck. Dann wäre es möglich, den kommerziellen Wettbewerb sowie bestimmte »Gegengewichte« zu regulieren, darunter früher einmal die Familie, der Nationalstaat und die öffentliche Ordnung. Utopische Visionen des Internets vertrauten bis vor wenigen Jahren darauf, dass diese Kontrolle zur Erhaltung eines Mindestmaßes an sozialem Zusammenhalt demokratisch, geteilt und rational beabsichtigt sei. Wir werden sehen, warum diese Erwartungen im Zeitalter der algorithmischen Gouvernementalität vergebens geworden sind.

Der Traum der Internetnutzer ist Teil der Suche nach Alternativen anstelle der frustrierenden Erfahrung mit den öffentlichen Behörden: Sie sprechen von »der nichtstaatlichen Öffentlichkeit«, haben Vertrauen und Hoffnungen in NGOs. Außerdem befürworten sie die Teilnahme an kooperativen Wirtschaftsmodellen, digitalen oder personalisierten Netzwerken ohne Gewinnorientierung und mit gemeinnützigem Zuschnitt, und hoffen auf Solidarität und einen vertraulichen Umgang mit Daten. Im Grunde handelt es sich dabei um die Suche nach neuen Gesellschaftsformen, in denen wir uns vielleicht als Subjekte einbringen können, und nicht nur als Nutzerkonten existieren.

Die begrenzten Errungenschaften dieser Alternativen gehen jedoch mit anderen »Auswegen« einher: Einige Wähler bevorzugen zynische Politiker oder diejenigen, die sich militärisch repräsentieren und Autorität vermitteln wollen. Führungsfiguren aus dieser Reihe versprechen, aus ihrer Sicht entbehrliche Belastungen loszuwerden: Migranten, Arme, Diebe, Sozialschmarotzer. Dabei ist nicht zu vernachlässigen, dass diese imaginären »Lösungen« auch gemeinschaftliche Bestrebungen miteinschließen: Das Leben an einem sicheren Ort und die Wiederherstellung einer Vergangenheit, in der wir uns alle zu kennen schienen oder uns ähnlich waren; Städte und Staaten, in denen wir als Bürger gefragt waren.

Diese Versuche eines sozialen Wiederaufbaus der Solidarität zeigen einen Hang zur Anti-Technologie, und dies trotz ihres Rückgriffs auf autoritäre Führer und diskriminierende Verfahren und ihres Funktionierens über Apparate der medialen und algorithmischen Gouvernementalität: Man hört es in den aristokratisch anmutenden Beschwerden über die Banalität der Botschaften in sozialen Netzwerken und im TV, über die Entkontextualisierung von Nachrichten und Ereignissen. Geschehnisse werden dabei aus einer Perspektive der Nostalgie für eine bestimmte Periode der Nationalgeschichte interpretiert. Diese nostalgische Narrative werden primär von den gesellschaftlichen Gewinnern vermittelt, während sie vorgeben, uns alle wieder zu einen.

Diese Versuche der Schaffung erneuerter oder fiktiv restaurierter Gemeinschaften sollen hier genauer in den Blick genommen werden. Dafür bietet es sich an, diejenigen Gemeinschaften zu betrachten, deren Mitglieder die größte technologische Expertise und alltägliche Vertrautheit im Gebrauch dieser Technologien haben und daher am ehesten zum globalisierten Austausch fähig sind: die Jugendkulturen. Jugendliche neigen dazu, weniger nationalistisch zu sein und hegen daher weniger Begeisterung für die besagte Restaurierung der Gesellschaft. Sie halten weniger vom autoritären Führungsstil und lehnen geschlechterspezifische und ethnische Diskriminierung eher ab. Den Risiken der algorithmischen Steuerung wirken sie entgegen, indem sie verstärkt auf Zusammenhänge anstatt auf Daten achten. Gleichzeitig fühlen sie sich angezogen von dem, was sie subjektiviert und personalisiert. Was erreichen sie dadurch? Welche Ideen haben sie gemeinsam? Rechtfertigt ihr respektloser und dystopisch anmutender Umgang mit digitalen Ressourcen eine Interpretation die nahelegt, dass es sich bei ihren Handlungen und Ansätzen zur sozialen Gruppierung um Modelle der Staatsbürgerschaft im Zeitalter des E-Kapitalismus handelt?

Jugendliche: Konsumenten, Kriminelle und Kritiker

Angesichts der Erschöpfung der politischen Theorien und Narrative wendet sich der Blick in Richtung einer unerwarteten, aber vielversprechenden Bewegung mit *Überraschungseffekt:* Es geht um Jugendliche und junge Erwachsene, die die alten Strukturen grundlegend infrage stellen. Sie kommunizieren Missstände oder nutzen den öffentlichen Raum auf ungewöhnliche Weise mit einer erfrischenden Ausstrahlung.

Diese neue Generation ist einer der Protagonisten der letzten Jahre. Das zeigt sich auch an dem *integrierten* sozialen Zusammenleben: Manager in Unternehmen sind jünger als 35 Jahre. Es gibt einen steigenden Anteil junger Menschen in den Konsumgewohnheiten. Sie verteilen sich auf vielseitige Kombinationen verschiedener Musikrichtungen, Nationalitäten, Genres und Formate. Während die ältere Generation oft dem Geschmack, in dem sie sozialisiert wurde, treu bleibt (in Lateinamerika der Bolero, Tango oder die Cumbia), nutzen jüngere Menschen das gesamte Spektrum der Angebote, hybridisieren sie und erweitern auf diese Weise ihre Teilhabe in der Produktion, der Kommunikation und dem Kulturgenuss. Ausgehend von diesem Punkt soll ihre Fähigkeit zur Anwendung dieses innovativen Tatendrangs im politischen Kontext untersucht werden. Wie verhält es sich mit ihrer Beteiligung und ihren Erwartungen in Bezug auf frühere Formen der Staatsbürgerschaft? Diese Frage wurde bisher anhand verschiedener Kontexte analysiert, etwa den chilenischen Studentenprotesten im Jahr 2011 oder der Bewegung der *indignados* (der Empörten) in Spanien im Mai desselben Jahres (11-M). Ein weiterer Fall ist »Occupy Wall Street« aus dem September 2011, die sich von den USA aus bis nach Kanada und Europa ausweitete. Auf sie folgten im Frühling 2012 der Arabische Frühling in Tunesien und anderen Maghreb-Ländern, und später die Mobilisierungen Jugendlicher seit 2014 in französischen Städten gegen regressive Arbeitsgesetzgebung unter dem Motto »Nuit Debout«.

Diese Bewegungen weisen Ähnlichkeiten in ihrem antiautoritären Charakter und der intensiven Kommunikation über soziale Netzwerke auf. Sie alle stellen die Leistungen der Regierungen, Parteien und Medien infrage, frei nach dem Motto »Unsere Träume passen nicht in die Wahlurnen.«. Gleichzeitig lassen ihre zerbrechlichen Wege der Mobilisierung bezweifeln, ob ihre anfängliche *Performance* über eine symbolische Effizienz hinausgeht, und ob sie effektiv politische und sozioökonomische Interventionen erreichen, die sich transformativ und nachhaltig auf die Machstrukturen auswirken. Man spricht in diesem Kontext von ihrer Performance und ihrer Erscheinung als so genannte Blitzbewegungen. Kaum jemand hätte erwartet, dass eine Initiative wie #YoSoy132, die der sozialen und politischen Konstituierung Mexikos so kritisch gegenübersteht, an einer privaten Universität wie der Universidad Iberoamericana entstehen würde, die besonders hohe Studiengebühren hat.

»YoSoy132« begann mit dem Toilettengang eines Präsidentschaftskandidaten. Enrique Peña Nieto war an diesem Tag im Rahmen seines Wahlkampfes zu Gast an der Iberoamericana. Die Studierenden fragten ihn nach seiner Verantwortung als ehemaliger Gouverneur während der Repressionen in San Salvador Atenco im Jahr 2006. Diese harsche Kritik und die ausweichende Reaktion des Politikers, sowie seine autoritäre Bekennung zu Polizeigewalt wandelten seine Wahlkampfroutine zu einer Performance der Studierenden um: Inmitten ihres lautstarken Spotts floh Peña Nieto auf die Toilette.

Die Fernsehsender versuchten indessen, die Tatsachen zu verschleiern und schrieben die Geschehnisse externen Gruppen zu. Ein Live-Video mit dem Titel »131 estudiantes de la Ibero responden« (dt. »131 Studierende der Ibero antworten«), in dem sich die Urheber nachdrücklich als zugelassene Studierende auswiesen, widerlegte hingegen die Falschdarstellung der politischen Institutionen und des Fernsehens. Es bediente sich also der Vorteile sozialer Netzwerke. Somit handelte es sich nicht nur um eine Konfrontation zwischen der Macht der Netzwerke und den traditionellen Kommunikationsmedien, sondern auch um die Wiederherstellung der Bedeutung dieses Ereignisses gegenüber der verzerrenden Praktik der Medienstrukturen.

Das neu entstandene politische Subjekt namens »YoSoy132« erreichte mit der Unterstützung weiterer Studierender aus neunzig privaten und öffentlichen Universitäten eine Tragweite, die die Virtualität der Netzwerke in physische Versammlungen und Märsche übertrug. Die Studierenden bezogen Akteure außerhalb ihrer Universitäten mit ein. Die Bewegung mischte sich auch aktiv in die Auseinandersetzung zwischen den Präsidentschaftskandidaten ein, indem sie eine Debatte unter ihnen mit seriösen, aber neugestalteten Regeln organisierten, die sich von denjenigen in den offiziellen TV-Debatten unterschieden. Die digitale Performance kam weiter voran. Es entstanden physische Veranstaltungen und der öffentliche Raum wurde massiv genutzt. Dadurch wurden die institutionellen Abläufe, die zuvor eine Komplizenschaft aus Fernsehsendern und Parteien vorsahen, modifiziert. Die in den Folgemonaten aufgebauten Beziehungen zu Arbeitnehmerverbänden, verschiedenen Berufsgruppen und indigenen Gemeinschaften führten zu einer mittel- und langfristigen Verflechtung organisatorischer Strukturen. »YoSoy132« arbeitete darüber hinaus eine Agenda zur Demokratisierung der Medien aus, in der es deren Diskurse hinterfragte. In dieser Diskussion über den öffentlichen Sinn der Medien erwirkte die Bewegung eine größere soziale Reichweite, als dies bisher kritische Experten und kleinere Bürger- oder Verbraucherorganisationen erreicht hatten. Diese hatten sich auf Lobbyarbeit beim Gesetzgeber beschränkt und verfügten nicht über ein vergleichbares mediales Echo zu ihren Vorschlägen.

Die Bandbreite der innovativen Aktionen dieser Initiative zwang die Kandidaten sowie die Print- und audiovisuellen Medien dazu, sie in ihrer Berichterstattung zu berücksichtigen. Nur die PRI und ihre Allianzpartei *Nueva Alianza (Panal)* ließen nicht von der Stigmatisierung ab. Die anderen Parteien sahen das Entstehen der Bewegung hingegen als wertvolle Gelegenheit zur Bereicherung des demokratischen Lebens. Sie wandten sich fast in allen Fällen mit der Bitte an die Studierenden, »ihre Forderungen und Erwartungen durch den Aufbau einer eigenen Partei zu institutionalisieren« (Arteaga und Arzuaga 2014, 135). Laut Umfragen dieser beiden Autoren änderte einer von zehn mexikanischen Bürgern zu dieser Zeit sein Wahlverhalten, als »YoSoy132« das politische Spielfeld auf eine so neue Art und Weise umgestaltete.

In welchen Ergebnissen die Forderungen der Bewegung mündeten, ist bekannt: Einerseits ging Peña Nieto als Wahlsieger hervor; andererseits hat die Änderung der Mediengesetzgebung, die die Demokratisierungsforderungen in erster Instanz in Form einer Verfassungsreform anerkannte, dem Potenzial für eine De-Monopolisierung eine Absage erteilt. Die Kontrolle des TV-Duopols wurde durch sekundäre Gesetze wiederhergestellt und die Öffnung des Kommunikationsspektrums an neue Akteure trotz einer dadurch wohl leichteren digitalen Frequenzerweiterung verhindert.

Ein Grund dafür, dass die Bewegung innerhalb weniger Monate eine derartige Erneuerung des sozialen Umfeldes erreicht hat, ist unter anderem die emotionale und informative Verknüpfung mit den Gedanken, Sorgen und Empfindungen der Bevölkerung in Echtzeit. Übereinstimmend mit der Beobachtung von Stefania Vicari zu den Unruhen im Arabischen Frühling stellen wir auch fest, dass die technologischen Instrumente, die ein performatives Eindringen in Kommunikationskreisläufe eröffnen »es uns nicht erlauben, Gesprächsprozesse zu etablieren«, und dass sie »erst der Anfang einer breiteren Erzählung sind«. Sie könnten demnach nur im Fall einer Kopplung an die Massenmedien über ihr Anfangsstadium hinaus bestehen. Vicaris Analyse ist teilweise zutreffend. Andererseits unterschätzt sie die Konversationsreichweite in Netzwerken wie Facebook, Twitter oder auf Plattformen wie YouTube: Die Veränderungen im Bürgerdialog zeigen sich auch in diesen alternativen Netzwerken oder auf Videokanälen, und sie reichen bis zur Akzeptanz ihrer Existenz in den Massenmedien.

Dennoch führen die beiden Forderungen von Analysten an »YoSoy132« – also die Institutionalisierung und formale Einbringung in das politische System und die langfristige Veränderung der Manipulation durch konventionelle Medien – zu einer übergreifenden Frage: Wie gestaltet sich das transformatorische Potenzial performativer und autonomer Bewegungen auf mittel- und langfristige Sicht? Hierzu müssen zwei Fragenkomplexe einbezogen werden:

- Warum ist die Kluft der Ungleichheit unter jungen Menschen größer als bei anderen Generationen? Warum verdienen junge Menschen – die im Durchschnitt besser gebildet und technologisch fitter sind als ihre Eltern – weniger? Aus welchem Grund haben sie mehr Schwierigkeiten bei der Erlangung und der Erhaltung eines sicheren Arbeitsplatzes, als ihre Eltern? Wie wir im weiteren Verlauf sehen werden, ist die Prekarität in ihren verschiedenen Formen ein gemeinsames Merkmal der Studierenden und anderer Gruppen unter den jungen Menschen.
- Warum sterben massenhaft junge Menschen? Im selben Jahr der Studierendenmobilisierungen (2012) starben in Mexiko 20.658 Jugendliche und junge Erwachsene. Diese Frage ist aus biologischer Sicht absurd und stellt, wie Rossana Reguillo (2015, 60) anmerkt, angesichts »der Versprechen der Modernität, des freien Markts, der Demokratie und der Entwicklung« ein Paradox dar.

Warum verschlimmert sich die Ungleichheit für Jugendliche?

Studien zum Thema Ungleichheit zeigen deren Konstruktion anhand von drei Vorgehensweisen auf: Erstens anhand »klassischer« Unterschiede wie Ethnizität, Geschlecht oder Nationalität; zweitens durch die ungleiche Verteilung materieller oder symbolischer Güter; drittens durch eine Trennung zwischen formellen und informellen Formen der sozialen Organisation.

Der dritten Kategorie ist besondere Aufmerksamkeit zu widmen: Zu den »anhaltenden Ungleichheiten« nach Charles Tilly und Paul Gootenberg kommt eine neue Form der Ungleichheit hinzu. Diese unterscheidet nicht nur zwischen arm und reich, sondern zwischen einerseits qualifizierten Fachkräften, die an die industrielle Entwicklung und an fortgeschrittene Technologien gebunden sind, und andererseits weniger gut ausgebildeten und unterbezahlten Menschen. Eine weitere Unterscheidung erfolgt zwischen formellen Arbeitnehmern (mit langfristigen Verträgen, Gesundheitsversorgung etc.) und denjenigen, die einer empfindlichen Informalität ausgesetzt sind und über keine Arbeitnehmerrechte verfügen.

Der Begriff der Informalität wurde zum ersten Mal vor mehr als einem halben Jahrhundert gebraucht und wies in diesem Kontext auf die unregulierte Ausbeutung auf dem Arbeitsmarkt hin. In der Gegenwart ist er unabdingbar für das Verständnis anderer Bereiche des sozialen Lebens. Nehmen wir das Beispiel der Politik, in der informelle und illegale Vorgänge immer häufiger stattfinden: Korruption, Klientelismus, Auftragsmorde, geheime Verhandlungen und Enthüllungsvideos dieser Taten. Sie informieren die Öffentlichkeit über die Medien schneller, als die Justiz oder die formellen Institutionen eingreifen können.

Ähnlich verhält es sich bei Überlebensstrategien, etwa wenn formelle Lösungen von öffentlichen Einrichtungen nicht mehr erwartbar sind, und private Unternehmen und andere Sektoren daher auf »irreguläre« Vorgehensweisen, Personen oder Netzwerke ausweichen müssen. Informalität führt oft zu Paralegalität. Trotz des chaotischen Aspekts dieser Aktivitäten ist ihre organisatorische Rolle für das alltägliche Überleben wichtig. Denn sie schafft Ressourcen für Familien, Migranten und junge arbeitslose Menschen, die von der formellen Wirtschaft ausgeschlossen werden. Manchmal gründen diejenigen, die aus dem formellen Markt herausfallen, Kleinstunternehmen mit Akkumulationsmechanismen sowie paralegalen Kooperationsnetzwerken und Handlungsanreizen. Sie verhandeln dann mit öffentlichen Behörden oder Einrichtungen der formellen Wirtschaft über Freiräume, polizeiliche Toleranz und gemeinsame Geschäfte. Die Konvergenz dieser Faktoren macht deutlich, wie Informalität sowohl im sozialen Gefüge, als auch in der subjektiven Erfahrung schlummert.

Internationale Organisationen und AkademikerInnen haben in ihren Studien Beweise für einen Zusammenhang zwischen der Verschärfung der Ungleichheit bei jungen Menschen und der Zunahme prekärer Bedingungen und von Todesfällen festgestellt. Im Jahr 2008 zeigte eine Studie des CEPAL zu Lateinamerika die folgenden Paradoxe auf:

> Jugendliche haben, vorwiegend gemessen an den tatsächlichen Ausbildungsjahren, höhere Bildungsabschlüsse als Erwachsene, andererseits aber auch schlechteren Zugang zur Beschäftigung. Sie handhaben die neuen Informationsmedien mit mehr Ausdauer, haben aber weniger Zugang zu bewährten Räumen der politischen Beratung und fühlen sich darüber hinaus seltener zu einer bestimmten Partei hingezogen. Sie erweitern den symbolischen Konsum exponentiell, jedoch nicht den materiellen. (Hopenhayn 2008, 53)

Im Jahr 2010 gab die Iberoamerikanische Organisation für die Jugend bekannt, dass in Lateinamerika »junge Menschen der am stärksten von irregulären Arbeitsverhältnissen betroffene Sektor sind, der zudem unter unzureichenden Löhnen leidet«: In Mexiko, Kolumbien, Ecuador, Panama und Peru gehen 50,3 % der Erwachsenen einer informellen Beschäftigung nach, während der Prozentsatz bei jungen Menschen zwischen 15 und 29 Jahren sogar 82,4 % beträgt (Calderón 2010, 6).

In einer Studie der Weltbank aus dem Januar 2016 mit dem Titel *Ninis en América Latina* werden die Folgen dieser Entwicklung noch treffender hervorgehoben. Die Autoren Rafael de Hoyos, Halsey Rogers und Miguel Székely weisen auf die mehr als 20 Millionen jungen Menschen in der Region hin, die weder studieren noch arbeiten[1]. Kolumbien, Mexiko und Mittelamerika liegen über dem regionalen Durchschnitt der unbeschäftigten Jugendlichen. Zwei Drittel der so genannten Ninis (*ni trabajo, ni estudios* – Jugendliche, die weder arbeiten noch studieren) sind Frauen, was eine Verstärkung der ohnehin hohen Geschlechterdisparität zur Folge hat. Nichtsdestotrotz ist der Anstieg der Ninis in den letzten beiden Jahrzehnten vor allem auf Männer

1 Der Titel der Studie mit der Bezeichnung *Nini* ist ein Akronym des Leitsatzes »Ni estudian ni trabajan« (dt. Weder studieren noch arbeiten sie).

zurückzuführen. Die meisten von ihnen beenden ihre Schulausbildung vorzeitig vor Abschluss der Sekundarstufe und erhalten keine Beschäftigung im formellen Sektor.

Die Diagnose der Weltbank sieht einen Zusammenhang zwischen dem Phänomen der Ninis und Kriminalität. Die Autoren zeigen für die Zeit zwischen 2008 und 2013, als sich die Mordrate in Mexiko verdreifachte, das Bestehen einer Verbindung zwischen dem Anteil an Ninis und der Tötungsrate insbesondere in mexikanischen Grenzstaaten auf. Die massive Existenz von Ninis behindert zusätzlich zur Reduzierung der wirtschaftlichen Produktivität die Gleichstellung. Eine erhöhte Inzidenz von arbeitslosen Jugendlichen ohne Bildungsabschluss aus armen und prekären Haushalten verschärft folglich historische Ungleichheiten, behindert die soziale Mobilität und macht Armut zu einem chronischen Zustand.

Wie erklärt sich dieser Zusammenhang zwischen der Zunahme junger, arbeitsloser Menschen ohne Schulabschluss und dem Anstieg der Tötungsrate? Es ist naheliegend, dass ein dauerhafter Mangel an Beschäftigungsperspektiven *möglicherweise* dazu beiträgt, dass Kriminalität, Suchterkrankungen und soziale Desintegration verstärkt auftreten. Eine statistische Korrelation zwischen Ungleichheit, Prekarität und Kriminalität gibt es streng genommen jedoch nicht. Jugendsektoren kanalisieren die von ihnen erfahrenen Nachteile in Richtung einer politischen Mobilisierung. Wie wir sehen werden, hat diese Mobilisierung das Ziel, aktuelle Bedingungen zu verändern, Arbeitsplätze zu kreieren oder alternative Netzwerke zum klassischen Arbeitssystem zu schaffen. Andere Wege der »Partizipation«, etwa wenn sich Jugendliche und junge Erwachsene illegalen Netzwerken anschließen, sollten jedoch nicht aus der Betrachtung herausfallen. Darüber hinaus muss angemerkt werden, dass junge Menschen oft Opfer von kriminellen Praktiken, sowie politischer, wirtschaftlicher und militärischer Unterdrückung und Stigmatisierung durch Regierungen und Eliten sind.

Die Ungleichheit, die an der hohen Zahl jugendlicher Todesfälle sichtbar wird, ist auf verschiedene Arten der Vulnerabilität zurückzuführen. Beispielsweise sind Auftragsmörder und junge Soldaten und Polizisten in ihrer Situation einem besonderen Risiko ausgesetzt, wenn sie sich an der vordersten Front der Unterdrückung bewegen. Auch unschuldige Menschen werden Opfer von Tötungen durch das Militär. Weiterhin wird eine hohe Zahl junger Opfer von Entführungen und sexualisierter Gewalt beklagt. Der Skandal um die *Falsos Positivos* in Kolumbien, in dem unschuldige Zivilpersonen offiziell als getötete Guerilla-Kämpfer präsentiert wurden, sowie das Verschwinden der 43 Studierenden in Ayotzinapa und tausender junger zentralamerikanischer, in Mexiko getöteten Migranten führten zu einem Diskurs rund um die Politik des so genannten *juvencidio* (das Töten junger Menschen unter Rechtlosigkeit) und eine Nekro-Politik, in der die junge Generation die am meisten gefährdete Gruppe darstellt. Dies ist aber erst der Anfang der Beleuchtung des Zusammenhangs zwischen dem sozialen Versagen des Neoliberalismus mit einer solch dramatischen Dezimierung der jungen Generation. Die strenggenommen als *juvencidio* und Femizid eingestuften Taten und der körperliche Missbrauch durch die harten Arbeitsbedingungen in den *maquiladoras* in Mexiko und Zentralamerika könnten auch als zusammenhängend gelesen werden.[2] Gleiches gilt für die Vulnerabilität von Migranten und der Prekarität selbstverwalteter Unternehmen, der Solidarwirtschaft und der Gemeinschaftsarbeit (Reguillo 2015; Valenzuela 2018; Muñoz 2015).

Doch was haben das Erfahren prekärer Lebensbedingungen und der frühe Tod junger Menschen, die ihr eigenes Leben riskieren oder bereit sind, es anderen zu nehmen, gemeinsam? Die Erfahrung, jedes Jahr aufs Neue eine Arbeitsstelle zu suchen, Monate oder Jahre ohne eine Zusage zu verbringen, oder jegliche Arbeit anzunehmen, die einen zumindest für ein paar Tage oder Wochen über Wasser hält, ähnelt der Situation der Rentner, der Exilanten oder der Vertriebenen: *Man hat das Gefühl, nichts wert zu sein.* Verzweiflung und Ermüdung durch eine unbefriedigende Beschäftigungsperspektive können zur Idealisierung von Reichtum durch illegale Machenschaften führen, bis hin zu einem vertrauteren Umgang mit dem Tod in der Rolle eines Auftragsmörders oder bei anderen riskanten Tätigkeiten. Selbst diejenigen, die sich noch keiner kriminellen Vereinigung angeschlossen haben, bringt die Prekarität so sehr in die Nähe des Todes, wie es für junge Menschen eigentlich nicht der Fall sein dürfte.

Darüber hinaus wird dieser Kontext durch eine ungeheure Grausamkeit markiert. Sie ist oft ritueller Bestandteil der Mafias, etwa bei Neuzugängen zum Kartell (Femizide in Ciudad Juárez und an anderen Orten) und als Zurschaustellung einer skrupellosen Aneignung des menschlichen Körpers. In ihren Gesprächen mit einem Auftragsmörder stellte Rossana Reguillo fest, dass »für junge Menschen Glaube und Exzess untrennbar miteinander verbunden sind, da sie in Lateinamerika eine Wette ums Überleben abschließen« und

2 So genannte *maquiladoras* sind Montagebetriebe im Norden Mexikos und in Zentralamerika, meist für die Zusammensetzung importierter Einzelteile zu Exportfertigware.

sich »um jeden Preis neu in die soziale Dynamik einschreiben« (Reguillo 2017, 37 und 42).

Politische Erwartungen und persönliche Projekte

Sehen wir uns den folgenden Tweet an, veröffentlicht 2018 von Diego Olavaría:

> – Hallo. Ich rufe wegen der freien Wohnung für 6.000 Pesos an.
> – Hier geht es nicht um eine Wohnung. Sie meinen die freie Arbeitsstelle?
> – Hallo, ich rufe wegen der Arbeitsstelle an, die mit dem Gehalt von 20.000 Pesos?
> – Es tut uns leid, da haben Sie was falsch verstanden. Wir vermieten eine Wohnung.

In den letzten Monaten des Jahres 2018 verdienten laut dem mexikanischen Ministerium für Arbeit und Soziales 58 % der jungen Menschen mit ihrer Arbeitsstelle weniger als 6.000 Pesos pro Monat. Das entspricht einem Monatsgehalt von etwa 270 Euro oder 300 US-Dollar. Nur 5 % der Beschäftigungen brachten ein Gehalt von 15.000 Pesos ein. Unterdessen zeigen Immobiliengesellschaften, dass Mieten durchschnittlich zwischen 5.000 und 37.000 Pesos monatlich liegen, wobei die billigsten Unterkünfte oft weit von Arbeitsstellen entfernt liegen.

Zwischen 2010 und 2013 habe ich gemeinsam mit Kollegen die Lebensrealität von Menschen im städtischen Raum Mexikos und in Madrid verglichen. Dabei haben wir uns besonders auf die Gruppe der jungen Künstler, Schriftsteller, Musiker und Medienschaffenden konzentriert, unter denen einige noch studierten oder gerade erst ihren Abschluss gemacht hatten. Konkret wollten wir erfahren, wie Hochschulabsolventen sich angesichts der Prekarität in der Arbeitswelt selbst positionieren. Gleichzeitig war es unser Ziel, anhand von Ethnographien des Alltagslebens herauszufinden, ob Kreativität als produktive und effiziente Ressource funktioniert, wie dies von den Befürwortern der Kreativwirtschaft suggeriert wird, unter ihnen etwa Richard Florida, die UN-Konferenz für Handel und Entwicklung UNCTAD, das UN-Entwicklungsprogramm UNDP, und die UNESCO.

Quantitative und qualitative Studien über die neue Generation heben ein bestimmtes Merkmal ihrer Lebenswelt hervor: ihre Aufstellung in einer Gegenwart mit wenig Erinnerungspotenzial und einem auf Kurzfristigkeit angelegten Zeithorizont. Häufige Assoziationen sind die prekären Arbeitsbedingungen und die kulturelle Neuordnung der Erfahrungen und deren sofortige Kommunikation über technologische Netzwerke. Diese Entwicklung wurde auch durch die Nationale Jugendumfrage in Mexiko aus dem Jahr 2005 bestätigt, in der die Befragten aus mehreren Sätzen denjenigen auswählen sollten, der ihre Realität am treffendsten beschreibt: »Die Zukunft ist so ungewiss, dass es besser ist, in den Tag hinein zu leben.«

Psychoanalytiker sind beeindruckt, dass sich Jugendliche angesichts der Tatsache, dass sie kaum eine Projektion in die Zukunft haben dennoch auf ihre eigene Art und Weise zurechtfinden. Demnach fühlen sie sich in manchen Momenten niedergeschlagen, gelten aber nicht als depressiv. Selbst diejenigen, die im Berufsleben leistungsstark sind und keine finanziellen Schwierigkeiten haben, wissen nicht, was sie wirklich wollen und trauen sich nicht, in die Zukunft zu schauen. Auf die Frage, wie es ihnen geht, antworten sie »Ganz gut«, »Naja« oder »Alles wie immer«. In der Summe interpretieren Psychoanalytiker diese Antworten als Opposition gegenüber etwas »Dichtem und Intensivem, das aus den Fugen geraten könnte«. Dieses Verhalten wird auch beschrieben als »Stilistik des Daseins mit einer Neigung zur Erwartungserfüllung und einem Leben im Hier und Jetzt mit dem, was gegeben ist«. Bemerkenswert sind auch Ähnlichkeiten in den Modalitäten der Subjektivierung bei Studierenden aus mittleren bis hohen Gesellschaftsschichten und denjenigen, die aus extremer Armut und marginalisierten Gebieten in Buenos Aires kommen. Die Apathie gegenüber dem Gefühl, nicht Herr der Lage zu sein, Lebensprojekte nicht verwirklichen zu können und keinen eigenen Weg gehen zu können, führt zu der Schlussfolgerung, dass beide Gruppen von einer »biopolitischen Strategie der Vulnerabilisierung« betroffen sind (Fernández 2017, 28 und 43).

Andere Untersuchungen zeigen, dass ein vager Blick in die Zukunft häufig mit dem Gefühl verbunden ist, sich in der Regel auf kurzfristiger Basis von einem Projekt zum anderen zu hangeln. Es erinnert uns daran, wie unbedeutend politische Kreisläufe für junge Menschen geworden sind: Abgeordnete und Präsident werden alle drei bis sechs Jahre gewählt. Es wird von Jugendlichen erwartet, sich in einer der vielen Parteien zu engagieren, die seit Jahren nur Enttäuschungen bringen und kein ehrliches Interesse an einem Wirken in Institutionen haben, die ihnen kein Prestige bringen. Diese Entfremdung zwischen politischer Befangenheit und sozialer Fragilität sind zentral bei der *Entbürgerlichung* der neuen Generation.

Nicht alle sozialwissenschaftlichen Disziplinen stimmen mit dieser Sichtweise überein. Die anthropologischen Studien in London und Berlin von Angela McRobbie, sowie die erwähnte Studie in Madrid und Mexiko (García Canclini, Cruces und Urteaga 2012) nehmen Diskrepanzen in der Bewertung der Kreativität wahr, wenn diese entweder aus einer hegemonialen Betrachtungsweise oder aus der Erfahrung kreativer Arbeitnehmer heraus betrachtet wird: Während Ökonomen in ihr mehr Flexibilität für Unternehmer dank beruflicher Selbstständigkeit sehen, nimmt die Anthropologie vermehrt prekäre Bedingungen und eine von Angst geprägte Selbstausbeutung bei Arbeitnehmern wahr. Denn sie wissen nicht, wie lange ihre aktuelle Tätigkeit gesichert ist und wie ihre nächste Station aussieht. Einerseits nehmen Unternehmer und Führungsfiguren mehr Emotionalität und Intensität in der Zeitgestaltung selbstständiger Arbeitnehmer wahr; andererseits offenbart deren alltägliches Leben den Verlust von Arbeitnehmerrechten, sowie eine zunehmende Diskriminierung auf Basis von Geschlecht und Ethnizität.

Zweifellos hat der Anstieg der Zahl junger Selbstständiger auch positive Aspekte. Durch ihr taktisches Verhalten wissen sie, wie sie sich auch in instabilen Arbeitsverhältnissen behaupten können und wie sie formelle und informelle Fertigkeiten aus dem privaten und öffentlichen Umfeld kombinieren müssen. Diejenigen, die ihr Studium noch gar nicht abgeschlossen haben, verfügen schon über finanzielle und bildungsbezogene Ressourcen. Sie haben auch familiären Rückhalt und gute Englisch- und Computerkenntnisse, die ihnen den Zugang zu komplexen digitalen Dienstleistungen ermöglichen. Die junge Generation ist kosmopolitisch und passt sich flexibel auf verschiedene Tätigkeiten an. Sie benutzt digitale Ressourcen intensiv, um etwa die Zusammenarbeit nationaler und internationaler Gruppen zu verknüpfen, wodurch sie auch Arbeitsplätze aufrechterhält und Produkte erweitert.

Der Musiker Pascual Reyes erklärt diesbezüglich, dass er als Musikproduzent und Audio-Redakteur bei einem Fernsehsender tätig war. Als flexibler Arbeitgeber ermöglichte ihm der Sender, dort auch selbst zu spielen und gleichzeitig Zeit für seine Konzerte und Bandproben zu haben. Andere Musiker verdienen sich ihren Lebensunterhalt mit dem Komponieren von Werbejingles und Kurzmelodien für Fernsehen und Radio, während sie auch Musik für persönliche Projekte schreiben. Das Wissen um den Umgang mit technologischen Innovationen stellt junge Menschen vor größere Chancen und schafft gleichzeitig ein unsicheres Schicksal über die wirtschaftlichen und künstlerischen Folgen für sie. Ein Videojockey aus Spanien drückt es so aus:

> Die Werbe- und Veranstaltungsbranche ruft uns heute immer häufiger an, damit wir sie beim Mapping wegen der neuen Tendenz zur Interaktion in Mehrfachbildschirmansicht unterstützen. Aber das ist ein Problem. Wir nehmen anderen damit ihre Arbeit weg. Teilweise werden immer noch überholte und altmodische Techniken und Geräte von Leuten verwendet, die sich mit den neuen Möglichkeiten nicht auskennen. Mal ein Beispiel: Um vor vier Jahren eine Projektion auf drei Projektoren laufen zu lassen, musste man noch ein spezielles Gerät ausleihen, das watShow hieß. Das kostete mindestens 2.500 Euro. Also 800 Euro für zwei Tage plus einen Bediener, und dann musste ja auch noch ein zentraler Rechner da sein, plus einen weiteren für jeden Projektor. Und dann auf Play drücken. Heute ist das ganz anders: Da komme ich mit meinem Handy, lade mir eine Software für 300 Euro runter, benutze eine externe Speicherkarte im Wert von 200 Euro, warte auf das Signal der Projektoren – und mehr brauch ich nicht. Damit funktioniert sogar VJing und mehr. Die großen Technologiefirmen haben sich früher eine goldene Nase an uns verdient, aber jetzt haben wir die Nase vorn. Wir selbst sind Vorreiter in der Entwicklung neuer Dinge, in der Erneuerung der Technologie, und wir sind dabei, sie über andere Möglichkeiten des Vertriebs mit freien Lizenzen und vielen Menschen zu verbreiten, die das dann unterstützen und weiterentwickeln. Aber manchmal hat man das nicht im Blick. Unternehmen kommen auf uns zu, aber meistens nur, um uns zu ermahnen, weil wir ein Plug-in über ein anderes programmiert haben, ohne die Lizenz dafür zu haben. Drei Tage später macht dasselbe Unternehmen es genauso nach, weil die Idee gut war, und verkauft es offiziell.

Die Erweiterung von YouTube in sein heutiges Format war ein Hoffnungsmoment für junge Trendsetter. Während Musik-, Video- und Buchverlage nach der klassischen Verbreitungslogik der Kommunikationsbranche nur einen kleinen Teil dessen vermarkten, was sie tatsächlich an Material erhalten, laden YouTuber ihre Produkte direkt und ohne Hindernisse ins Internet. Sie erreichen schnell Sichtbarkeit, und einige von ihnen erhalten auch Geld und nehmen öffentlich Einfluss. Die erfolgreichsten unter ihnen sind in allen Netzwerken sichtbar und dehnen ihre Arbeit auf andere Bereiche wie zum Beispiel Buchveröffentlichungen und Kosmetikartikel aus. Anders als Presse und Fernsehen, deren Zielgruppe (insbesondere junge Menschen) stetig wegbricht, gelingt es YouTubern, eine wachsende Zahl von Nutzern an sich zu binden und mit ihnen zu interagieren (Pérez und López 2015).

Dieses neue Kommunikationsformat, das sich gezielt erzählerisch und umgangssprachlich gibt und weniger sensibel für Einschränkungen und Zensur ist als die konventionelle Kulturindustrie, suggeriert Nähe und Vertrauen mit dem Publikum, wie Israel Márquez und Elisenda Ardèvol erklären. YouTube-Nutzer finden größere Akzeptanz als diejenigen Innovatoren, die bei größeren Unternehmen unter Vertrag stehen und sich an deren Vorgaben halten müssen; ihre Meinungen zu Videos oder Texten verbreiten sich rasch, können neue Themen anstoßen und dabei Content Creator oder Fans beeinflussen. Die Bewertung durch die Öffentlichkeit, oder zumindest die allgemeine Wirkung ihrer Inhalte scheinen der Idee der »Prosumenten« in diesem Fall mehr Beständigkeit zu verleihen.

Diejenigen, die diese spielerische Tätigkeit tatsächlich zu ihrem Beruf machen können, überwinden das systematische Problem der Arbeitslosigkeit. Es wundert nicht, dass laut den Autoren der Beruf YouTuber zu den zehn beliebtesten Berufswünschen unter spanischen Jugendlichen zählt, neben anderen digitalen Tätigkeiten wie professioneller Gamer, Blogger oder Community Manager: »Sofern man dazu fähig ist, Videos auf eine Plattform hochzuladen, kann potenziell jeder erfolgreich sein und auf diese Weise Geld verdienen« (Márquez und Ardévol 2018, 39).

Ferner ist es nachvollziehbar, dass diese demokratische Erweiterung des Angebots – welche die eigene Kreation von Inhalten und den zeit- und ortsflexiblen Zugriff auf sie beinhaltet – in einer Epoche der von Hollywood und dem kommerziellen Fernsehen und der Distanz entworfenen und gesteuerten audiovisuellen Produkte den digitalen Schaltkreisen den Anschein eines Schauplatzes der Demokratisierung verleiht.

In diesem Zusammenhang unterscheiden Márquez und Ardévol zwischen den Begriffen *democratización* und *demotización* im Sinne eines vorführenden Effekts. YouTube bietet, wie andere Netzwerke auch, eine neue Sichtbarkeit und Möglichkeiten der Beteiligung an, aber es »bedeutet nicht gleich einen Transfer der Medienmacht« (*Ibid.*, 40). Der Personenkult wird zwar neu verteilt, aber die Personen, die das Volk wirklich erreichen, werden von den konventionellen Medien enteignet. Die Industrie kontrolliert und verwaltet die symbolische Wirtschaft weiterhin zugunsten zunehmend konzentrierter Interessen.

Wenn wir das System also nicht ändern können, können wir dann zumindest unsere Kreativität, unser Auftreten, unser Interesse an der Schaffung alternativer Communities und am Teilen von Information zeigen, ohne käuflich zu sein? In diesem Buch beziehe ich mich auf Aktivitäten von ungleichem sozialem Wert, weil eines der Merkmale von YouTube die Homogenisierung unterschiedlicher Verhaltens- und Äußerungsweisen ist, ob individuell oder gruppenbezogen. Sie werden von der Plattform so eingeordnet, dass sie nicht gegen die Richtlinien verstoßen oder den Einfluss der traditionellen Medien grob beeinträchtigen. Außerdem entstehen viele unabhängige Initiativen, die in der digitalen Welt leichter entstehen, von verschiedenen Verlagen aus der Text- und Musikbranche gekauft werden oder mit Fernsehsendern oder Musiklabels fusionieren. Seitdem YouTube zu Google gehört und die Informationen in Zeitungen und Fernsehen eigentlich nur noch aus dem Netz stammen, werden die ursprünglich unabhängigen Nutzervideos, die in einem werbefreien Kontext existierten, wieder in die kommerzielle Logik eingeführt und im Wettbewerb mit von Unternehmen bereitgestellten Inhalten produziert: »Die großen Medienkonzerne kolonisieren das Internet und nutzen ›alte‹ Machtstrukturen für die Aneignung ›neuer‹ Medien wie YouTube und junger Phänomene aus digitalen Populärkultur, darunter der Beruf des YouTubers« (*Ibid.*, 42).

Die genannten Autoren heben anhand weiterer, hier nicht aufgeführter Beispiele hervor, dass das Schicksal der alternativen und partizipatorischen Kommunikation – also der YouTuber und der Netzwerke, die sie repräsentieren – zunehmend in die Domäne der kapitalistischen Konzerne fällt, »was zu einer Situation der Kontrolle und der medialen Hegemonie führen wird, die sich kaum von der der vordigitalen Ära, also von der Massenkommunikation, unterscheidet« (*Ibid.*, 43). Dieser Einschätzung stimme ich zum Teil zu. Die Möglichkeiten der Beteiligung an der Produktion von Programmen, an der Erstellung von Statistiken über Zielgruppen und der Interaktion zwischen Sender und Empfänger haben sich deutlich geändert. Somit kann diese Reorganisation der Machtverhältnisse als mehr als nur eine Weiterführung der Ära betrachtet werden, in der die Kontrolle durch die Massenkommunikationsindustrie stattfand.

Márquez und Ardèvol erkennen, dass die Hacking-Kultur und Freeware-Gemeinschaften als gegenhegemoniale Kräfte die gegenwärtige technologische, politische und wirtschaftliche Hegemonie infrage stellen. Die Hackergruppe *Anonymus* wird als Beispiel für ein herausforderndes Modell in Bezug auf den individualistischen Hollywood-Ruhm genannt. Laut den Autoren stellt der Reiz des Ruhms und des Personenkults eine hohe Motivation für die Tätigkeit als YouTuber dar (*Ibid.*, 45). Schließlich wird beim Aufbau einer kollektiven Berühmtheit »ein schützendes kollektives Pseudonym, das als eine gemeinsame und geteilte Identität fungiert« produziert (*Idem*).

Ich werde später noch einmal darauf zurückkommen, wie diese Verbindungen zwischen Unternehmen, Content-Erstellern und Nutzern die binäre Opposition zwischen Hegemonie und Gegenhegemonie modifizieren. In Bezug auf kritische Bewegungen oder Überraschungsbewegungen dürfen wir die Konfrontation zwischen den hegemonialen Absichten der Unternehmen und den alternativen, antihegemonialen Vorstellungen nicht idealisieren. Die Arbeitsbedingungen rekonfigurieren insbesondere bei einer starken kreativen Innovationskraft die Machtverhältnisse. Sie rufen ambivalente Kombinationen und Formen der Geselligkeit zwischen Ungleichen hervor, die nicht in die Dichotomie der klassischen Ausbeutung passen.

Anbei soll einem Schlüsselmerkmal der Existenz junger Menschen mehr Aufmerksamkeit gewidmet werden: die Vielseitigkeit. Junge Menschen führen zugleich kreative und prekäre Leben. Sie sollen andauernd verfügbar sein und als freischaffende Künstler oder Musiker ein vollständiges Einkommen erlangen, indem sie Nebentätigkeiten ausführen. Mehrere professionelle Profile gleichzeitig zu haben und sich die Zusammenarbeit mit Spezialisten aus verschiedensten Bereichen anzueignen ist in der kurzlebigen Kreativbranche von heute unverzichtbar. Die Leiterin eines Bildungsprogramms in einem mexikanischen Museum drückt es so aus: »Die meisten von uns haben ein oder zwei Jobs gleichzeitig, und während sie an einem Projekt arbeiten, denken sie schon über das andere nach. Du schreibst also E-Mails über ein Projekt, während du auf Skype oder in einem anderen Netzwerk online bist und dort die Produktion oder Verwaltungsangelegenheiten zu einer anderen Veranstaltung oder Projekt einrichtest.«

Mehrere Künstler verbinden diese vielfältigen Tätigkeiten mit etwas Positivem, wie etwa dem Co-Working. Ein Architekt beschreibt es folgendermaßen:

> Es geht darum, als gemeinsames Ganzes zu wachsen. Deine professionelle Entwicklung hängt jetzt stark davon ab, was dein Arbeitskollege studiert hat. Wenn du nicht weißt, wie Problem X gelöst werden soll, wendest du dich beispielsweise an den Industriedesigner, an den, der schweißen kann, oder an die Kollegin, die sehr gut in Mathe ist. Man gibt sich gegenseitig Rückmeldung. In gewissem Maße hat es einen Paradigmenwechsel bei den Berufsprofilen gegeben. Den diktatorischen Architektentyp, der den Ton angab und allen sagte, was zu tun sei, gibt es nicht mehr. Heute wird der Architekt als jemand gesehen, der mit anderen im Team zusammenarbeitet.

Diese Beschreibung drückt Wünsche und Stile des Unternehmertums bei jungen Architekten aus. Sie steht im Widerspruch zur hierarchischen Organisation großer Firmen, die die meisten öffentlichen Ausschreibungen gewinnen und mehr Aufträge einholen.

Im Folgenden soll der Frage nachgegangen werden, wie junge Menschen ihre kreativen Tätigkeiten finanzieren. Hierzu dient uns ein Beispiel einer ausgewählten Gruppe aus Mexiko-Stadt. Von den 175 Befragten gaben nur 19 % ihre Künstlertätigkeit als einzige Einkommensquelle an (García Canclini und Piedras 2013). Die Kreativarbeit wird oft durch Lehrtätigkeiten, Jobs in der Kulturförderung, Tätigkeiten in der Verwaltung und finanzielle Unterstützung von Verwandten ergänzt. In Frankreich ist dieser teilzeitliche und diskontinuierliche Arbeitseinsatz im Kreativbereich als *Intermittent du spectacle* ins Vokabular eingegangen (Menger 2005). Sie bezeichnet die Kurzzeitbeschäftigung im Kulturbetrieb unter speziellen Bedingungen: Theaterschauspieler oder andere Kulturschaffende erhalten aufgrund der kurzlebigen Natur ihrer Branche keinen ganzjährlichen Lohn. Laut Robert Castel zeigte die durch den Neoliberalismus akzentuierte Prekarisierung, die den Klassenbegriff erweiterte, dass die Prekarität nicht nur die unteren Schichten betraf (Castel 2002). Das Vorhaben, die weitreichenden Regelungen des Arbeitsschutzes und der sozialen Absicherung in Frankreich zu beschneiden, machte die *Intermittents* zu einem der Kernprotagonisten bei den Protesten in Paris. Zuerst protestierten sie in der »Nuit Debout«, dann als Teil der Gelbwesten in den Jahren 2018 und 2019. Bereits 2002 hatten sie sich mit der Gründung des Kollektivs *Précaires Associés de Paris* unter der Beteiligung von Arbeitslosen und Gewerkschaften an die populäre, nicht-künstlerische Protestbewegung angenähert.

Die Prekarität ohne Rechte, die sich zuerst bei jüngeren Menschen zeigte, hat sich in den letzten Jahren über die digitale Vernetztheit auf andere Sektoren ausgeweitet. Heute tragen Unternehmen weder für Nationalstaaten, noch für ihre Mitarbeiter und Kunden die gleiche Verantwortung wie früher. Sie bieten ihre Dienstleistungen und Produkte auf Plattformen an, die als facettenreiche Geschäftsmodelle verstanden werden, und bei denen das Auftreten von Fragen zur kollaborativen Wirtschaft weniger wichtig ist als der Profit ohne jegliche örtliche Verbindlichkeit. Es sind Unternehmen wie Uber, Airbnb und Amazon, die die Zahlungsform- und den Zeitpunkt, Qualitätsstandards und die Rechte der Arbeitnehmer und der Kunden bestimmen. Sie werden durch mathematische Gleichungen berechnet und auf eventuelle Reklamationen wird anstatt von einem realen Mitarbeiter oder dem Chef anhand algorithmisch programmierter Antworten »Rücksicht genommen«. Jugendliche und junge Erwachsene, für die »die Arbeit innerhalb einer Plattform häufig die erste Beschäftigungsmöglichkeit darstellt« (Scasserra 2019), leben demnach in einer ähnlich schutzlosen Situation wie Frauen bei ihrem Versuch, Beruf und Familie zu vereinbaren. Eine weitere Ähnlichkeit besteht zur Situation der Migranten, die einen erschwerten Zugang zu formellen Arbeitsverträgen haben.

Die Instabilität dieser Bewegungen entspricht dieser neuen Normalität: Das Leben wird im Rahmen von Projekten organisiert und die Idee der Karriere verblasst zunehmend. Wir sind also von einer Gesellschaft mit der Möglichkeit des beruflichen Aufstiegs in eine andere Phase übergegangen. Sie zeichnet sich durch einen Mangel an Arbeitsplätzen aus. Arbeitsverhältnisse sind inzwischen fast immer von Unsicherheit geprägt. Kreativität und Innovationsvermögen gelten, mehr als dauerhaft angelegte und spezialisierte Kompetenzen, als zwei hoch geschätzte Eigenschaften im Berufsleben. Gleichzeitig schwächen diese Eigenschaften die Tätigkeiten junger Menschen und gewerkschaftlicher und politischer Gruppen. Ihr Horizont gestaltet sich, im Kontrast zu formellen Institutionen, anhand finanzieller Unterstützung aus dem Familien- und Freundeskreis. Domitila Bedel, eine Galeristin aus Mexiko-Stadt, betont die Abhängigkeit von »Freunden und Familien, die Matronate und Patronate auf die Beine stellen« (Martín 2019, 27).

Zusammen mit dieser kreativen Dynamik kommen viele Bereiche des persönlichen Lebens zu kurz, weil Menschen mittel- und langfristig keine Sicherheit mehr haben. Das gilt auch für diejenigen, die ihre Kreativität zur politischen Mobilisierung nutzen. Eine bildende Künstlerin erzählte mir beispielsweise, dass sie zeitweise in der Kulturproduktion tätig war, und zwischendurch wiederum als Grafikdesignerin:

> Ich habe insgesamt neun Jahre lang für meinen Bachelor- und Masterabschluss studiert. Ich spreche Englisch und Französisch, und kann meine Fähigkeiten auf viele Bereiche anwenden. Trotzdem finde ich einfach keine Arbeit, die von Dauer ist. Mal habe ich unterrichtet, dann hatte ich befristete Verträge. Es ist auch schon vorgekommen, dass ich drei Monate lang gar nichts verdient habe. Dadurch kann ich von keiner Bank Kredite erwarten, um mir etwa ein Auto anzuschaffen, und ich habe keinen Anspruch auf Mutterschaftsurlaub im Fall einer Schwangerschaft.

Der Begriff des Lebens als eine Reihe von Projekten geht mit der Unzufriedenheit gegenüber formellen Institutionen, Parteien und Gewerkschaften einher.

Die kurze Lebensdauer sozialer Bewegungen beruht auf dieser neuen Dynamik. Können sich soziale Bewegungen aus diesem Teufelskreis befreien, oder hat der technologische und kulturelle Rahmen, in dem sie agieren, die Instabilität und Diskontinuität der sozialen Proteste schon normalisiert?

Wir wissen, dass der Zweck der sozialen Bewegungen nicht nur Misserfolge hinterlässt: Die früheren Forderungen und Erfahrungen werden von neuen Organisationen wieder aufgenommen. In diesen neuen Gruppen bewegen sich oft Aktivisten aus ehemaligen, schon erloschenen Bewegungen. In Mexiko sind es beispielsweise Ehemalige von »YoSoy132«, die jetzt bei Friedens- oder Menschenrechtsbewegungen mitwirken. Sie sind im Radio und in Gemeinschaftsnetzwerken tätig, gründen neue Zeitschriften, schreiben Blogs und andere digitale Informationssysteme. In Spanien kam es zu einem Gefühl der Orientierungslosigkeit bei einigen Mitgliedern, als sich aus der Bewegung »M15« die Partei *Podemos* bildete (auch wenn die Spaltungen in den Jahren 2018 und 2019 die Fragilität eigentlich reproduzieren). Beim übergreifenden Betrachten dieser Bewegungen fällt auf, dass die Kombination aus Prekarität, Projektarbeit und der Nutzung digitaler Ressourcen und Bewegungen zu sehr unterschiedlichen Ergebnissen führt. Carles Feixa merkt in seinem internationalen Panorama zur Lebenswelt von Jugendlichen im digitalen Zeitalter Folgendes an:

> Neue Technologien können gleichzeitig ein Instrument der Isolation und der Kommunikation sein. Einige mögen pathologische und einzelgängerische *adolechnics*, also stark von der technologischen Welt geprägte Heranwachsende sein. Andere sind wiederum Trendsetter und erfinden neue Welten, die später von Jugendlichen und Erwachsenen auf der ganzen Welt übernommen werden. Ein wichtiger Unterschied bei diesem technologischen Wandel ist, dass junge Menschen zum ersten Mal nicht mehr *per definitionem* in einer untergeordneten Position sind. Wie Castells (1999) hervorhebt, war die Cyberkultur in erster Linie eine Schöpfung alternativer Jugendlicher und anderer Individuen, die an der Verbreitung der Netzgesellschaft beteiligt waren. Das ist nicht nur in San Francisco und in Tokio sichtbar, sondern auch in Dakar und in Quito. Heute finden wir neue Technologien nicht nur im Hauptquartier multinationaler Firmen, sondern auch in einfachen Internetcafés, die auch Leihhandys anbieten. In der heutigen Welt ist der Online- oder Offlinestatus eher eine Frage der kulturellen Hybridisierung, als der wirtschaftlichen Ressourcen. (Feixa 2014, 45)

Hacking als Widerstand

Was steckt hinter der Kraft und der Reichweite von Überraschungsereignissen? Ein erster Grund für sie ist die *Unregierbarkeit* von Prozessen. Sie erschüttern die globale Welt über neue Ressourcen. Zweitens ergibt sie sich aus der Opposition gegenüber transnationalen Unternehmen. Diese halten sich selbst für neue öffentliche Organismen, die Gouvernementalität auf den Märkten generieren. An dritter Stelle steht die grenzüberschreitende *Imagination* der Ausgegrenzten, die die institutionalisierten Strukturen umgeht.

Uns als Bürger neu zu erfinden bedeutet, Verhaltensweisen gegenüber den Institutionen der Bildung, der Familie und der Religion unter Einbindung neuer Technologien zu konstruieren. Dabei unterscheiden sich unsere gegenwärtigen Verhaltensweisen von denjenigen, die uns innerhalb der bisherigen Strukturen einen stabilen Sinn verliehen hatten. Kreative junge Menschen werden beispielsweise zu Unternehmern und wenden das Wissen, das sie an der Universität erworben haben, neu an. Dadurch arbeiten sie außerhalb von Betrieben und staatlichen Institutionen und werden stattdessen Teil assoziativer Produktionsnetzwerke, NGOs oder außerparteiischer politischer Bewegungen. Die Ziele dieser Organisationen sind häufig die Stärkung des sozialen Gefüges und der Sicherheit der Bürger, sowie die Zusammenarbeit bei der Gemeindeentwicklung und der Einsatz für Geschlechterparität.

Viele Modifikationen des vermittelten oder erlernten Wissens haben bereits eine gewisse Ähnlichkeit zum Hacking. Diese Modifikationen des Wissens entstehen beispielsweise im Kontext der Migration oder bei Tätigkeiten, auf die die Schule Individuen nicht vorbereitet. Objekte und Informationen werden zweckentfremdet, erhalten eine neue Bedeutung, werden Teil eines neuen Codes oder sind flexibel genug zur freien Weiterverbreitung. Diese teilweise antisystemischen Verhaltensweisen sind für Staaten und Unternehmen schwierig zu erfassen und zu kontrollieren. Ihre Lesart als Netzwerke scheint eine bessere Erklärung abzugeben, als der Versuch, sie in die Logik des E-Kapitalismus und dessen algorithmenbasierte Gouvernementalität einzuordnen. Trotz ihrer Inkompatibilität mit dieser Logik handelt es sich um Netzwerke, in denen gearbeitet wird und – zumindest auf kurze Sicht – bestimmte Zielvorstellungen existieren. Teils agieren diese Netzwerke autonom, und teils über Verhandlungen über die von Unternehmen und von öffentlichen Institutionen bedienten Machtstrukturen verwalteten Produkte. Die formelle und informelle Produktion wird also verflochten, genauso wie die elitär legitimierten Kulturen und diejenigen, die aus alternativen symbolischen Spielereien oder der bildgewaltigen Kreativität der Jugendlichen hervorgehen. Im Fall der chilenischen Studentenbewegung oder den empörten Spaniern wird von der Möglichkeit ausgegangen, dass unabhängige Sektoren zu Produzenten einer »gemeinschaftlichen Kontrolle, einer Art Volksmacht unter einer neuen Bedeutung als Gegengewicht zur Staatlichkeit und dem Wirtschaftsmarkt« werden könnten (Azócar 2014).

Ohne tatsächlich das institutionelle und das politische System zu hacken, ignorieren viele Menschen das System, oder sie kennen es nicht. Lucía Garay betitelte ihre Analyse des argentinischen Schulsystems mit *Así ¿quién quiere estar integrado?* (dt. »Wer will unter diesen Bedingungen überhaupt integriert werden?«). Die Aussage stammt von einer Jugendlichen und kontrastiert die üblichen Reden von Politikern, Beamten und Pädagogen. Sie beauftragen die Schule mit dem Kunststück, für soziale Inklusion zu sorgen, während, wie die Autorin erklärt, »die Mechanismen des Überlebens und der kollektiven Repräsentation aufgrund der Arbeitslosigkeit, der Arbeitsmarktveränderungen und dem Strukturverlust der sozialen und politischen Organisationen, die ihnen Halt gaben« immer weiter abgebaut worden sind. Sofern diese Rahmenbedingungen nicht erfüllt sind, wird der Auftrag der Schule zu einem Mandat ohne Grundlage, das folglich leichter in Gewalt, folgenschweren Konsequenzen familiärer Misserfolge und entmutigenden Erwartungen mündet.

Die eigene Lebensgestaltung oder eine Alternative fürs Bürgersein zu finden, war in vorrevolutionären Zeiten noch eine Utopie. Nach dem Fall der Berliner Mauer und den jüngsten (neoliberalen) Misserfolgen in Lateinamerika, allen voran in Nicaragua und Venezuela, haben feministische Bewegungen und Initiativen empörter Jugendlicher, enttäuschter Bürger oder Migranten bescheidenere Erwartungen. Die Optionen zur Konfliktlösung ändern sich. Die Minderheit, die vom Tech-Kapitalismus – wie ihn Éric Sadin nennt – profitiert, setzt einerseits darauf, die unterschiedlichen sozialen Bewegungen zu unterdrücken oder zu kooptieren. Andererseits ist sie oft auch bereit, auf einige spezifische Forderungen einzugehen, Gesetzesänderungen voranzutreiben und so die bestehende Ordnung anzupassen, um den aufkeimenden sozialen Widerstand einzudämmen.

Aus einigen aufständischen Bewegungen heraus wird versucht, Zugang zur institutionalisierten Macht zu erstreiten: die 15M-Bewegung, aus der *Podemos* hervorging, oder die Anführer der chilenischen Studentenbewegung haben es geschafft, als Abgeordnete ins Parlament gewählt zu werden. In Mexiko akzeptieren viele Akteure offene Debatten im kommerziellen Fernsehen, damit junge Menschen Bild und Mikrofon zur Verfügung haben. Andere versuchen hingegen, Wege für alternatives Handeln aufzubauen. Sie arbeiten mit NGOs zusammen, weil sie der Repräsentation von kritischen Stimmen in den klassischen Medien skeptisch gegenüberstehen. Dabei ist ihnen wohl bewusst, dass die Medien die wirtschaftliche Prekarität der jungen Generation oft gar nicht erwähnen. Den Tausenden von getöteten oder verschwundenen Jugendlichen geben sie entweder kaum Raum, oder sie verzerren die schrecklichen Ereignisse.

Angesichts geschwächter Institutionen reichen Bewegungen mit Überraschungseffekt oder die virtuelle *virale* Ausbreitung von Protesten im Internet nicht mehr aus. Solche Bewegungen sind ebenso prekär wie die Lebensrealität ihrer Vertreter. Welche gesellschaftlichen Alternativen oder neue Formen der Staatsbürgerschaft gibt es inmitten der vom Neoliberalismus und einigen sozial destruktiven Strömungen des E-Kapitalismus geschwächten Nationalstaaten? Der stärkste Rückgang bei der Wahlbeteiligung wird in der jungen Generation beobachtet. Das wachsende Misstrauen in die Parteien wird weder durch vereinzelte Proteste, noch durch gemeinsame Gegenbewegungen im Internet aufgelöst. Mit den Ergebnissen der Nationalen Jugendumfrage in Mexiko aus dem Jahr 2005 kamen alarmierende Ergebnisse über den Zusammenhang zwischen Informalität und Illegalität bei Jugendlichen ans Licht. Rossana Reguillo stellte fest, dass junge Menschen sich schon lange nicht mehr für Parteien, sondern für die *Ursachen* der Missstände interessieren. Die junge Generation und andere empörte Mitmenschen handeln und mobilisieren sich heute eher aufgrund von folgenschweren *Ereignissen*, anstatt durch deren Ursachen: Bei Protestmärschen und Zusammenkünften in digitalen Netzwerken fällt uns ein Übergang vom Gefühl der Empörung zu einer greifbaren Politik schwer. In einigen Fällen sind die Ursachen für die Missstände und Unzufriedenheit wiederum langanhaltender und nachhaltiger, wie im Falle der verschiedenen Feminismen.

Man geht also davon aus, dass eine steigende Anzahl unzufriedener Menschen mit einem Gefühl der Hoffnungslosigkeit gegenüber einem systemischen Wandel immer näher an die Option rückt, die bestehenden Strukturen zu hacken oder zu stürzen. Dies geschieht entweder über einen »leichten Hack«, das heißt durch Ignoranz und Unwissenheit, oder durch aufrührerisches Verhalten, bewusste Störaktionen. Außerdem existieren die Praxis der kostenfreien Downloads zur Informationserlangung, sowie der nichtsystemische oder informelle Gebrauch verschiedener Ressourcen zum eigenen Vorteil, beziehungsweise zum Vorteil so genannter alternativer Mikrogemeinschaften. Cuauhtémoc Medina, ein in Mexiko bekannter Kritiker und Kurator, veröffentlichte vor kurzem ein neues Buch mit dem Titel *Abusos mutuos* (dt. gegenseitige Missbräuche). Die in solchen alternativen Gemeinschaften entwickelte Idee der *Commons*, also selbstorganisiert geteilter und bedürfnisorientierter Allgemeingüter, hat zu einer Milderung der Stigmatisierung der Piraterie geführt. Der Begriff hat andere Arten der Wissensproduktion- und Verbreitung etabliert, die nicht auf dem Profit einiger weniger gründen, sondern von einem gemeinschaftlich geteilten Wert der Güter ausgehen. Doch wer teilt sich diese Güter? Wo kommt das Gemeinschaftliche an seine Grenzen? Bei jedem Hackangriff geht es um die Missachtung einer bestehenden Ordnung oder eines vorgegebenen Vorgangs. Wer und wie viele entscheiden in der heutigen Gesellschaft also, was »das Gemeinschaftliche« ist, wo es beginnt, und wo das Geteilte seine Grenzen hat?

Die Skepsis gegenüber »legalen« Wirtschafts- und Kommunikationssystemen, sowie deren nichtsystemischer Gebrauch sind nicht nur als Akt der Rebellion oder als Kritik zu bewerten, sondern auch als eine Ressource der Konservativen. Beispiele sind der Trumpismus in den USA, Vox in Spanien, die italienische Fünf-Sterne-Bewegung, Unterstützergruppen von Marine Le Pen und anderen Politikern aus Osteuropa, Bolsonaro in Brasilien und die neuen Rechtsextremen in Costa Rica und Uruguay, zwei der demokratischsten Länder Lateinamerikas. Sie alle nutzen die soziodigitalen Netzwerke zur Polarisierung der Bürger. Täglich verbreiten sie Fake-Daten und Falschinterpretationen. Unterbewertete Themen oder Angelegenheiten, die die Kapazitäten der Regierung überschreiten (Migration, Gewalt etc.), werden durch sie Teil der nationalen Politik. In Verbindung mit einer rückwärtsgewandten moralischen Besessenheit gegenüber Themen wie der Ehe für Alle, der Abtreibung und einem gewissen Nativismus präsentieren sie sich als die einzigen Vertreter mit der Fähigkeit und der Bereitschaft, sich allem zu stellen. Eine Entwicklung, die beunruhigt. In internationalen Gremien hat sich die extreme Rechte der genannten Länder trotz ihrer Unterschiede zusammengeschlossen und setzt sich für ihre Themen im Sinne einer neuen politischen Agenda ein. Darunter fällt etwa die kollektive Beschuldigung der »Ausländer« mit besonderem Fokus auf Muslime, oder, in anderen Fällen, Afrikaner oder Lateinamerikaner, die ihre Heimatländer aus wirtschaftlicher Not, politischer und sozialer Verfolgung und unter verschiedensten Umständen und Ausmaßen verlassen. Die gleichen Arten von Webseiten, Tweet-Stilen und der ideologischen Voreingenommenheit wirken als eine Art gemeinsame Vorlage. Sie tritt beispielsweise auf entsprechenden italienischen Portalen, Seiten von

Bolsonaro-Anhängern in Brasilien und in den Foren der Trump-Unterstützer in Erscheinung, darunter *CitizenGo* (Applebaum 2019, 2-5).

Sowohl die Presse und das Fernsehen, als auch von ehemaligen Nutzern traditioneller Medien frequentierte alternative Netzwerke haben Schwierigkeiten, eine Falschmeldung von einer wahren Begebenheit zu unterscheiden. Ein Beispiel ist der Brand der Notre Dame in Paris: Angeblich hatte man auf der Straße feiernde Muslime gesehen, und neben Fotos der brennenden Kathedrale kursierten Gerüchte über einen schon existierenden Plan für den Bau einer Moschee an der gleichen Stelle. In Brasilien gingen Tweets und Videos um, die Lehrer beschuldigten, ihre Schüler zu einer »Verwirrung« der Gesellschaft zu verführen. Der Effekt dieser Meldungen ist umso intensiver, wenn Führungsfiguren wie Santiago Abascal von Vox oder Bolsonaro diese Sichtweisen retweeten und den Zorn der unzufriedenen Bürger dadurch antreiben.

Judith Butler und Isabel Lorey finden Korrelationen zwischen den hackerähnlichen Netzpraktiken der Rechten und der Prekarität: Prekarisierung ist demnach ein Instrument der Regierung und der Selbstverwaltung der Subjekte (Lorey 2016). Die fortwährenden Verfechter einer kohäsiven Gesellschaftsordnung im liberalen Sinne fühlten sich von solchen Bewegungen nicht angesprochen, solange sie nicht zu politischen Parteien wurden. Zunehmend organisieren sie sich aber als Partei und gewinnen immer häufiger Wahlen. Aus der Sicht des Neoliberalismus beeinträchtigt etwas Unvorhersehbares oder etwas zufällig Mögliches, sei es bei den Protestbewegungen oder beim Zerfall der politischen Parteien, den nationalen und internationalen wirtschaftlichen Wettbewerb nicht: Die gesunde US-Wirtschaft in der Amtszeit von Trump scheint diese Ansicht zu bestätigen. Angesichts der wirtschaftlichen Einstürze in Argentinien während der Macri-Regierung oder der Rezession in Kolumbien und Brasilien ergibt sich jedoch ein anderes Bild. Möglicherweise verliert Butlers und Loreys Argument über die Prekarisierung als Regierungsressource damit nicht seine Gültigkeit, aber muss für den lateinamerikanischen Kontext anhand anderer Variablen neu gedacht werden.

Der nigerianische Schriftsteller und Historiker Teju Cole beschreibt die maschinelle Anpassung und das Hacking wie folgt:

> *P.* Sie besitzen die doppelte Staatsbürgerschaft. Was denken Sie als Amerikaner über ein politisches System, das sowohl Persönlichkeiten wie Trump, als auch Obama hervorbringen kann?
>
> *R.* Obama war ein Produkt dessen, was in der Informationstechnologie

als »maschinelles Lernen« bekannt ist. Das politische System der US-Amerikaner arbeitet wie diese Maschinen. Mit der Zeit wurde es präzisiert, und brachte zu einem Zeitpunkt jemanden wie Obama hervor: ein großer, gutaussehender und wortgewandter schwarzer Mann, dessen politische Vision ganz eng mit dem Traum des amerikanischen Imperialismus zusammenhängt. Das Problem dabei ist, dass, wie bei jedem Computersystem, ein Hacker auftauchen kann, der den Schwachpunkt der Maschine kennt und sie in die Luft jagt. Trump wusste genau, dass der Schwachpunkt des Systems Obama das Ressentiment der weißen Bevölkerung war. Schwarze Menschen sind natürlich schlechter dran, aber das spielte dabei keine Rolle. Hinzu kommt seine Fähigkeit, sich der Kommunikationsmedien zu bedienen, die es nicht schaffen, eine Narrative zu generieren, sondern bloß eine bereits existierende zu verstärken. Sie funktionieren wie ein Lautsprecher, und sind deshalb unethisch. Sie erhöhen lediglich die Lautstärke eines Signals, das sie erhalten (Lago 2016).

Woran sind Algorithmen interessiert?

Bis vor einigen Jahren galt Hacking als Meisterleistung von Experten wie Julian Assange oder Edward Snowden, oder als Hexenwerk halbgeheimer Zusammenschlüsse. Später wurde es als Spiel der Grenzüberschreitung verstanden. Heute führt es zu der Frage, ob wir über Hacking eine andere Staatsbürgerschaft gründen oder uns von der Staatsbürgerschaft befreien können, die durch eine von Unternehmen getriebene Politik generiert wird. Diese Vorstellung wird durch neue Interaktionen zwischen Sendern, Aneignern und Nutzern in der Kommunikation vorangetrieben. Kritische Studien der letzten fünfzig Jahre über Medien, aktive Zuschauer und die Demokratie tragen zu einem besseren Verständnis zur Neugestaltung von Information und Unterhaltung innerhalb ihrer sozialen Verbreitung, sowie zur kreativen Rezeption bei Neuinterpretationen durch das Publikum bei (siehe unter anderem Llul 1998; Martín Barbero 1987; Orozco 2008).

Die Ausweitung des aktiven Zuschauerverhaltens wird durch digitale Geräte erweitert. Heute schickt zum Beispiel der Kinobesucher während des Films mit seinem Handy Kommentare an Freunde. Laut Ana Rosas können Film- oder Fernsehnarrativen überarbeitet werden, indem

> Texte, Bilder, Spiele, Verkleidungen, der eigene Körper und Objekte in Follower-Gemeinschaften erscheinen, und dort geteilt, kommentiert und verändert werden. Sie fallen unter den Begriff *Fan Fiction*. Unterstützung bei der Durchführung von Projekten wird durch kleinere private Beiträge gewonnen (kollektive Finanzierung oder *Crowdfunding*). Nicht weniger relevant ist die Entstehung der so genannten *Cyber-Citizenship*. Unter anderem hat die rapide Entwicklung von Blogs es Internetnutzern weltweit ermöglicht, ihre eigenen Versionen in der Welt der Nachrichten zu einem Gegengewicht der traditionellen Medien und autoritärer Regierungen zu machen. Die Aktivitäten von Fans und Anhängern fördern und erhalten

> Medienberichterstattung am Leben. Selbst wenn es keine neuen Meldungen gibt, erzeugen sie Materialien, die wiederverwendet werden können, ohne dabei Autorenrechte zu berücksichtigen. Gleichzeitig ist eine gewisse Demokratisierung ebenso unbestreitbar, da sie die Partizipation und die Erstellung von Inhalten durch so genannte *Produzenten-Nutzer*, deren Anstöße zur expressiven Ressourcennutzung und durch die kollektive Kreativität erleichtern. Genauso ermöglichen sie die Zusammenarbeit zwischen *Produzenten-Nutzern* und eröffnen Möglichkeiten zum Geld verdienen. (Rosas 2017, 53)

Über diese Ausweitung der Interaktivität hinaus erfolgt über den »elektronischen und computerbasierten Kapitalismus« nach Gustavo Lins (2018, 49) oder den »Tech-Kapitalismus« nach Éric Sadin (2018) eine Neugestaltung des sozioökonomischen und kulturellen Komplexes, indem riesige Informationsmengen gespeichert und klassifiziert werden. Die Information wird fast universell und teilweise kostenlos zugänglich, zum Beispiel durch Dienste wie Gmail, Google Maps und Google Earth, Waze, und YouTube. Um was für eine Dienstleistung handelt es sich bei dieser Steuerung von Bild, Wort und Ton? Wie werden durch sie die Verbindungen zwischen Kultur, Kommunikation und der Staatsbürgerschaft verändert? Wörter werden in Suchbegriffe umgewandelt und algorithmen-basiert in einem elektronischen Panoptikum für den Markt artikuliert. Denn die Information, die wir den Suchmaschinen durch unser Verhalten, unsere Wünsche und Meinungen preisgeben, macht uns zu handelbaren Datensätzen.

Lins Ribeiro verwendet den Begriff der *Köderwirtschaft* als Bezeichnung für den Austausch zwischen dem Geschenk, also den Dienstleistungen von Anbietern wie Google, und den höchstpersönlichen Informationen, die wir ihnen im Gegenzug preisgeben. Am Ende verkörpern wir diesen E-Kapitalismus selbst: Wir ertappen uns dabei, wie wir unsere Geschmäcker und intime Gedanken einer Nachverfolgung preisgeben, die wir nicht kontrollieren können. Hinter der Maske einer »Dienstleistung« kommt es zur Globalisierung einer Arbeitsökonomie, die von der unbezahlten Arbeit der Nutzer genährt wird. Sie beinhaltet auch physische Arbeit, unter anderem in Form von Klicks, körperlicher Verfügbarkeit und inaktiver Zeit beim Sitzen vor dem Bildschirm.

Ausgehend von der Intransparenz der Algorithmen und der Transparenz unserer Daten stellt dieses asymmetrische und ungleiche Arbeitsverhältnis unsere Fähigkeit zur bürgerlichen Teilhabe in Frage. Teilhandlungen, wie zum Beispiel die Erstellung unabhängiger Audits für Finanz-Apps oder das Verlangen einer Rechenschaftspflicht zum Gebrauch von Algorithmen in Bezug auf unsere persönlichen Informationen, sollten zu radikaleren Fragen als je zuvor über die Art der aktuell entstehenden Hegemonie führen. In der früheren Unterscheidung nach Gramsci war die Hegemonie im Gegensatz zum Zwang keine einfache Auferlegung, sondern diente der einvernehmlichen Kontrolle, da sie die Bedürfnisse und Wünsche der Subalternen berücksichtigte.

Die Verflechtungen zwischen den hegemonialen und den subalternen Teilen der Gesellschaft reichen weit zurück. Maurice Godelier stellte bei afrikanischen Gesellschaften fest, dass die Herrschaft anhand von Dienstleistungen politischer oder religiöser Anführer gegenüber ihren Untertanen gerechtfertigt wurde. Diese Erkenntnis übertrug er auf westliche Demokratien (Godelier 1989). Raymond Williams und andere betonten die Rolle kultureller Prozesse als Schauplätze der Persuasion und der Verhandlung zwischen Dominierenden und Dominierten, an denen die popularen Sektoren Widerstand üben und alternative Initiativen zu hegemonialen Gruppen entwickeln. Alejandro Grimson (1999), Guillermo Sunkel (1999) und Jesús Martín Barbero und Guillermo Orozco, die in diesem Buch an anderer Stelle zitiert werden, haben diese Interaktionen im Zusammenhang mit den Medien in Lateinamerika erforscht. Nichtsdestotrotz modifiziert sich der Umgang mit dem sozialen Antagonismus – und mit dem Stellenwert der Kultur bei der Konfliktvermittlung- und Verarbeitung – über digitale Interaktionen und über die Übertragung einer politisch-wirtschaftlichen Diskussion hin zu geheimen technologischen Strukturen. In den Netzwerken entwickelt sich eine Spannung zwischen der Macht der »Server« (oder besser gesagt, den kommerziellen Dienstleistungsanbietern) und der Macht der Nutzer. Diese Macht unterscheidet sich von derjenigen, die von transnationalen Medienkonzernen ursprünglich installiert wurde und weiterhin von ihnen verwaltet wird. Während in der heutigen Zeit das audiovisuelle Angebot weiterhin von einer autoritären und weit entfernten Maschinerie in Hollywood und dem transnationalen Fernsehen entworfen und gesteuert wird, liefern die neuen digitalen Angebote einen gewissen demokratisierenden Antrieb. Sie stellen eine Kreuzung zwischen den Produkten der Unternehmen und den Eigenkreationen der Nutzer dar und können zeit- und ortsflexibel abgerufen werden. Um deutlich zu machen, aus welchem Grund diese Wahrnehmung einen hohen Grad der Illusion darstellt – denn die Interaktionen zwischen Bürgern und soziopolitischen Organisationen werden verzerrt – soll im Weiteren betrachtet werden, welche Erkenntnisse sich über die verborgenen Formen der Hegemonie- und Konsensbildung herausbilden.

Geheimgesellschaften im digitalen Zeitalter

Für das Verständnis der Hegemonie- und Konsensbildung im digitalen Zeitalter ist zunächst eine Betrachtung der Geschichte des so genannten klandestinen »Untergrunds« notwendig. Gemeint sind damit in etwa inoffizielle und geheim existierende Strukturen in Bezug auf die Staatsbürgerschaft. Dadurch sollen die unterschiedlichen Bedeutungen, die sich aus dem Begriffsgebrauch ergeben, erfasst werden. In den 60er- und 70er-Jahren des 20. Jahrhunderts verband man mit dem Begriff des Untergrunds verschiedene Guerillagruppierungen aus der nationalstaatlichen Perspektive. Folglich wurden sie als Zerstörer der herrschenden Gesellschaftsordnung angesehen. Der Anstieg undokumentierter Migranten erweiterte den Begriffsgebrauch hin zu Staatsangehörigen aus Ländern, die nicht ordnungsgemäß in andere Länder einreisen dürfen: Zum einen werden sie von der Grenzpolizei gejagt und zum anderen als Vorbilder in anarcho-nomadischen Utopien bewundert, die Lieder wie das von Manu Chao feiern:

Perdido el corazón
De la grande Babylon
Me dicen el clandestino
Yo soy el quiebra ley
[...]
Verloren im Herzen
Des großen Babylon
Sie nennen mich den Klandestinen
Ich bin der Gesetzesbrecher
[...]

Die lange Liste der Bedeutungen des Begriffs wäre jedoch ohne die Erwähnung der zentralen Rolle der GAFA (Google, Apple, Facebook, Amazon) in der Gegenwart unvollständig. Betrachten wir einmal den letzten dieser vier Riesen: Amazon ist zum hilfreichen Begleiter im Alltag geworden, seitdem Bücher, Kleidung, Lebensmittel, allerlei Geräte auf Bestellung zu uns nach Hause geliefert werden – fast alles, was wir brauchen. Das Unternehmen ist sowohl auf dem Weltmarkt, als auch im Zuhause von uns Bürgern präsent, und wird daher kaum als »klandestin« wahrgenommen. Jedoch macht sein Steuermodell Amazon zu einem fast unerreichbaren Akteur. Herauszufinden, wo und wie viele Steuern Amazon zahlt, ist äußerst schwierig. Seit seiner Gründung in den Vereinigten Staaten hat Amazon in Erwägung gezogen, zur Steuerlastvermeidung mit seinem Unternehmen nach Indien umzusiedeln. Am Ende entschied man sich für Seattle, weil dort noch bessere steuerliche Voraussetzungen gelten. Für die europäische Niederlassung fiel die Wahl auf Luxemburg. In Spanien wird sein Umsatz auf 4,2 Milliarden Euro geschätzt, wobei 2017 nur 289 Millionen Euro offiziell deklariert wurden. Die Ausgaben der spanischen Verbraucher »münden [daher] weder in Qualitätsarbeit noch in Steuern zur Finanzierung öffentlicher Dienste, die solchen prekär beschäftigten Arbeitnehmern etwa helfen könnten, um zur Arbeit zu fahren oder Vorauszahlungen im Falle des Auslaufens ihres befristeten Vertrags zu erhalten« (Galdon 2018, 3).

Noch intransparenter ist, wie viel Amazon durch den Verkauf der Informationen über die vielen Kundeninteraktionen verdient, die es über seine Plattform sammelt. Gleiches gilt für die Informationen, die es über Kreuzungen mit anderen Datenbanken erhält (z.B. Wohnsitz, Kaufkraft oder Bankreferenzen). Facebook und Google verfahren gleich.

Wir sind so sehr an diesen Datendiebstahl und an die Verwaltung unserer Privatsphäre im Gegenzug zu »Dienstleistungen« durch Unternehmen gewöhnt, dass selbst die Erkenntnisse von Gemma Galdon überraschend wirken: Sie nennt in dem einen und selben Zusammenhang Themen wie die Aneignung des Privatlebens, die schwierigen Arbeitsbedingungen der Amazon-Angestellten, deren Proteste gegen Lohnkürzungen bei Nichterfüllen bestimmter zeitlicher und produktiver Anforderungen unter Leistungsüberwachung, sowie die Wettbewerbssituation, die kleine, lokale Läden im Kern erstickt.

Ist eine Staatsbürgerschaft ohne gerechte Steuerbelastungen oder zumindest einen Ausgleich der sozialen Teilhabe an gemeinsamen Verantwortungen noch möglich? Auf welcher Basis werden wirtschaftliche, politische und kulturelle Rechtfertigungen konstruiert, um auf einer multidimensionalen Skala in unserer Zeit unterstützend zu wirken? Was ist mit der Verantwortung der Staaten, die nicht einmal die Absicht zu einer Politik der Kontrolle derjenigen Unternehmen haben, die die Privatsphäre von Bürgern kommerzialisieren?

In den Studien und Debatten der letzten Jahre zeichnen sich vor allem zwei analytische Richtungen unter dem Versuch ab, diese Fragen zu beantworten:

- Der biotechnologische Determinismus (Noah Harari).
- Eine Vielzahl von Forschern und soziokulturellen Bewegungen die mit Hilfe digitaler Technologien Kritik üben und die Empörung antreiben,

auch wenn diese manchmal von kurzer Dauer sind und in manchen Fällen zur Gründung innovativer Parteien führen.

In diesem Buch streben wir eine kritische Perspektive auf einige hier relevante Prozesse und AutorInnen an. Anschließend soll versucht werden, herauszufinden, in welchem Zustand sich die hegemonialen Absichten der Unternehmen und die gegenhegemonialen Begehren der alternativen Bewegungen heute befinden. Es handelt sich, wie wir am Ende sehen werden, um die Erkenntnis über Handlungsmöglichkeiten im Anschluss an die Krise der binären Machtvorstellungen.

Biotechnologischer Determinismus

So wie die industrielle Entwicklung aufgrund der voranschreitenden Standardisierung und Vereinheitlichung der Produkte im Laufe des gesamten 20. Jahrhunderts in Frage gestellt wurde, galt die Staatsbürgerschaft – im Sinne der Rechtsausübung und des Ausdrucks kultureller Unterschiede innerhalb einer jeden Nation – als Opposition zum Konsum. Seit den 1980er-Jahren beobachten wir hingegen Szenarien, in denen wir gleichzeitig Verbraucher und Staatsbürger sind. Obwohl die Staatsbürgerschaft mit der Fähigkeit zur Aneignung von Gütern und deren Gebrauchsweisen verbunden war, ging man davon aus, dass diese Unterschiede abgeschwächt werden könnten, zum Beispiel durch die Rechtsausübung und deren Konkretisierung in Form von Abstimmungen, oder durch das Gefühl, durch eine politische Partei oder eine Gewerkschaft vertreten zu werden. Zusammen mit dem Zerfall der uns bekannten Politik gewinnen andere Formen der Beteiligung an Stärke. Wir stellen fest, dass viele Fragen der Bürger und Bürgerinnen (»Wo gehöre ich hin und welche Rechte habe ich dann? Wie kann ich mich informieren? Wer repräsentiert meine Interessen?«) heutzutage eher im privaten Konsum von Gütern und Massenmedien aufgegriffen werden als in abstrakten Regeln der Demokratie oder in der kollektiven Partizipation im öffentlichen Raum.

In der Gegenwart ist es nicht so einfach, an einem Satz festzuhalten, der 1995 noch der Titel einer meiner Veröffentlichungen war: »El consumo sirve para pensar – Der Konsum ist zum Denken da.« Trotzdem ist eine Erinnerung daran, dass der Konsum nicht unbedingt mit Irrationalität oder schlicht zwanghaften Handlungen zu tun hat, weiterhin nützlich. Wenn wir Produkte auswählen und sie unser eigen machen, definieren wir damit das, was wir öffentlich als wertvoll erachten. Das gilt auch für die Art und Weise, in der wir uns in die Gesellschaft integrieren und uns in ihr identifizieren wollen. Unser Konsum lässt darauf schließen, wie unsere Einschätzung zur Beziehung zwischen unseren Einnahmen und unseren Bedürfnissen und Wünschen aussieht. Damals schrieb ich auch, dass die Staatsbürgerschaft nur eine begründete Ausübung unserer Überzeugungen darstellt: Die Gestaltung politischer Kampagnen wird anhand von Marketing-Tricks und Werbestrategien durchgeführt, die eher an Emotionen appellieren als an ein begründetes Verständnis verschiedener Konflikte.

Die Unterschiede zwischen denjenigen, die auf die eine oder die andere Weise konsumieren, lassen die Illusion der universell und gesetzlich definierten Rechtsgleichheit unter Bürgern verblassen. Wir erkennen, dass uns verschiedene Merkmale unterschiedlich machen: beispielsweise unser Wohnviertel, die von uns genutzten öffentlichen oder privaten Transportmittel, unsere Hautfarbe, unsere Kleidung und die technologischen Geräte aus verschiedenen Produktgenerationen, die wir benutzen. Dadurch entstehen neue Verbraucheransprüche, die sich aus ethnischen, alters- und geschlechterspezifischen Identitäten ergeben oder die auf dem unterschiedlichen Zugang zu fortgeschrittenen Kommunikationsressourcen basieren. In der Regel wird das Recht auf Anderssein höher verteidigt als das Recht auf Gleichheit. Das, was einst als allgemeine Aufgabe der Bürger geschätzt wurde, tritt heute insbesondere in Form speziellen Gemeinschaften auf, wie etwa Jugendlichen, Frauen, Homosexuellen, Senioren, Menschen mit Behinderung oder bei ethnischen Minderheiten, darunter die Latinos in den USA oder die indigene Bevölkerung Lateinamerikas. Man spricht auch von kulturellen Staatsbürgerschaften auf der Basis verschiedener Formen der Emanzipation (Rosaldo 2003).

Viele Parteien, die es nicht schaffen, diese sektoralen Interessen einzubeziehen, haben an Überzeugungs- und Mobilisierungsvermögen eingebüßt. Sie haben es vorgezogen, die Bürgerinnen und Bürger in ihrer Unzufriedenheit zu belassen und damit auch in Kauf genommen, dass diese sich von den klassischen Institutionen entfernt und stattdessen Bewegungen oder Gruppen gegründet haben oder lokalen und kommunalen Organisationen folgen. Gelegentlich wird dieser Prozess als Entpolitisierung interpretiert, jedoch handelt es sich vielmehr – wie Norbert Lechner mal auf einer Konferenz erwähnte – um einen Prozess der Interessenlenkung auf Organisationen, die der eigenen Erfahrung näherstehen und somit als eine Art Selbsthilfegruppe fungieren können.

Sowohl die Strategien der Unternehmen als auch der Parteien, die oft von den gleichen Marketingagenturen entworfen werden, haben sich von der Illusion der Einung der Verbraucher (oder ihrer Zusammenfassung in Gruppen) wegbewegt. Sie haben gelernt, wie man differenzierte politische Botschaften und Produkte entwickelt, die den Gewohnheiten, dem Geschmack und den Zielen einzelner Sektoren entsprechen. Es ist zu einer anachronischen Diskussion zwischen uniformisierenden Unternehmen und humanistisch denkenden Kommunikationswissenschaftlern gekommen, die sich für die Verteidigung der kulturellen Unterschiede und damit letztendlich für die Freiheit der Subjekte einsetzen, welche sich anhand deren Macht zur Umdeutung von Nachrichten manifestiert. Strukturen und Individuen, Herrschaft und Widerstand werden auf diese Weise nicht mehr konfrontiert. Unternehmen und Parteien haben inzwischen gelernt, die Verbraucher und Bürger durch eine individualisierte Anpassung ihrer Angebote zu erreichen.

Dieser Kontrollanspruch wird in der Gegenwart durch überarbeitete Argumente reaktiviert. Geschäftsmodelle und Modelle der Hegemoniekonstruktion räumen nicht nur Unterschiede zwischen Verbrauchern und eine Streuung der Bürger ein. Sie zeigen auch, dass mehrere materielle und symbolische Ökonomien in eine Nation oder in ein einzelnes transnationales Unternehmen passen. Die Unterordnung verschiedener Individuen unter eine einheitliche Kontrolle, die durch den Neoliberalismus möglich gemacht wird, indem sich dieser als dominanter Gedanke in der Wirtschaft und in einigen Sozialwissenschaften durchgesetzt hat, stärkt nun diese deterministische Vision mit biotechnologischen Argumenten.

Diese deterministische Wende ist nicht nur bei Großunternehmen beobachtbar, sondern auch bei einigen, die der gemeinsamen oder der kooperativen Wirtschaft wohlwollend begegnen. Bestärkt durch die Expansion von Uber und Airbnb stellen sie sich eine Erweiterung dieses personal- und kostensparenden Modells vor (z.B. in den Bereichen des Reinigungswesens, Grafikdesigns oder der Rechtsvertretung). Die Kombination aus Software, Internet und der Masse erleichtert angeblich die Automatisierung und die Umverteilung von Millionen von weltweiten Mikroaktivitäten. Die Zukunft der Beschäftigung wird als System angepriesen, in dem computergesteuerte Prozesse und von Menschen ausgeführte Aufgaben kombiniert werden. Unsere verschiedenen Arten des Denkens, des Fühlens, des Produzierens und des Konsumierens, sowie unsere individuellen Arten der Entscheidungsfindung würden durch die Umwandlung in Algorithmen gruppierbar und vergleichbar. Variationen zwischen Kulturen und zwischen den Subjekten innerhalb einer jeden Kultur würden insofern an Bedeutung verlieren, dass die verschiedenen sozialen Logiken in genetische und elektronische Codes übersetzt würden: Die Biologie würde mit der Geschichte verschmelzen, wie der Historiker Yuval Noah Harari (2016) prognostiziert. Sie bezweifeln, dass das so eintritt? In seinem Buch *Homo Deus* mahnt der Autor, uns zu erinnern, »dass der größte Teil des Planeten bereits rechtmäßiges Eigentum intersubjektiver, nicht-menschlicher Entitäten ist, also von Nationen und Unternehmen« (Harari 2016, 355). Allen voran Unternehmen haben den Prozess des Konsums verändert. Eine erste Etappe hierbei war die des Übergangs vom Konsum an spezifischen Orten – etwa in Form des Besuchs einer Kino- oder Theatervorführung oder eines Schallplattenladens, um Musik zu kaufen – hin zum Zugriff auf Waren und Inhalte über digitale Plattformen. Die nächste Etappe, in der wir uns aktuell befinden, begann am 10. August 2015, als Google den Kauf von *Alphabet* bekanntgab. *Alphabet* dient nun als integrierende Einheit, in der die Suchmaschine mit anderen Abteilungen des Unternehmens verbunden wird, etwa der Videoplattform (YouTube), den Mapping-Diensten (Google Maps und Street View), der Abteilung für Informationen zu Gesundheit und Bildung (Calico und Google for Education), der Abteilung zu Objektverknüpfungen und Heimautomatisierung (Nest Labs), der Abteilung zur Kapitalplatzierung (Google Capital), und viele mehr.

Alle Ziele des industriellen Kapitalismus – dass jedes Unternehmen die größte Menge an Waren produziert und sie in kürzester Zeit verkauft – fließen in der so genannten »Industrie des Lebens«, also in einer »robotisierten Anpassung zwischen Angebot und Nachfrage« zusammen (Sadin 2018). Es gibt beispielsweise digital verbundene Armbänder, die physiologische Kreisläufe messen und ausgehend davon zum Lauftraining oder zu einer bestimmten Diät, Yoga, Nahrungsergänzungsmitteln oder zu einem Arztbesuch raten. Wir durchlaufen »eine personalisierte Automatisierung der Verwaltung unserer persönlichen Bedürfnisse« (*Ibid.*, 148). Immer seltener ist es der Verbraucher, der sich an das Produkt annähert oder auf es zugreift; das Produkt geht an den Verbraucher und es unterwandert seine Existenz.

Harari warnt, dass der »Dataismus«, also die Religion der Daten, ein Umdenken bezüglich dessen erfordert, was wir als öffentlich und privat, als demokratisches und autoritäres System verstehen. Regierungen und Bürger sind der Spionage und der willkürlichen Beeinflussung von Wahlergebnissen ausgesetzt. Der Autor stellt sich weiterhin die Frage, ob jedes potenzielle Subjekt durch dieses anonyme Spiel der Algorithmen konditioniert wird und ob somit die Informationsfreiheit nicht für den Menschen da ist, sondern um ihrer selbst willen existiert. Möglicherweise könnten wir es mit einer simulierten Übertragung von Macht zu tun haben: So wie die Kapitalisten die Macht in die Hände des Marktes übertragen haben, hoffen Dataisten auf die unsichtbare Macht des Datenflusses.

In seinen Veröffentlichungen vor *Homo Deus* – aus dem die vorangegangenen Ideen stammen – äußert Harari seine Bedenken in Bezug auf den Handlungsspielraum der Subjekte beziehungsweise der Bürger in der Zukunft noch radikaler. Eine Diskussion seiner biotechnologischen Ansätze ist wichtig für die Beurteilung der neuen Bedingungen für die Freiheit, die Gleichheit, die Gemeinschaft, die Gerechtigkeit und den Terrorismus, da »sich die Krise der liberalen Demokratie nicht nur in Parlamenten und Wahllokalen ab[spielt], sondern auch in Nervenzellen und Synapsen« (Harari 2018, 14).

Es gibt nur wenige Denker wie Harari, die die Frage nach dem Ausmaß der Neugestaltung des Lebens durch die neuen Mächte hinter künstlichen und biotechnologischen Intelligenzen und die daraus entstehende Deskreditierung der liberalen Demokratievorstellung so gründlich analysieren. Früher dachten wir, wir könnten durch die industriellen Fortschritte »den ganzen Planeten [umgestalten], aber weil wir die Komplexität der globalen Ökologie nicht verstanden haben, haben die Veränderungen, die wir vornahmen, das gesamte Ökosystem unabwendbar zerstört, und heute stehen wir vor einem ökologischen Kollaps. In diesem Jahrhundert werden uns Biotechnologie und Informationstechnologie die Macht verschaffen, die Welt in uns zu manipulieren und uns selbst umzugestalten« (*Ibid.*, 28).

Mit erdrückenden Ergebnissen (wenn auch ohne eine Unterscheidung sehr unterschiedlicher Prozesse) behauptet Harari, dass

> gegen Ende des 20. Jahrhunderts jede Generation – ob in Houston, Shanghai, Istanbul oder São Paulo – in den Genuss von besserer Bildung, besserer Gesundheitsversorgung und höheren Einkommen als die jeweilige Vorgängergeneration [kam]. In den kommenden Jahrzehnten jedoch dürfte die jüngere Generation dank einer Kombination aus technologischer Disruption und ökologischer Kernschmelze froh sein, wenn es ihr nicht deutlich schlechter geht als ihren Vorgängern. (*Ibid.*, 40)

Die Ohnmacht, diesen Herausforderungen zu begegnen, hat den Liberalismus sowie einen großen Teil linkspolitischen Kritik überholt. Mit den Argumenten zur Anfechtung des Kapitalismus im 20. Jahrhundert scheint es unmöglich zu verstehen, wie er sich dank der massiven technologischen und soziokulturellen Innovationen verändert hat. Daher wird das politische Kritisieren für viele auch nicht von Bedeutung sein.

Trotzdem kann dieses kritische Erbe für die Ausarbeitung einiger Fragen nützlich sein: Hatten die Ungleichheit und die Vorherrschaft einiger Nationen und Gesellschaftsklassen über andere etwa nichts mit den Errungenschaften und den Fehlschlägen Ende des 20. Jahrhunderts zu tun? Handelte es sich dabei nur ein Problem des unzureichenden Verständnisses oder von Wissenslücken in der Gesellschaft? Ist eine Reduzierung der Widersprüche in Bezug auf die Kombination aus technischem und ökologischem Zusammenbruch möglich? Oder ist eine Diskussion um die Existenzberechtigung des neoliberalen Arbeitsmarkts unverzichtbar für ein Verständnis der aktuellen Prekarität unter jungen Menschen? Diese Frage gilt auch für die Unfähigkeit und die Gleichgültigkeit in Parteien oder Gewerkschaften zur Entwicklung alternativer Entwicklungspläne und zur Verteidigung der historischen Errungenschaft der Arbeiterschaft.

Als hätte Harari meine Randbemerkungen im ersten Kapitel erraten, so betitelt er einen seiner Absätze mit »Arbeit. Wenn du alt bist, kann es sein, dass du keine Arbeit mehr hast«. Die Bedrohung ergibt sich, so der Autor, nicht hauptsächlich aus der Tatsache, dass Millionen von Robotern und Computern Millionen von Arbeitnehmer ersetzen. Vielmehr wird das Individuum durch ein integriertes Netzwerk ersetzt. Ein solches Netzwerk hat offensichtlich größere Leistungskapazitäten als eine Gruppe von Personen. Zum Beispiel haben selbstfahrende Autos, die über Algorithmen gesteuert werden, ein niedrigeres Unfallrisiko. »Und wenn das Verkehrsministerium beschließt, irgendeine Verkehrsregel zu ändern, lassen sich alle selbstfahrenden Autos problemlos zum genau selben Zeitpunkt updaten, und sofern sich kein Programmfehler einschleicht, werden sie alle die neue Regel haargenau befolgen.« (*Ibid.*, 47). Die durch menschliches Versagen verursachte Sterblichkeitsrate wird also reduziert, wie etwa wenn ein Autofahrer betrunken am Steuer sitzt oder beim Fahren eine WhatsApp-Nachricht schreibt. »Autonome Fahrzeuge werden so etwas niemals tun.«

Diejenigen von uns, die sich nicht vor jeder Autofahrt betrinken, aber dafür täglich beim Gebrauch des Computers von Nachrichten und Anzeigen auf dem Bildschirm überflutet werden, in denen von Spionen und Whistleblowern berichtet wird, können nicht aufhören, sich die Frage zu stellen, wer für Internetviren verantwortlich ist und wer heimlich unsere Nachrichten liest, um unser Wahlverhalten zu manipulieren. Wer spioniert unsere Reisepläne aus, um uns dann Ferienangebote zu empfehlen, nach denen wir in der Form gar nicht gesucht haben? Könnte auch die willkürliche Manipulation autonomer Fahrzeuge möglich sein, sobald sie einmal verbreitet sind?

Harari hatte uns in seinem Buch *Homo Deus* dargelegt, dass Kriege in Zukunft logisch und biologisch ablaufen werden, statt zwischen Militäreinheiten. Warum gestehen wir uns dann nicht ein, dass es für eine ausländische Macht oder eine Elite attraktiv sein könnte, unerwünschte Sektoren auszulöschen oder die Wirtschaft eines anderen Landes absichtlich zusammenbrechen zu lassen, indem sie Gesundheitssysteme mit Viren belasten oder Transportsysteme angreifen?

Wenn sich Technikfans eine Zukunft vorstellen, in der der Mensch durch den Roboter ersetzt wird, dann sprechen sie von mehr Zeit für Kreativität im Leben. Was die Aktivisten betrifft, die ihre kreative Erfindung für Hackerangriffe auf Unterdrücker nutzen, so werden sie von Harari entmutigt: Er argumentiert, das die Kreativität der Automatisierung wenig entgegenzusetzen hat: Wir brauchen keine Menschen, die uns CDs verkaufen, wenn wir sie uns auf iTunes herunterladen können. Aber braucht es nicht Produzenten und Sänger, die unterschiedliche Interpretationen darbieten und sich am Publikum orientieren?

> Schließlich sind Emotionen nicht irgendein geheimnisvolles Phänomen [...]. In nicht allzu ferner Zukunft könnte ein maschinell lernender Algorithmus die biometrischen Daten analysieren, die ihm von Sensoren auf und in unserem Körper zufließen, er könnte unseren Persönlichkeitstyp und unsere wechselnden Gemütslagen bestimmen, und er könnte berechnen, welche emotionale Wirkung ein bestimmtes Lied – ja sogar eine bestimmte Tonart – mit hoher Wahrscheinlichkeit auf uns hat. (*Ibid.*, 51)

Im Handumdrehen werden wir beruhigt. Der Verlust von Arbeitsplätzen, auch in der Kulturbranche, würde durch die Schaffung neuer Arbeitsplätze kompensiert. Die künstliche medizinische Intelligenz wird zukünftig für die Diagnose von Krankheiten zuständig sein und Behandlungen verschreiben. Oft heißt es dann optimistisch: »Aber allein deshalb wird mehr Geld für menschliche Ärzte und Laborassistenten übrigbleiben, sodass sie besser bezahlt werden und mehr Zeit für die Spitzenforschung haben. Durch sie werden sie wichtige wissenschaftliche Erkenntnisse erhalten, neue Medikamente entwickeln und chirurgische Eingriffe perfektionieren.«

Harari betont durch solche Annahme und im Verlauf seiner Bücher insgesamt sein allgemeines Vertrauen in die Menschheit, deren angebliches Ziel der kollektiven Verbesserung auf gleichberechtigter Basis durch algorithmische System besser erreicht werden könne. Dabei wird jedoch vollkommen vergessen, dass die medizinische Forschung einer von Unternehmen beherrschten Logik folgt. Sie setzt einen Hauptfokus auf die Herstellung von Medikamenten und deren Vertrieb und ihre Expansion wird vom Gewinn angetrieben. Infolgedessen ziehen Unternehmen bestimmte Forschungsthemen und deren Finanzierung vor. Sie organisieren Krankenhäuser und Labore entsprechend ihren Interessen und fördern unnötige Überweisungen und Gesundheitstests, die vor allem der Gewinnsteigerung dienen. Die Angabe von medizinisch nicht notwendigen Tests und nutzlosen Ausgaben seitens der Ärzte korreliert mit Auszeichnungen und personellen Beförderungen und Herabstufungen, die Ärzte für ihren Beitrag zum Profit der Privatunternehmen erhalten. In manchen Ländern ist dies noch nicht der Fall; dort erhalten öffentliche Krankenhäuser ihren Sinn als soziale Dienstleistung als Teil der staatlich finanzierten Wohlfahrt noch aufrecht.

Dieser ganze Prozess der logischen und biologischen Auseinandersetzungen, den Harari ankündigt, ist während der Pandemie im Jahr 2020 mit einer erstaunlichen Geschwindigkeit dabei, zur Realität zu werden. Die aktuellen Auswirkungen sind noch beunruhigender als die, die er in seinen Veröffentlichungen vorausgesagt hatte. Was bedeutet das für die Bürger, die einer Ausgangssperre unterliegen? In der aktuellen Lage wird die öffentliche Kommunikation zunehmend in den virtuellen Raum verlegt, und die Hermetik des Wissens und der Entscheidungsfindung über das Zusammenleben liegen in der Hand des Staates und großer Unternehmen.

Die Pandemie scheint die feierliche Phase der Globalisierung zu beenden. Die schleichende Ausbreitung des Virus erreicht ein Ausmaß, das vorherige Risiken eines wirtschaftlichen und sozialen Kontrollverlusts übertrifft. Die Unfähigkeit internationaler Gremien wie der UN und der WHO zum Regieren zeigt sich erneut.

Das, was wir in letzter Zeit zu hören bekommen, ermutigt uns nicht zum gemeinsamen Organisieren. Vielmehr werden unsere Ängste »gebündelt.« Die sozialen Netzwerke lassen uns manchmal einen Hauch von Gemeinschaft spüren und konstruieren eine Art nachbarschaftliche Solidarität zwischen Freunden oder Kollegen, aber sie fordern von uns – genau wie unsere Ängste –, dass wir uns voneinander abgrenzen: jeder in seinem Land, in seiner Stadt, in seinem Zuhause. Die Weise, auf die sich der Widerstand und die technologischen Mittel zur sozialen Kontrolle vor und während der Pandemie entwickelt haben, wirft Zweifel auf: Wird das aktuelle Experiment der Massentelefonie über Zoom und der Isolation dazu beitragen, dass Proteste von China bis Chile auf lange Sicht gedrosselt werden, oder können diese neuen Erscheinungen zur Stärkung von Bürgerbewegungen genutzt werden?

Diese Ungewissheit über das, was kommt, wird allerdings durch eine vorläufige Frage bedingt: Können wir der Zukunft vorbeugen, auch wenn wir das Rätsel über die Herkunft von COVID-19 nicht auflösen? Es gibt zwei Spekulationsmöglichkeiten über die Entstehung des Virus: Erstens, es ist durch eine Mutation zwischen Tier und Mensch entstanden; Zweitens, es ist durch eine chinesische Verschwörung entstanden, die den Westen zerstören und die amerikanische Hegemonie stürzen will. Es gibt keine ausreichenden Daten, die eine der beiden Hypothese unabhängig von politischen Überzeugungen oder Ängsten beweisen kann, oder die sie endgültig verwerfen. Aber die Frage nach seinem Ursprung, die auf Zoom oder in den Nachrichten fast nicht auftaucht, bleibt in unseren Köpfen. Selbst wenn ein Impfstoff für die verschiedenen COVID-Erkrankungen gefunden wird und jährlich welche, wie bei der Grippe schon der Fall, für kommende Virusformen entwickelt werden, so werden uns diese beiden anhaltenden Spekulationen über seine Herkunft in weltweite gefährliche Situationen bringen:

Wie ändern wir die Beziehung zwischen Menschen und Tieren, oder auch zwischen uns Menschen, um uns selbst zu schützen? Was ist z.B. mit Massenansammlungen in öffentlichen Transportmitteln, auf Lebensmittelmärkten, in Sportstadien, auf Festivals und öffentlichen Festen, bei denen Touristen anwesend sind?

Die Komplotte zwischen einem Staat gegen einen anderen und die Konkurrenz zwischen Tech-Firmen zur Ausspionierung und Unterjochung ganzer Gesellschaften müssen ein Ende haben. Eine solche Realität ist untragbar, solange es keine weltweite Gouvernementalität gibt, die innerhalb der transnationalen Interaktionen einen Rahmen für Transparenz und umsetzbare Regeln schafft. Die systematische Erfassung massiver Informationen durch Google, Facebook, Zoom und andere Konzerne sowie deren undemokratische Verwendung vor und nach der Pandemie werfen die Gefahr neuer Kriege auf, die über Cyberattacken und biologische Angriffe geführt würden.

Es gibt noch eine dritte Spekulation über die Entstehung des Coronaviruses. Sie geht davon aus, es habe sich um einen biologischen Unfall gehandelt. Dieser sei allerdings von Regierungen und transnationalen Unternehmen herbeigeführt worden, um in der Zwischenzeit Strategien für einen veränderten Umgang mit dem Verhältnis zwischen wirtschaftlichen, politischen und kulturellen Dynamiken, und der Koexistenz verschiedener Nationen, Ethnien und sozialer Klassen zu entwerfen.

Jede Zukunftsplanung oder -prognose wird von Unsicherheit geprägt sein, wenn wir das aggressive Potenzial der Verantwortlichen ignorieren, die diese extrem prekären Zustände handhaben. Kann der Stamm des Virus modifiziert werden? Wie werden große Tech-Unternehmen in den Diensten einflussreicher Länder – Google und Facebook für die USA, Huawei für China – die algorithmische und die computerbasierte Intelligenz nutzen, um unser Verhalten vorherzusagen, Gefahren zu maximieren, Ge-

biete unseres Planeten und deren Bevölkerung zu zerstören, und um uns schrittweise und massiv krank zu machen?

Künstliche Intelligenz aus der Perspektive des Globalen Südens

In den lateinamerikanischen Ländern, wo einer der Gründe für die politische Unzufriedenheit das Defizit oder die Reduzierung der sozialen Dienstleistungen ist, können nur wenige von der Vorstellung angetan sein, dass Krankenhäuser immer häufiger computerisiert werden und Untersuchungsergebnisse nicht mehr von den Ärzten erklärt werden. Der Stoffwechsel, der Körperfett- und Muskelanteil und die Knochenmasse werden schon heute nach Klassifikationen der Weltgesundheitsorganisation (WHO) statistisch miteinander in Verbindung gesetzt. Eine mexikanische Anthropologin, die sich mit der Gesundheitsfürsorge und der Vernachlässigung marginalisierter Bevölkerungsgruppen befasst, kommentierte hierzu folgendes: Wenn die Kosten für eine Mammographie oder Herz-Kreislauf-Checks unbezahlbar werden, schrauben Tausende von Kranken ihre Ansprüche auf eine leicht zugängliche Gesundheitsversorgung ohne eine Behandlung von Spezialisten herunter, bis hin zum zwangsläufigen Verzicht auf einen Besuch beim Allgemeinarzt.

Sähe das anders aus, wenn algorithmische Systeme für Diagnostik und Medikation zuständig wären? Ist es wahr, dass die Verzerrungen und Ungleichheiten, wie Harari vorhersagt, dann allmählich überwunden werden und wir Arbeitnehmer und Bürger »weniger gegen ihre Ausbeutung als vielmehr gegen ihre Bedeutungslosigkeit kämpfen müssen«? (Ibid., 56). Die Bedeutungslosigkeit bezieht sich in dem Fall auf die Möglichkeit, am Arbeitsplatz nicht mehr gebraucht zu werden, bis hin zum Verschwinden der eigenen Tätigkeit.

Einige Unternehmen beziehen *offene Innovationsinitiativen* in ihre Produktionspolitik ein, indem sie mehr Teilhabe durch Konnektivität und künstliche Intelligenz zwecks des Anwerbens kreativer Vorschläge von Nutzern propagieren. Mehrere europäische und lateinamerikanische Studien hierzu zeigen, dass die vermeintlich positiven Eigenschaften des Internets zweifelhaft sind: Angeblich repräsentiere es »das gemeinsame und globale Eigentum der kollektiven Intelligenz« (Moulier 2007, 26). Diese Annahme erhalten Unternehmen aufrecht, indem sie Verbraucher und Nutzer zur Teilnahme an dieser seligen Symbiose aufrufen. Das so genannte *Crowdsourcing* kann in Blogs, YouTube-Videos und in sozialen Netzwerken eingesetzt werden: demnach wären die Basisarbeitskräfte der Unternehmen keine Proletarier mehr, die Aufgaben nach zeitlichen Vorgaben erfüllen sollen, um die Erfindungen aus den höheren Abteilungen auszuführen. Ebenso verhält es sich mit dem einfachen Verbraucher oder Käufer von Produkten. Er gibt Informationen frei und erbringt Leistungen, und liefert den Unternehmen damit kreative Beiträge. Die Unternehmen filtern daraus die besten Innovationen. Sie kodifizieren die Daten und Ideen, und treffen dann Entscheidungen und eine Auswahl über die Umwandlung bestimmter Ideen zur Marktintervention.

Carmen Bueno Castellanos findet in diesen Akkumulationsstrategien durch Innovation die Umsetzung dessen wieder, was David Harvey (2005) als »Akkumulation durch Enteignung« bezeichnet. Sie gliedert sich in drei Phasen: erstens Konzeption kreativer Ideen; zweitens die Projektphase (im Sinne einer Ideenevolution mit dem Entwurf des Prototyps, dem Testen von Innovationen und der Formulierung eines Geschäftsplans); drittens die Inbetriebnahme (inklusive Gewichtung der Durchführbarkeit der Projekte nach ihren Nanorisiken und der Positionierung in der Markt- und Technologiekomplexität).

Bueno hat zwei Fälle untersucht, in denen diese Strategie aufging. Das Fiat-Werk in Brasilien startete 2009 einen Aufruf zur Einreichung von Vorschlägen für »ein kompaktes und wendiges, komfortables und sicheres Auto […] für den Verkehr in Großstädten, mit einem schadstofffreien Motor und einer Kapazität für personalisierte Anpassungen für mögliche Schnittstellen zwischen dem Auto und dem Nutzer« (Bueno 2018, 59). Stolze 17.000 Teilnehmer unterbreiteten 11.000 Vorschläge, von denen es sechs in die Projektphase schafften: Reifen mit 90-Grad-Drehung fürs erleichterte Einparken, Kameras als Seitenspiegelersatz, und Kommunikationstools zwischen Fahrzeugen zur Vermeidung von Unfällen. Die Autorin betont, dass die breite öffentliche Resonanz in den Medien als Erfolg gewertet wurde, ebenso wie der Aufbau eines Images der Zusammenarbeit und Integration der Firma mit den so genannten »kreativen Gemeinschaften«. Was zu keinem Zeitpunkt bekanntgegeben wurde, waren die wertbasierten Prozesse innerhalb der Sondierungsphase, das heißt die Abstimmung technischer und geschäftlicher Anteile oder die Zusammenarbeit mit den Lieferanten.

Das zweite Beispiel ist der Aufruf unter dem Motto »Werde unser nächster Geschäftspartner« (*Ibid.*, 62) der Firma Procter & Gamble, die Reinigungs- und Körperpflegeprodukte vermarktet. Das explizite Ziel des Unternehmens ist, innovative Vorschläge zu erhalten und gleichzeitig deren Weiterentwicklung innerhalb des Unternehmens zu begleiten. Dies erfolgt über so genanntes »Talent-Scouting«, also dem Rekrutieren kreativer Köpfe. Dabei wird die kreative Idee mit Lobbyarbeit innerhalb der Firma verbunden und »Mentoren« setzen sich mit den Bewerbern zur konzeptuellen Entwicklung in der Projektphase in Verbindung. Indem die Firmen den ideellen Vorschlägen der Ideenschöpfer folgen, erlauben sie sich im Gegenzug, keine Hinweise auf die wirtschaftlichen Interessen der Teilnehmer oder des Unternehmens zu kommunizieren, das auf diese Weise Kosten einspart. Die Techniken, unter denen die Marke ihre Nähe zum Verbraucher verkörpert, bleiben somit unsichtbar und versteckt.

Die »Arbeit organisiert und reguliert sich selbst ohne jeglichen Eingriff von Arbeitsbeziehungen -oder Verpflichtungsverhältnissen« (*Ibid.*, 66). Die Ethnographie des Produktionsprozesses zeigte jedoch die Entscheidungs-, Auswahl-, und Kontrollfunktionen des Unternehmens auf, wie am Beispiel der Mentoren als organisierende und ordnende Subjekte deutlich wird. Die Enteignung des von den Verbrauchern eingebrachten ideellen Wertes wird versteckt und als Freizeitbeschäftigung tituliert. Deshalb kann die Teilhabe der Nutzer als *einvernehmliche Selbstausbeutung* begriffen werden.

Die Rolle der Subjekte verschwimmt: Das gilt für diejenigen, die extern und gratis mit Unternehmen kooperieren und für diejenigen, die dem Unternehmen intern als Subjekt unter Mitverantwortung für die wirtschaftliche Ausbeutung zur Verfügung stehen, sowie für Mitarbeiter, die Talente oder Mentoren suchen. Sie alle sind Teil eines sich scheinbar selbstorganisierenden Prozesses, der als soziale und wirtschaftliche Interaktion getarnt ist. Ein Raum der vermeintlichen Öffnung, der frei von Hierarchien sein soll, erweist sich bei genauer Betrachtung doch als hierarchisch. Er untersteht weiterhin den hierarchisierten Entscheidungen der Firmen, die die Daten, ihren Gebrauch und die Inanspruchnahme von Leistungen kontrollieren.

Es scheint mir, dass diese wichtige Analyse dieses offenen Innovationsprozesses offen auf Elemente hindeutet, die zu einer Nichtvereinbarkeit mit einer der Schlussfolgerungen führen. Carmen Bueno argumentiert, dass offene Innovation in der Phase der Ideenkonzeption integrativ und demokratisch sei, und dass sich danach das Tor schließe und die Massenbeteiligung der »Prosumenten« unterbreche, um zu Enteignungsprozessen kreativer Vorschläge überzugehen. In Übereinstimmung mit dieser Ethnographie und mit derjenigen, die in der Studie zu kreativschaffenden Jugendlichen und Trendsettern in Mexiko-Stadt und Madrid (García Canclini, Cruces und Urteaga 2012) verwendet wurde, könnten wir argumentieren, dass die Enteignung der Kreativität mit dem geplanten, massiv verbreiteten Aufruf beginnt, und mit der Gewissheit verfährt, dass ein Großteil der eingebrachten Vorschläge wieder aussortiert wird. Trotz des offenen Aspekts der Einladung zur Innovation gibt es planmäßige Ausschlussverfahren, die von Anfang an feststehen. Der ganze Prozess ist vom Gewinn des Arbeitswerts der innovativen Schöpfer durchzogen, und damit auch von deren Selbstausbeutung.

Die Analyse von Carmen Bueno trägt zu einer Unterscheidung zwischen den Formen der Wertaneignung auf verschiedenen Etappen und zwischen den Zielen der Unternehmen bei. Harari, sowie im Allgemeinen die Befürworter der kommerziellen Nutzung der künstlichen Intelligenz, übersehen die ungleiche Verteilung des wirtschaftlichen und symbolischen Wertes sowohl in der Kultur-, als auch in der Kommunikationsbranche. Der Autor der *21 Lektionen für das 21. Jahrhundert* argumentiert, dass »in der Werbebranche [...] der wichtigste aller Kunden ein Algorithmus [sei]: der Suchmaschinenalgorithmus von Google. Wenn Menschen Webseiten entwerfen, dann orientieren sie sich häufig an den Vorlieben des Google'schen Suchalgorithmus, und nicht an denen irgendeines Menschen« (Harari 2018, 65).

Der Algorithmus denkt und entscheidet also nicht nur (besser als wir), sondern er hat auch Vorlieben. Es ist kaum zu glauben, dass Harari nicht erwähnt, dass es sich bei Google abgesehen von einem Suchalgorithmus um eine verurteilte Firma handelt, die für die Simulation von Daten und Meinungen und wegen Steuerhinterziehung und Wettbewerbsverzerrung belangt wurde. Wir haben es mit einem seltsamen kollektiven Subjekt zu tun, das seine »Gedanken« und Vorlieben, sowie seine Komplizenschaft mit politischen und wirtschaftlichen Akteuren, ob legal oder illegal, versteckt hält. Google behauptet, zum Wohle seiner Nutzer zu handeln. Es benutzt aber unsere Daten, um seine diversen Anwendungen mit ihnen zu füttern und die Macht seiner Investitionen zu erhöhen – weshalb wir möglicherweise auch von künstlichen Intelligenzen im Plural sprechen sollten.

Die neue »Macht der Big-Data-Algorithmen« (*Ibid.*, 78), die die individuelle Freiheit und den freien Willen relativiert, beseitigt weder die soziale Konditionierung, noch die wirtschaftlichen oder politischen Dispute oder Interaktionen, die nur teilweise computergesteuert kontrollierbar sind. Harari hegt die enthusiastische Vorstellung, dass Freunde sich zum Filmabend treffen und aus Tausenden von Titeln den Film auswählen, der vom Algorithmus unter der Angleichung ihrer verschiedenen Vorlieben als Vorschlag ausgerechnet wird. Wenn die biometrischen Sensoren Emotionen erkennen und unsere Augenbewegung und Gesichtsmimik nachverfolgen und einfangen können, und jedes in der Vergangenheit entstandene Einzelbild auf eine bestimmte Art die Herzfrequenz und die Hirnaktivität von uns allen beeinflusst hat, wird Netflix uns irgendwann immer den passenden Film vorschlagen.

Wie Harari einräumt, wird sich der Algorithmus auch irren, und zwar aufgrund »des chaotischen Charakters des Lebens«. Dennoch wird er einen entscheidenden Einfluss darauf haben, »was man studiert, wo man arbeitet und wen man heiratet« (*Ibid.*, 74). Genauso wie wir heute nicht mehr im Lexikon nach Informationen suchen, sondern googeln, verlassen wir uns zunehmend auf makrodatenbasierte Algorithmen und begreifen das Universum als Datensatz, anstatt als »Spielfeld autonomer Individuen« (*Ibid.*, 90). Das schließt nicht aus, dass einige Ingenieure im Technologiebereich ihre unbewussten Vorurteile in das Programm einfließen lassen, aber »[es ist] vermutlich deutlich einfacher, die Fehler in der Software zu beseitigen, als Menschen ihre rassistischen und frauenfeindlichen Vorurteile auszutreiben« (*Ibid.*, 96). Harari nimmt an, dass diese gründliche Kenntnis der Privatsphäre der Bürger durch autoritäre Machthaber, Ökonomen, Bankiers und Geschäftsleuten ausgenutzt werden kann, die früher die einstellbaren Funktionen mitgestalteten. Zwei gute Nachrichten sind andererseits, dass die Algorithmen in der Lage sein werden, diese einseitigen Konditionierungen zu korrigieren und dass es wahrscheinlich ist, dass die Algorithmen beginnen werden, sie bewusst zu manipulieren. Er stellt diesbezüglich klar, dass man Intelligenz und Bewusstsein nicht verdrehen dürfe, wie es bei Science-Fiction der Fall sei.

»Intelligenz ist die Fähigkeit, Probleme zu lösen. Bewusstsein ist die Fähigkeit, Dinge wie Schmerz, Freude, Liebe und Wut zu empfinden. Wir vermischen beides gerne, denn bei den Menschen und anderen Säugetieren geht Intelligenz mit Bewusstsein einher. Säugetiere lösen die meisten Probleme, indem sie Dinge empfinden« (*Ibid.*, 107). Lassen wir einmal das Unbehagen beiseite, das beim Akzeptieren dieser groben psychologischen Annahme aufkommt. Haben wir nicht gelernt, dass die künstliche Intelligenz auch unsere Emotionen erfassen kann und dass Bots sich immer häufiger unserer emotionalen Ventile bedienen werden, um uns Autos oder Politiker anzudrehen? Harari merkt an, dass wir sicherlich nicht nur in die Verbesserung der künstlichen Intelligenz, sondern vor allem in die Förderung des menschlichen Bewusstseins investieren müssen.

Ich schlage vor, diese Unsicherheiten aus einer Perspektive zu betrachten, die näher an das herankommt, was die Bürger in den letzten Jahren in den Nachrichten lesen. In vielen Ländern zeigt die Mehrheit der Bevölkerung durch ihr frustriertes Wahlverhalten, dass das neoliberale Denken sowohl in

Bezug auf die wirtschaftliche Planung, als auch auf die sozialen Auswirkungen ein völliges Fiasko war. Ein Großteil dieser Entscheidungen wird durch den Einsatz von Umfragen und Statistiken gerechtfertigt. In diesen Umfragen wird häufig schon anhand der Fragestellung, den Schlussfolgerungen und den Empfehlungen in eine bestimmte Richtung gelenkt, um die Wirtschaftsreformen und die Entrechtung der Bürger anschließend zu verstärken. Die Art des Untersuchens in diesen Umfragen war schon von Beginn an von der impliziten Theorie des Sozialen aus der Chicagoer Schule voreingenommen, was anhand der Vorrangstellung der Finanzlogik über wirtschaftliche, politische und kulturelle Belange deutlich wird. Dabei geht es mehr um das Gleichgewicht zwischen Importen, Exporten und Investitionen, als um das menschliche Gemeinwohl. Folglich wächst die Unzufriedenheit. Die egozentrische Dynamik des Neoliberalismus und dessen verschlossene Augen gegenüber soziokulturellen Prozessen, wie etwa der Anstieg an informellen und illegalen »Alternativen«, schließt verschiedene Konflikte aus dessen Blickfeld aus. Diese Konflikte machen heute viele Gesellschaften unregierbar. Ende Januar 2019 äußerte Moisés Naím, ein konservativer Experte in Geopolitik, seine Besorgnis:

> Die Regierung der Supermacht befindet sich im Stillstand [damit bezieht er sich auf die Isolierung der US-amerikanischen Regierung unter der Verordnung von Trump einen Monat zuvor als Protestreaktion auf die Absage der Finanzierung einer Grenzmauer zu Mexiko]. Die Regierung der ehemaligen Supermacht Großbritannien hat sich nach einer Reihe von Eigentoren quasi selbst paralysiert. Angela Merkel, die bis vor ein paar Jahren noch als die einflussreichste europäische Figur in der Politik galt, tritt bald den Ruhestand an. Ihr französischer Kollege Macron steht vor einem überraschenden sozialen Umbruch, angeführt von den inzwischen berühmten Gelbwesten. Italien, mit der siebtgrößten Wirtschaft weltweit, wird von einer Koalition regiert, deren Anführer gegensätzliche Ideologien haben und deren Stellungnahmen uns so ratlos zurücklassen, dass wir nicht wissen, ob uns zum Lachen oder Weinen zumute ist. Italien ist ein Labor bei der Frage wie man lebt, wenn eine unfähige Regierung bis an die äußersten Grenzen geht. Der Regierungschef in Spanien tritt sein Amt nicht aus dem Grund an, dass seine eigene Partei eine parlamentarische Mehrheit hat, sondern weil er den Posten dank eines langwierigen Gesetzgebungsverfahrens erhalten hat. Der Premierminister Israels, der einzigen Demokratie im Nahen Osten, wird von Polizeibehörden der Korruption, des Wahlbetrugs und mit anderen Vorwür-

> fen beschuldigt. In den nächsten Monaten wird Benjamin Netanyahu entweder als Premierminister wiedergewählt, oder er wandert ins Gefängnis. In all diesen Gesellschaften scheint es, als litt die Gesellschaft an einer politischen Autoimmunkrankheit: ein Teil von ihr befindet sich im Kriegszustand mit dem Rest des sozialen Körpers. Die Polarisierung der Gesellschaft, und damit auch der Politik, sind der gemeinsame Faktor und das Charakteristikum dieser Zeit. Das soll nicht heißen, dass es vorher keine Polarisierung gab. Aber die Ausnahmesituation der Paralyse und des Regierungschaos, die dadurch provoziert wird, ist zur Norm geworden (Naím 2018).

Zwar ist dieses Zitat lang. Es könnte aber noch länger werden, wenn wir weitere Weltregionen hinzufügen und den Blick nicht nur auf die Eliten, sondern konkret darauf richten, was in den Gesellschaften abläuft:

- Migrationsbewegungen aus Afrika scheitern im Mittelmeer, wo Tausende von Menschen ertrinken. Es gibt regelrechte Migranten-Karawanen. Sie riskieren ihr Leben für eine Zukunft an einem unbestimmten, neuen Ort, weil ein Leben in ihren Heimatländern immer unmöglicher wird. Viele Venezolaner, Honduraner und Salvadorianer haben dies bereits erfahren müssen.
- Der Anstieg des Informellen oder der völligen Illegalität, welche Globalisierungsprozesse durch das Vordringen krimineller Ökonomien weiter angreifen. Dies führt zur Entglobalisierung, nationalistischen Gesinnungen und Fremdenfeindlichkeit. Das soziale, politische und kulturelle Miteinander wird dadurch unmöglich.
- Die kriminellen Nutzungsweisen des Internets in Bezug auf das Konsum- und Kaufverhalten, zum Beispiel durch die gezielte Verbreitung von Falschinformationen, den Verkauf gestohlener Ware und die Vernetzung massiver Menschengruppen in sozialen Netzwerken, die das Soziale eigentlich zersetzen.
- Die unkontrollierte Existenz und Expansion krimineller Netzwerke, die gestohlene Daten von unseren Computern und Mobiltelefonen missbrauchen und sie algorithmisch artikulieren, um uns Verbraucher und Bürger immer weiter zu entmündigen. Diese Gruppen bereiten sich auf Polizei- und Militärrazzien vor, die eigentlich die Plünderungen und Gewaltakte dieser Organisationen verhindern oder ahnden sollen.

Diese Beispiele widerlegen ganz klar die angebliche Neutralität der Algorithmen. Dass sie nutzerunabhängig, rational planmäßig und unidirektional in Richtung Zukunft agieren, ist nicht wahr. Warum ist es notwendig, auf eine solche Idealisierung der digitalen Macht in der Gesellschaftsorganisation zurückzugreifen? Dies ignoriert die politische Dimension der destruktiven Prozesse, in denen um die soziale Kontrolle gerungen wird. Hararis Kritik an der Illusion des freien Willens des Individuums und an der voluntaristischen Überbewertung der kollektiven Subjekte, der Revolutionäre und der Dissidenten, ist angebracht. Zwar erkennt Harari die modellgebende Rolle der Ökonomen, Banker und Unternehmer bei der Gestaltung der Gesellschaft. Gleichweg müssen aber deren soziale Rolle und die nicht-mathematisierten Dynamiken in ihren Interaktionen und Auseinandersetzungen betrachtet werden. Wohin führt uns die Vorstellung des allmächtigen biotechnologischen Empowerments, welches die von Eliten getroffenen Entscheidungen – einschließlich die der GAFA – außer Acht lässt? Sie dienen zu deren Selbstbereicherung und ignorieren die Bedürfnisse der Mehrheitsbevölkerung.

Eine Besonderheit der Perspektive des globalen Südens ist laut Raúl Trejo, dass dort »niemand allein anhand von Daten regiert. Zwar sind Algorithmen eine Machtquelle, aber sie müssen mit anderen Arten der Machtbildung kombiniert werden«. Die Migrationskrise, die Korrosion zwischen Informalität und Illegalität, die kriminelle Nutzung des Internets und die mangelnde Kontrolle über die Machenschaften krimineller Vereinigungen in Lateinamerika zeigen anschaulicher als die meisten OECD-Länder, dass die positiven Seiten der Algorithmen mit ihren negativen koexistieren. Sie dienen dann nicht nur zur Unterdrückung von Migranten und stärken kriminelle Machenschaften, sondern erweitern auch den Informations- und Diskussionshorizont, das heißt Räume der Partizipation.

Die Unterscheidung zwischen Intelligenz und Bewusstsein schmälert keinesfalls die Naivität in Hararis Sichtweise. Er stellt rationale und sentimentale Entscheidungen strikt gegenüber. Seit der Entstehung der Psychoanalyse, und neuerdings der Anthropologie der Emotionen und der Affektivität, wissen wir, dass sich das Bewusstsein nicht im rationalen Sinn den Gefühlen, sondern dem Unbewussten widersetzt. Seit dem Strukturalismus (dessen genaue Rolle später diskutiert wird) ist uns klar, dass es verschiedene Logiken der Vernunft, der Gefühle und von deren Darstellungen in Mythen gibt: In diesem Zusammenhang denken wir zuerst an Symbole, auch wenn diese den eigentlichen Sinn verbergen. Das gilt vor allem für das Subjekt selbst oder für die Gemeinschaft, die mit euphemistischen Symbolkonstruktionen bequem lebt, und Unterschiede und Widersprüche immer seltener sieht. Alles aus dem symbolischen Leben und aus der Logik der Zeichen und der Symbole ist mit unserem Bewusstsein verknüpft, sowie mit der familiären und sozialen Konditionierung. Sie lehren uns bestimmte Verhaltensweisen.

Bis zum Schluss beharrt Harari in *21 Lektionen für das 21. Jahrhundert* auf der Unterscheidung zwischen dem *Gehirn*, das er als »ein materielles Netzwerk aus Nervenzellen, Synapsen und biochemischen Stoffen« bezeichnet, und dem *Geist*, der für ihn »ein Fluss subjektiver Erfahrungen wie Schmerz, Freude, Wut und Liebe« ist (Harari 2018, 410). Laut dem Autor sind wir mit unseren wissenschaftlichen Erkenntnissen über das menschliche Gehirn dank Mikroskopen, Gehirnscans und leistungsstarken Computern schnell vorangeschritten. Jedoch ermöglichen diese Geräte nur begrenzt Zugang zu den im Geist erlebten Zuständen. Harari erkennt diesbezüglich den Beitrag der qualitativen Beobachtungen aus der Anthropologie an. Gleichzeitig urteilt er aber, dass wir nur unseren eigenen Geist wirklich kennenlernen können. Die Aussagen Dritter seien immer Daten aus zweiter Hand. Besser seien hingegen Methoden der Selbsterkenntnis, darunter das Meditieren. Seitdem er zwei Stunden täglich mit der Vipassana-Technik meditiert, habe sich Hararis Leben laut seiner eigenen Aussage verändert. Jedes Jahr zieht er sich für zwei Monate zurück, um sich erneut klarzumachen, dass er »nicht der Vorstandsvorsitzende seiner Existenz [ist] […], ja, noch nicht einmal der Pförtner«. Damit spielt er auf die Notwendigkeit an, den eigenen Atemvorgang nachzuvollziehen und wahrzunehmen, wie die Luft in den Körper aufgenommen wird und wieder hinausfließt.

Es besteht kein Anlass, den persönlichen Nutzen des Meditierens zu bezweifeln, auch wenn es sich um Daten aus zweiter Hand handelt. Trotzdem verblüfft es mich, dass eins der radikalsten und kritischsten Bücher über die Spielräume der Biotechnologie und deren Ziel der Erfassung unserer intimsten Gedanken und Wünsche, sowie der Beeinflussung tausender individueller Verhaltensweisen weltweit, es nicht schafft, über diese angebliche Schlüsselwirkung des Meditierens hinauszukommen. Hararis Buch gesteht nicht ein, dass wir eben nicht Herr über unser eigenes Leben sind. Nach 346 Seiten über zahlreiche zeitgenössische Konflikte und mehr als 30 Seiten enzyklopädischer Anmerkungen erwartet man als Leser eine komplexere Sicht auf die Interaktionen zwischen der digitalen Macht und den sozialen und interkulturellen Strukturen, sowie über das, was der Bereich der Hermeneutik und die Sozialanthropologie rund um die Themen Interkulturalität und Entglobalisierung lehren.

Die drängende Frage ist nicht, ob im Jahr 2050 Roboter die Weltherrschaft übernehmen und uns Menschen in Sachen Intelligenz überholen werden, oder ob man über algorithmische Formeln, die leistungsfähiger als unsere Gehirne sind, nur noch zwei Knöpfe zu unserer Unterwerfung drücken muss. Aktuell ist es tatsächlich viel wichtiger zu erkennen, dass Roboter schon jetzt Einfluss auf unser Kaufverhalten und unsere politische Überzeugung nehmen. Die Kernursache liegt aber nicht bei den autonomen Entscheidungen der Maschinen an sich, sondern an den willkürlichen Programmierungen, hinter denen echte Menschen stehen. Wenn wir wieder den Sinn der Staatsbürgerschaft erkennen wollen, dann müssen wir das zentrale Problem wieder betrachten, ohne die biotechnologischen Dilemmata zu ignorieren: Aus welchem Grund konzentriert sich die Kontrolle über diese Machtzusammenhänge in den Händen einiger weniger Regierungen und Unternehmen?

Die Frage, wofür sich die Algorithmen interessieren, ist unzureichend, wenn wir nicht darüber diskutieren, warum ein so kleiner Kreis an Menschen für ihre Programmierung und die Verwertung der Daten verantwortlich ist. Dieser Gedankengang zeigt uns schließlich, dass der Aufstieg der Algorithmen nicht zur Beseitigung der Ungleichheit und ihren Begleiterscheinungen führt.

Jenseits der Datenmonopolisierung

Wenn wir ehrlich sind, ignoriert Harari die Ungleichheit beim Zugang auf digitale Ressourcen nicht. Dem Thema »Gleichheit. Wem die Daten gehören, dem gehört die Zukunft.« widmet er ein ganzes Kapitel. Allerdings ist es, zusammen mit »Gemeinschaft«, »Gott« und »Gerechtigkeit«, mit jeweils sieben bis acht Seiten eins der kürzesten im Buch.

Er ist besorgt über die Ungleichheit, zögert aber bei der sozioökonomischen Frage: Stattdessen hält er sich an die Analyse der Datenkontrolle durch Minderheiten und überlegt, wie dadurch eine Spaltung der Gesellschaften in biologische Kasten oder verschiedene »Rassen« entstehen könnte. Die höchste Kaste würde sich laut seiner Annahme selbst isolieren, was ihren Handlungsspielraum noch unzugänglicher und unanfechtbarer machen würde, als in Zeiten des Kriegs und der politischen Abschottung. Ist eine Kontrolle dieser zunehmenden und irreversibel anmutenden Ungleichheit möglich? Der Historiker zeigt auf, dass das Eigentum der Daten ein entscheidender Faktor ist. Auffällig ist also, dass bei seinen Überlegungen die Bürger keine Rolle spielen. Vielmehr wägt er ab, ob man die Datenkontrolle besser den Regierungen oder den Unternehmen anzuvertrauen sollte.

Leichte Zweifel kommen ihm dann doch: Er schreibt, er »würde […] [seine] Daten lieber Mark Zuckerberg als Wladimir Putin anvertrauen (auch wenn der Skandal um Cambridge Analytica gezeigt hat, dass wir in dieser Frage möglicherweise gar keine Wahl mehr haben, da die Zuckerberg anvertrauten Daten möglicherweise doch irgendwann bei Putin landen).« (Harari 2018, 121).

Diese Alternative ändert sich angesichts zweier Ressourcen, die mehrere aktuelle Untersuchungen unterstreichen:

- Vermehrte Aufmerksamkeit auf die Ausweitung des Internets und der Netzwerke zur Vermeidung einer gänzlichen Auslöschung der Offlinezeit, in der die Nutzer leben.
- Angesichts der Verflechtung von Offline- und Onlineaktivitäten sollten wir unsere Aktivität in den Netzwerken so aufteilen, dass sie nicht zur Sucht werden, sondern dem Zweck des »Anschlusses an wertvolle Gemeinschaften« dienen und »unser soziales Gefüge stärken« können.

Diese zwei Ideen wurden bereits zuvor von diversen Autoren aufgegriffen. Sie stehen in Anführungszeichen, weil sie aus Mark Zuckerbergs Zeugenaussage zum Versprechen des Unternehmens Facebook stammen, zu einer globalen Community beizutragen. Facebook wurde damals von einem Skandal um gefährliche politische Auswirkungen – unter anderem während der US-Präsidentschaftswahl mit dem Sieg Donald Trumps – erschüttert. Dabei kam ans Licht, dass Daten für manipulative Zwecke verkauft wurden. Diese ab 2017 propagierte »Rekonversion« ist ins Schwanken geraten. Sie verliert zudem immer mehr an Glaubwürdigkeit, seitdem ähnliche Verstrickungen in den Genozid an den Rohingya-Muslimen in Myanmar, sowie der Handel mit privaten Nutzerdaten zwischen Facebook, Apple, Amazon, Microsoft, Netflix, Spotify, der russischen und italienischen Regierung und weiteren, noch unklaren Akteuren enthüllt wurden. In den USA äußern sowohl Demokraten, als auch Republikaner ihre Besorgnis, aber weigern sich – genau wie in der Diskussion um Waffen und andere riskante Ressourcen – die Notwendigkeit einer Regulierung offen anzusprechen und voranzutreiben. Jonas Kron, Vizepräsident der Vermögensverwaltung *Trillium Asset Management* und Besitzer stolzer 53.000 Facebook-Aktien weist jedoch darauf hin, dass »der Mangel an Überwachung in der Firma Facebook aufgrund der mangelnden Unabhängigkeit des Aufsichtsrats ein enormes Risiko für das Unternehmen, seine Investoren und die Demokratie« ist (García Vega 2019, 8).

Zuckerberg verspricht, seine Unternehmenskultur zu ändern und sensationalistische Inhalte durch den Algorithmus nicht zu begünstigen. Er will Videoformate und Innovationen und Bündnisse fördern, die Nutzer weiterhin an seine Marke binden. Er äußert sich übereinstimmend mit Harari in der Annahme, dass der Schlüssel zur Gemeinschaft in einer Änderung des Geschäftsmodells liegt. Diese Vorstellung wirkt äußerst merkwürdig, wenn wir sie zur Veranschaulichung auf die erweiterte Idee des Kommunitarismus anwenden: Sie besagt, dass »jeder, von feministischen Aktivistinnen bis zu islamistischen Fundamentalisten mit Community Building beschäftigt ist« (Harari 2018, 128).

Die Rebellion der Ausspionierten

In diesem Kapitel werde ich kurz die politischen Lektionen skizzieren, welche sich aus dem Niedergang der liberalen Aufklärung, der historischen Sozialismen, sowie der Populismen, oder kurz gesagt der politischen Rechten und Linken im klassischen Sinne, ergeben. Dabei konzentriere ich meine Analyse auf die Reaktionen der Bürger auf die Prekarität, die Algorithmen und deren Strippenzieher. In diesen Protesten definiert sich Staatsbürgerschaft in neuen Organisationsmodellen und anhand der Erschließung ihrer eigenen Grenzen neu und verleiht der Politik wieder einen bürgerrechtlichen Sinn.

Räume des Konfliktausbruchs

Wie wir bereits anhand der Jugendbewegungen als Reaktion auf den Tech-Kapitalismus sehen konnten, haben mit Blick auf die tatsächlichen Veränderungen utopische Vorstellungen bestand. Beispielsweise erscheint die Wall Street in ihrer grenzenlosen Wirkung einerseits als ein Ort, der schwer zu fassen und zu konfrontieren ist. Andererseits hat die Besetzung des Zucotti-Parks in New York City im September 2011 der Bewegung Occupy Wall Street ihren Namen gegeben. Und auch wenn die Kontrollpunkte und Absperrungen der Polizei und die Verhaftungen von Hunderten die Demonstration eindämmen konnten, gelang es ihnen nicht, die Ausweitung der Bewegung auf andere Stadtviertel, Universitäten und Gewerkschaften, sowie natürlich auf die soziodigitalen Netzwerke, zu verhindern.

Teil von Occupy Wall Street war ein Lernprozess, der anderen Bewegungen ähnelt und damit die Bedeutung des Begriffs »Besetzung« maßgeblich verändert hat. Es hat eine Sinnerweiterung der Okkupation im klassischen Sinne, beispielsweise beim Sturm auf den Winterpalast in St. Petersburg, und bei den Revolutionen in Havanna oder in Managua, stattgefunden. Rossana

Reguillo, die eine Ethnographie zu dem Prozess erstellt hat, wie New Yorkern ein neues Gefühl für ihren Ort und dessen zeitlichen Rahmen erlernten, verweist auf konzeptuelle und praktische Fortschritte. Sie erinnert sich an die Worte von Baki Youssoufou, einem in Afrika geborenen Aktivisten, zu dessen Teilnahme an der »Nuit Debout« in Paris:

> Bei Nuit Debout handelt es sich um keine Besetzung im klassischen Sinne, denn wir glauben, dass die Bewegungen von 2011 gerade *durch* Besetzungen unterbunden wurden. Das Problem entsteht, sobald du [den Raum] einnimmst: Die Polizei oder das Militär können dann immer kommen und dich vom Platz fegen. Als wir mit der Belegung des Platzes begannen, sagten wir uns: Wir werden hier keine Besetzung vorbereiten. Wir besetzen diesen Raum [Place de la République, Anm. d. Rede] nicht. Wir sind nur hier und nutzen den Raum, um Gespräche zu führen. Wir bilden keine Formationen, wir stellen keine Barrieren auf. [...] Dann weiß die Polizei nicht, was sie machen soll. Denn wenn sie ankommt, um die Menge aufzulösen, werden die Leute sie einfach durchlassen; als Teilnehmer der Nuit Debout reagieren wir gar nicht auf sie. Und wenn die Polizei dann abzieht, können wir einfach zurückkommen. Wir benutzen auch unsere Kommunikationsmöglichkeiten, also soziale Medien, um anderen mitzuteilen, wann wir uns an welchem Ort zur nächsten Versammlung treffen. Wir brauchen keinen speziell dafür vorbereiteten Ort. (Reguillo 2017, 73)

Zentrale Plätze haben weiterhin eine wichtige Bedeutung für die Verdichtung multilokaler, bewegter und zirkulierender Praktiken. Diejenigen, die zur Plaza de Mayo in Buenos Aires, an den Zócalo in Mexiko-Stadt oder an die Puerta del Sol in Madrid strömen, kommen aus vielen Richtungen. Der Akt der Versammlung an einem emblematischen, zentralen Ort in den Hauptstädten und vor Regierungsgebäuden ist so mächtig und aussagekräftig, weil er die vielen Bedeutungen und Empfindungen zusammenfasst, unter denen verschiedene Menschen zusammenkommen. Visuell weisen die Erscheinung der Gelbwesten auf den Autobahnen und die Märsche der Migranten auf die wechselnden, bewegten Richtungen hin, die auch in Netzwerken sichtbar verflochten sind, darunter auch in den soziodigitalen. Durch sie wurden auch diejenigen hervorgelockt, die sich in den historischen Stadtkernen versammeln und sich nach ihren Auftritten an den Plätzen anhand der soziodigitalen Netzwerke immer weiter mobilisieren. Diejenigen, die sich nicht in den historischen Zentren oder vor Machtmonumenten treffen, verfolgen die Geschehnisse um sich herum und antizipieren Demonstranten, die zu ihrer angeblichen Unterdrückung ankommen: »Die Polizei räumt die Plaza Catalunya. Wir brauchen euch hier. Gebt die Information weiter.« Rossana Reguillo kommentiert diesbezüglich wie folgt:

> Dieser Aufruf wurde in allen Netzwerken, auf Plattformen und Websites der Bewegung geteilt. An diesem Nachmittag wurde der Platz immer voller mit dem Zweck, sich der Polizei entgegenzustellen. Zwar sah sich die Bewegung letztlich zum Rückzug gezwungen, aber was in jenen Tagen an intensiver Kopräsenz aufgebaut wurde, markiert die Zukunft der Protestcamps in verschiedenen, nicht endenden Prozessen. Das gilt für die Reichweite der öffentlichen politischen Auseinandersetzung, über den Kampf gegen Zwangsräumungen bis hin zur Fähigkeit von #15M, sich zu vernetzen und eine große Anzahl globaler Bewegungen anzustecken. (Reguillo 2017, 78)

Welche Kapazitäten haben die Bürger in den Netzwerken des kognitiven Kapitalismus, und wozu sind sie fähig, im Gegensatz zu den Mächtigen, die unterdrücken, Störenfriede ausfindig machen und sie lokalisieren? Die mit fortgeschrittenen Kommunikationsressourcen bestens ausgerüsteten Regierungen erzeugen sogar Ohnmacht und Unterwerfung, indem sie jeden Impuls zur Partizipation entmutigen. Wer kann mehr? Eine Gruppe vereinzelter Regierungen oder die Netzwerke?

Eine Errungenschaft von Widerstandsbewegungen wie »YoSoy132« oder »Occupy Wall Street« ist die *Entnaturalisierung* der Repressionsapparate. Das betrifft sowohl den lokalen, als auch den globalen Kontext und wirkt selbst dort, wo es zu wirtschaftlichen und politischen Niederlagen kommt. Diese Niederlagen entstehen nicht nur über die Anhäufung von Reichtum und Daten. Die Prozesse der *Entbürgerlichung*, die wir (unter den Kernbegriffen Unsicherheit, Machttendenzen in Richtung krimineller Vereinigungen, Arbeitsplatzunsicherheit und Migration der Ärmsten) analysiert haben, münden in Fremdenfeindlichkeit, diktatorischen Versuchungen und im Wunsch, die politische Demokratie aufzuheben und militärische »Lösungen« durchzusetzen.

Die soziodigitalen Netzwerke erreichen oft eine Normalisierung dieser Untergrabung der demokratischen Kultur. Aber eine kritische und solidarische Diskussionspraxis im Internet hat auch das Potenzial, diese Normalität der algorithmischen Manipulation zu durchbrechen. Die Handlungsweisen variieren zwischen zwei Richtungen: Entweder haben sie eine demokratisierende und solidaritätserzeugende Wirkung, oder sie multiplizieren und intensivieren Unterwürfigkeit und Ängste.

In der Zeit des Vormarschs der neuen Medien verlangte man nach Zugangsmöglichkeiten und Transparenz: Die Hermetik der Mächtigen sollte reduziert oder neutralisiert werden. In der heutigen Ära der Algorithmen gibt es weiterhin Forderungen nach Transparenz. Hunderte von politisch-digitalen Bewegungen äußern große Besorgnis über die Respektierung der Privatsphäre und individueller Rechte. Dabei lohnt sich eine genauere Betrachtung der Ressourcen, die – paradoxerweise über verschlüsselte Nachrichten in alternativen Netzwerken – die Geheimniskrämerei rund um die Digitalmächte anfechten und die Unabhängigkeit und das Recht zum Aufstand verteidigen wollen.

Als einer dieser Innovatoren unter dem Motto des sozialen und öffentlichen Sinns sticht vor allem der Messenger-Dienst Telegram hervor. Am 30. April 2018 versammelten sich um die 12.000 Menschen, die meisten von ihnen jünger als 30 Jahre, an der Sharapova-Hauptstraße in Moskau und folgten damit einem Aufruf der Libertären Partei Russlands. Der Protestgrund war das geplante Verbot der App durch die russische Aufsichtsbehörde für Kommunikation, Informationstechnologie und Massenkommunikation, kurz *Roskomnadzor*. Ein von der Regierung unterstütztes Gerichtsurteil zwang Telegram zur Übergabe von Verschlüsselungspasswörtern für Nachrichten. Telegram lehnte das Urteil jedoch mit der Begründung des Schutzes der Privatsphäre der mehr als 13 Millionen russischen Nutzer ab.

Manuel Castells erklärt, der Widerstand stütze sich auch auf das Argument, dass das Verschlüsselungssystem von Telegram weder auf dem Server, noch in der Cloud des Unternehmens gespeichert sei, sondern auf den Mobiltelefonen der Empfänger und Absender selbst. Dies bezeichnet man in der Fachsprache als Leitungsverschlüsselung.

> Nichtsdestotrotz blockierte *Roskomnazdor* in der Folge 18 Millionen IP-Adressen, was zu einer ersthaften Störung von Facebook, Twitter, Yandex und Vkontakte führte und bei den Internetnutzern auf Empörung stieß. Der eigentliche Effekt war eine Verstärkung der Proteste, sodass manche schon von einem Internet-Bürgerkrieg sprachen. Viele Demonstranten falteten als Ausdruck des symbolischen Protests Papierflieger, das Logo von Telegram. Auf den Transparenten standen Sätze wie »Sie wollen unsere Zukunft blockieren«, »Die Situation ist so schlimm, dass selbst die Introvertierten auf die Straße gehen. (Castells 2018)

Auch in anderen Regionen hat es ähnliche Erfahrungen gegeben. Castells verweist auf die Proteste in Teheran gegen ein von den konservativen Ajatollahs unterstütztes Gerichtsurteil zur Sperrung von Telegram.

> Die Menschen gingen zur Verteidigung des Nachrichtenaustauschs auf die Straße. Tatsächlich wird, beziehungsweise wurde Telegram von etwa 20 Millionen IranerInnen benutzt. Unter ihnen fanden sich viele Angestellte, Journalisten und sogar Regierungsbeamte. Interessanterweise kam es im Iran beim Versuch der Zensur von Telegram zu einem Konflikt innerhalb des Regimes selbst. Der Minister für Informationstechnologie Muhammad Javal Azari prangerte die Maßnahme mit dem Argument an, dass Internet sei für einen modernen Iran unerlässlich. Was macht Telegram so besonders, dass es eine so leidenschaftliche Auswirkung auf Menschen hat? Und woher kommt der Wunsch der Menschen, ihr Recht auf freie und unabhängige Kommunikation im digitalen Zeitalter so vehement zu verteidigen? Die Erfinder von Telegram sind das russische Hacker-Duo Pawel und Nikolai Durov. Sie leiten auch Vkontakte, eines der beliebtesten sozialen Netzwerke in Russland. Als die regierungsnahe Gruppe *Mail.ru* die Kontrolle über ihr Unternehmen übernahm, wurden beide ausgewiesen. Sie gingen ins Exil nach Deutschland, um wieder frei arbeiten zu können. 2013 riefen sie in Berlin eine gemeinnützige Gesellschaft ins Leben, die in London registriert ist. Über sie soll Telegram als alternatives Netzwerk dienen – nicht nur gegenüber russisch kontrollierten digitalen Räumen, sondern auch gegenüber amerikanischen Unternehmen. Laut den Brüdern seien andere Netzwerke durchlässig für Druck seitens Regierungen und unzureichend vor privatem Datenraub geschützt. Nikolai Durov entwarf das Software-Protokoll und sein Bruder Pavel stellte das nötige Kapital zur Verfügung. Charakteristisch für Telegram und seine Verknüpfungskennzeichen ist das eigens entworfene Kommunikationssystem mit einer hohen und gut verteilten Verschlüsselung zwischen den Rechnern und den Nutzern. Für den Zugriff auf das Netzwerk können Verschlüsselungen auch zeitgleich mehrere Rechner verwenden. Telegram garantiert seinen Nutzern Werbefreiheit, kostenlose Nutzung. Es verspricht, Daten in keinem Fall weiterzugeben oder zu verkaufen. Aus diesem Grund gilt es als der bevorzugte Nachrichtendienst sozialer Bewegungen, Bürgerproteste oder alternativer Gruppen weltweit, auch in Spanien. Sogar Terroristen können es möglicherweise nutzen. Auf kritische Nachfragen diesbezüglich antwortet Pawel Durov, man müsse dann auch Worte verbieten. Einige Kritiker argumentieren,

> die Verschlüsselung von Telegram sei nicht so sicher, wie angenommen. Offen gesagt weiß ich es nicht. Ich habe technische Argumente in beide Richtungen gehört. Tatsache ist, dass es das am besten vor Eingriffen durch Regierungen oder Unternehmen geschützte System ist, und zu einem der meistverwendeten Messengerdienste zählt. Zurzeit zählt es 200 Millionen Nutzer weltweit, die jährlich um 50 % ansteigen. (Castells 2018)

Angesichts der Zielstrebigkeit der russischen Regierung und neoliberaler Regime zur Kontrolle des politischen Aktivismus und der damit verbundenen Naturalisierung des hegemonialen Systems entwickeln zivile Gegenbewegungen Ressourcen, die diese Regierungen gewaltig ins Stolpern bringen. Dabei ist es nicht ihre Absicht, die zentralisierte Kontrolle insgesamt zu beenden. Ein Grund dafür ist die Verknüpfung ihrer Einrichtungen mit so genannten *sektoralen Staatsbürgerschaften* – etwa in den Bereichen Frauen, Jugend, oder Migration. Angesichts der Einsicht, dass es unmöglich ist, das gesamte Überwachungssystem abzuwickeln, beschränken sie sich darauf, Netzwerke jenseits der zentralen politischen Macht, der durch kommerzielle Interessen und Werbung dominierten Digitalwirtschaft, sowie des Datenhandels aufzubauen. Castells zweifelt die Wirksamkeit der alternativen Verschlüsselung an. Ebenso stellt sich die Frage, ob die alternativen Abspaltungen von der dominanten Kommunikationsökonomie nicht implizit zur deren Naturalisierung beitragen, die wir dann nicht mehr rückgängig machen können.

Protestbewegungen – neue Parteien oder unabhängige Konfrontation?

Die sozio-technologischen Innovationen wirken auf mehreren Ebenen. Sie bieten Möglichkeiten zur Erneuerung der Kommunikation innerhalb einer Region oder einem Land und besetzen öffentliche oder private Räume und Netzwerke. Sie verbinden Nutzer mit internationalen Kreisläufen. Es entstehen Möglichkeiten, um Selbstermächtigung durch Solidarität aus den Erfahrungen anderer zu lernen. Darüber hinaus können die Reichweite der Botschaften und der soziodigitalen Strömungen zu einem Teil unserer Körper und unserer sozialen Beziehungen zueinander werden. Wir können eine neue Freizügigkeit erreichen, ohne dass Parteien oder institutionelle Trägheit diese einschränken. Wir haben gesehen, dass eine Erschütterung des patriarchalischen Systems selbst unter konservativen Rechtssystemen möglich ist, indem wir für die Entkriminalisierung von Abtreibungen, gegen sexuelle Belästigung oder Frauenmorde mobilisieren. Aktuelle Beispiele sind Argentinien, Brasilien, Chile, Mexiko, und andere. Kreativschöpfer finden Wege, um ihre Arbeit außerhalb der Bürokratisierung von Museen oder über die Unternehmensstrukturen des Fernsehens oder der Internetdienstleister hinweg zu kommunizieren. Soziale Bewegungen schaffen kooperative Verbindungen, die ihre relative Autonomie dank offen zugänglicher Technologien verbessern. Dies stellt einen neuen Weg zum Gemeinsamen dar. Rossana Reguillo bezeichnet diese Phänomene als »erweiterten öffentlichen Raum« und als »Zonen der affektiven Intensivierung«. Es handelt sich um nicht konditionierte Konversationen, die zwar häufig ausspioniert und über längere Zeit gespeichert werden, die aber trotzdem ein Schutzschild über Handlungen des zivilen Ungehorsams gegen fremdbestimmte Programmierungen spannen.

Auf welche Weise erfinden diese soziokulturellen Mutationen die Staatsbürgerschaft neu? Sind sie mehr als eine überraschende Wendung in der Krise des Establishments? Beschränken sie sich nicht auf kurzlebige Mobilisierungen, beziehungsweise auf Arten der gegenseitigen Begleitung durch Anstrengungen und Niederlagen, in denen man sich gegenseitig tröstet? Verändern sich nur die Vorstellungen, den Horizont des Möglichen und einige Bräuche?

Wir wissen bereits, dass sich nach dem Verschwinden von 43 Studierenden am 26. September 2014 in Iguala Hunderte von jungen Menschen zusammen mit den Eltern der Opfer mobilisierten. Dies geschah im Anschluss an »YoSoy132«, das zu dem Zeitpunkt längst erloschen war. In der Bewegung machten sich die Jugendlichen mit der Organisation von Protestmärschen vertraut und entdeckten das Potenzial der Netzwerke gegenüber dem Fernsehen zur Untersuchung von Vertuschungsversuchen oder Beschönigungen der Regierung.

Natürlich spielt auch die Tatsache des Regierungswechsels ab Dezember 2018 eine Rolle. Unter dem Präsidenten Andrés Manuel López Obrador wurden die Archive wieder geöffnet und die Eltern der Verschwundenen wurden im Nationalpalast empfangen. Eine offizielle Kommission wurde zur Öffnung der Gräber entsandt. Die Aufdeckung der wahren Geschehnisse wurde wieder zur Aufgabe öffentlicher Institutionen. Zu Beginn des Jahres 2019 beschäftigten sich hochrangige mexikanische Regierungsbeamte mit vernachlässigten Fällen oder Vertuschungen. Mitte des Jahres gaben sie allerdings dem Druck der USA nach und wiesen zentralamerikanische Migranten aus. Die Grenze zu Guatemala wurde remilitarisiert und folglich mehr Budget für die Zurückhaltung von Ausländern bereitgestellt, als für die Aufarbeitung der Opferrechte. Die Regierung zog auch die staatliche wirtschaftliche Hilfe zurück, die zur Unterstützung zivilgesellschaftlicher Organisationen und für deren Beratungsarbeit für die Angehörigen der Vermissten vorgesehen war.

Dies führt uns zur Rolle derjenigen Bewegungen, die die zivilen Anstrengungen der letzten vier oder fünf Jahrzehnte trotz der Veränderungen in der Regierungspolitik und der offenen Feindseligkeit der Behörden und anderer Zivilsektoren unterstützt haben: Bewegungen, die auf einer Aufklärung der in der Diktatur geschehenen Genozide beharren. Sie möchten das Verschwindenlassen militanter und gewöhnlicher Bürger durch kriminelle Organisationen und Polizei- und Militäreinheiten unbedingt aufarbeiten. Es gibt keine radikalere Form der *Entbürgerlichung* als die Ermordung derer, die sich auf ihre Rechte berufen – seien es ökologische, soziale oder territoriale. Sie gipfelt in der anschließenden fehlenden Dokumentation ihres Todes und im aktiven Verhindern der Aufarbeitung der Verbrechen.

In diesem Zusammenhang sticht die Arbeit des *Equipo de Antropología Forense* hervor. Es handelt sich um einen Zusammenschluss aus NGOs, der vor 35 Jahren in Argentinien seine Arbeit begann, seitdem in Chile, Guatemala, Mexiko und Uruguay weiterentwickelt wurde und auch in afrikanischen, asiatischen und europäischen Ländern tätig war. In ihren Studien gelang es der Organisation, 780 Vermisste in Argentinien zu identifizieren und schwerwiegende Staatsverbrechen aufzuklären, darunter das an den Studierenden im mexikanischen Ayotzinapa. Mit ihrer Arbeit gelingt es ihnen, *die Praxis der Straflosigkeit zu durchbrechen*. So lautet auch der Titel eines Buches unter der Herausgeberschaft von Silvia Dutrénit (2017). Ihre Veröffentlichung systematisiert die Erfahrungen in den genannten Ländern und die Selbstwirksamkeit der Bürger angesichts der Verzerrungen und Vertuschungen durch den Staat. Indem sie von Schweigen und Verwirrung geprägte Orte erhellen gelingt es der Organisation, dass Mütter, Großmütter und andere Verwandte wieder lernen, Vertrauen zu fassen. Das gilt ebenso für zahlreiche Bürger, die auf die Straße gehen, um weiter ihrer Arbeit nachgehen zu können und dies im Sinne der sozialen Absicherung bei der Regierung einfordern.

Im Folgenden eine Transkription von Interviewauszügen aus dem Mai 2019 mit Luis Fondebrider, Präsident des *Equipo de Antropología Forense*:

Haben Sie sich mit der Zeit daran gewöhnt, so viele Leichen zu sehen?
Die Arbeit mit den Familienmitgliedern ist viel schwieriger, als die Ausgrabung der Leichen. Es fällt nicht leicht, sich die Erzählungen der Suche von den Eltern anzuhören. An vielen Orten haben wir Menschen gehört, die acht

oder zehn Familienmitglieder vermissen und uns erzählen, wie sie während ihrer Suche die persönlichen Gegenstände oder das Bett dieser Familienmitglieder so lassen, wie sie waren. Das ist heftiger als das Ausheben der Leichen. Den Angehörigen zuzuhören ist die heftigste Sache, die der Arbeit aber gleichzeitig Bedeutung verleiht.

Können die Angehörigen durch das Finden der Leiche ein Kapitel schließen und den Schmerz loslassen?
Ich glaube nicht, dass die Angehörigen jemals mit der Angelegenheit abschließen werden, aber es mildert ein wenig den Schmerz und die emotionale Qual. Die Tatsache, dass ihr Verwandter gefunden wird und eine Ruhestätte findet, etwa mit Blumen oder einer Gedenktafel, stellt sicherlich einen Wandel dar. Trotzdem kehrt ihr Familienmitglied nie wieder zurück. Die Familien sagen uns, dass die Beerdigung ihnen guttut, und das ist für uns die größtmögliche Zufriedenstellung. (Ginzberg 2019)

Das *Equipo de Antropología Forense* legt großen Wert auf die wissenschaftliche und die transdisziplinäre Arbeit. Über eine Verknüpfung mit heterogenen Daten wird versucht, die jeweilige Bedeutung jeder verschwundenen Person zu priorisieren:

Das Neueste ist ein Arbeitsbereich der neuen Technologien, in dem wir Anwendungen und Methoden nicht-traditioneller wissenschaftlicher Disziplinen im forensischen Bereich nutzen, wie zum Beispiel die Physik und die Mathematik. Wir führen anspruchsvollere Analysen durch, die zum Beispiel die Mengenlehre implizieren und nach Prioritäten funktionieren: etwa wie eine Person an einem Ort verschwindet, den wir dann mit anderen Verschwundenen in Verbindung bringen. Damit wagen wir uns auf neues Terrain, das nicht direkt etwas mit dem Suchen nach Verschwundenen auf einer Liste oder an einem Ort zu tun hat, sondern eine etwas abstraktere Analyse beinhaltet [...] Wir haben es mit geographischen Räumen, Daten und Personen ohne politische Zugehörigkeit, und mit Personen mit politischer Zugehörigkeit zu tun. Mit der Hilfe eines Physikers setzen wir diese Personen durch numerische Parameter miteinander in Beziehung. So entsteht ein Zusammenhang zwischen der Bestimmung von Prioritäten und Werten und der jeweiligen Repräsentation jeder Person in diesem Beziehungsnetz. Wir hoffen, dass diese neue Arbeitsweise Früchte tragen wird. Dabei soll das Potenzial der Wissenschaft ausgeschöpft werden. In Argentinien gibt es eine große wissenschaftliche Kapazität, und es gibt Menschen, die das Problem

> aus einem anderen Blickwinkel denken können. Die Fälle, mit denen wir uns beschäftigen, sind komplex und massiv. Die Leichen werden vorsätzlich versteckt, und es werden keine Informationen rausgegeben. Deshalb brauchen wir andere Instrumente als die traditionellen, um weiterzukommen. Wir müssen das Problem von einer anderen Seite denken (*Idem*).

Die *Testimonios* und Analysen zu den Menschenrechtsbewegungen zwingen uns zur Überprüfung gewöhnlicher Denkkriterien zu Bürgeraktionen durch einen intersektionalen Ansatz zwischen kurzlebigen Bewegungen, unflexiblen Parteien, Regierungen, Unternehmen, kriminellen Vereinigungen, Medien und sozialen Netzwerken. Die technologischen Ressourcen wiederholen die klassische Diskussion zu der Frage, ob sich zivile Bewegungen zwecks einer größeren Effektivität als neue Parteien innerhalb institutioneller Strukturen organisieren müssen – das heißt Präsidentschaft, Landesregierungen, Parlamente, Bürgermeisterämter. In diesen Ämtern wird die politische Steuerung mittel- und langfristig entschieden. Gesetze oder die für sie zuständigen Organe werden reformiert. Die durch Chats, Netz-Solidarität und *Hacktivismus* bewirkten Aktionen erreichen zwar ihren Störeffekt, aber sie kommen auch an ihre Grenzen: Erstens eignen sich etablierte politische Kräfte diese gleichermaßen an. Zweitens ist die von ihnen hervorgebrachte virtuelle und reale Veränderbarkeit der Sozialisation durch die Prekarität der Arbeitsbedingungen, der Wirtschaftslage und der projektabhängigen Lebensrealitäten bedingt.

Diese Spannung zwischen Bewegungen und Parteien hatte ein anderes Format in Zeiten, als gewerkschaftliche Forderungen noch an den Rahmen der Kontinuität von Unternehmen und Arbeitsrechten angelehnt waren, die die Arbeitnehmerrechte mehr oder weniger für mehrere Jahre sicherten. Diejenigen Bewegungen, die aus ehemaligen Gewerkschaften hervorgegangen sind – darunter die brasilianische PT – wurden zu Parteien oder kämpften gegen korrupte Establishment-Parteien im Sinne einer Rückgewinnung des Sozialen. Ähnliches gilt für indigene Bewegungen während der Epoche des Fortschritts zur Anerkennung ihrer Rechte durch die Nationalstaaten, die heute weniger Macht und weniger Möglichkeiten als je zuvor haben, ihre Rechte geltend zu machen. Viele Gewerkschaften und Parteien wurden geschwächt oder existieren bloß noch in Form einer Karikatur. Sie sind abhängig von transnationalen Dynamiken, denen sie sich nicht entgegenstellen können oder wollen. Was wir beinahe schon routinemäßig Krise der Demokratie nennen ist größtenteils ein komplexer und multidimensionaler Machttransfer hin zu Instanzen, die weit entfernt von den Bürgern agieren. Die Gesetze, die Stimmrechte festlegten und die Beteiligung derer schützten, die sich in ihrer Rolle als Arbeiter, Angestellte, Frauen oder Indigene zivilpolitisch einbrachten, wurde von einer neuen wirtschaftlichen und soziokulturellen Ordnung überholt.

Die Parteien behalten jedoch die Zustimmungsquoten, wirtschaftliche und kommunikationsbezogene Ressourcen und die Fähigkeit, Allianzen zu bilden. Das sind nur einige der Gründe, weshalb manche Bewegungen den Weg zur Partei gehen. Wie wir in der Entwicklung von »YoSoy132« beobachten konnten, war deren Verweigerung gegenüber den Anstößen von Politikern und liberalen Politologen zur Organisationsform als Partei klug. Man hatte der Bewegung dazu geraten, ihre Forderungen zum Teil des Parteiensystems zu machen, ohne dabei die eigentliche Unzufriedenheit und das aufständische Potenzial des Phänomens zu erkennen. In einem anderen Kontext als dem in Mexiko, nämlich in Spanien, wählte die Bewegung »M15« den für sich passenden Moment aus, um ihre Umwandlung in *Podemos* zu verkünden und Gesetzgeber und Bürgermeister auf ihre Seite zu ziehen. Der ursprüngliche Aufstand wurde im Rahmen eines ausgefeilten Programms gestärkt und Veränderungen für die Gesellschaft als Ganzes erreicht. Rechte, die die Konservativen abzuschaffen planten, wurden bewahrt. Diese bezogen sich etwa auf digitale Praktiken. Schließlich konnte eine gesetzliche Anerkennung erreicht werden und Entscheidungen der digitalen Regierung (*e-gobierno*) wurden berücksichtigt.

In Mexiko setzten einige junge Teilnehmer aus der »YoSoy132«-Bewegung auf die Ernennung unabhängiger Kandidaten in mehreren Gebieten des Landes. *Wikipolítica* unter der Führung von Pedro Kumamoto erzielte die besten Wahlergebnisse. Er hatte es mit einer Kampagne unter sehr geringen finanziellen Mitteln zum neuen Senator in Jalisco gebracht. Bei den nationalen Wahlen 2018 wagte man dann ein größeres Unterfangen: Die von ihm geleitete Plattform präsentierte neun unabhängige Kandidaten für den lokalen Kongress, und fünf für die föderale Ebene, unter einem gemeinsamen Programm. Das Ergebnis von weniger als einer Million Stimmen wurde anschließend auf das Fehlen ausreichender finanzieller Mittel zurückgeführt, die einen echten Wettbewerb mit der Wahlkampfmaschinerie und den Tricks des traditionellen Parteiensystems unmöglich gemacht hatte. Kumamoto schrieb dazu, dass »uns dadurch bewusstwurde, wie vergänglich unabhängige Kandidaturen im Gegensatz zu unseren Absichten sind: Wir wollen eine Institution gründen, die über die Wahlen und den Personenkult hinaus geht« (Kumamoto 2019, 33).

Die Bewegungen der letzten Jahrzehnte oszillierten zwischen diversen Formaten, wie zum Beispiel die vom Mai 1968, bei der französische Studierende sich mit Arbeiter-Gewerkschaften und Parteien verbündeten (und auch auf unüberwindbare Meinungsverschiedenheiten stießen). Im selben Jahr gab es in Mexiko, und ein Jahr später in Argentinien demokratisierende Allianzen. Seitdem mehren sich in Lateinamerika die Beispiele für sektorübergreifende und verflochtene gemeinsame Initiativen: Mexikanische Studierende arbeiten mit indigenen Zapatisten zusammen, argentinische Feministinnen vereinen sich mit Arbeitslosen und aufständischen Fabrikarbeitern, und mit Familien von Vermissten. Was sie gemeinsam haben, ist die soziale Schieflage, die durch eine Wirtschaftspolitik verursacht wurde, die das Einkommen der großen Mehrheit abwertet. Diese Bündnisse sind oft kurzlebig oder sie betreffen nur bestimmte Bereiche. So schafften einige Bewegungen in Brasilien den Sprung in die Mittelschicht (während der Regierungszeit von Lula circa 40 Millionen), während andere empörten oder frustrierten Randgruppen die PT ablehnten und ihre Stimme Bolsonaro gaben.

Der Hegemoniebegriff und die Artikulation soziokultureller Unterschiede werden in mehreren Ländern Lateinamerikas und mit unterschiedlichen Ergebnissen neu definiert: Hierzu verweise ich auf das Buch von Alejandro Grimson (2019), in dem der seit vielen Jahren anhaltende Peronismus analysiert wird. Seine Untersuchung sieht diesen als Ergebnis eines Zusammenspiels vieler sehr verschiedener Zielvorschläge unter der Verknüpfung verschiedener kollektiver Subjektivitäten. Die hegemoniale Kapazität im Sinne einer Artikulation von Allianzen zwischen Gewerkschaften, Arbeitgebern, regionalen Führungsfiguren, Intellektuellen, urbanen und popularen Bewegungen mit unterschiedlichen Zielen ist eine maßgebliche Kraft bei der gesellschaftlichen Neugestaltung. Zum Beispiel haben solche Bewegungen es geschafft, der Opposition ihren sozialen Sinn wieder zu verleihen. Gleichzeitig ist sie auch ausschlaggebend für ihre Instabilität. Unter den vielen Strategien zur erfolgreichen Analyse in Grimsons Buch stößt der Leser auch auf einen ebenso elementaren, wie vernachlässigten Aspekt: »Der Peronismus wäre mit seinen Charakteristika nicht ohne die spezifischen Merkmale des Anti-Peronismus entstanden« (Grimson 2019, 13). Genauso wie es verschiedene Formen des Peronismus gibt – die sich mit der Zeit verändern – gibt es auch verschiedene Anti-Peronismen. Analog dazu ergeben sich die kommunikationsbezogenen Hegemonien, die diese (Anti-)Peronismen in jeder historischen Periode die Möglichkeit zur Machtteilhabe verleihen, aus der Fähigkeit zur Verbindung mit heterogenen Sektoren. Wir können davon ausgehen, dass ihr relativer Erfolg bei der Aufrechterhaltung und Steigerung ihres hegemonialen Potenzials davon abhängig ist, wie sie sich wirtschaftlich und technologisch umstellen oder anpassen, ob sie mit Unternehmen zusammenarbeiten, oder ob sie neue Gewohnheiten und Neigungen der Öffentlichkeit, beziehungsweise der Nutzer wahrnehmen und aufgreifen. Zu der ursprünglichen Heterogenität hinzu kommt die Anpassung an heterogene Zeitverhältnisse.

Wir beobachten, dass Akteure sich bei ihrer Verbindung mit Kommunikationsmedien oder Netzwerken in einer chamäleonartigen Kunst üben, ganz ähnlich zu den Parteien, die ihre Ästhetik an die der unabhängigen Bewegungen anpassen. Der Bürger-Verbraucher-Nutzer regt diese Mutationen manchmal selbst an und tut sich in ihrer Erkennung schwer. Im anderen Fall tut er sich mit den anderen Bürgern zusammen und erlernt sozusagen die Entlarvung dessen, was nur eine Farce, was eine Möglichkeit, und was eine Bedrohung darstellt.

Wie zuvor erwähnt sind die Korruption, die zunehmende Bürokratisierung und die mediale Distanzierung der Parteien gleichzeitig ein Grund für deren Niedergang und ihre Blindheit zur Wahrnehmung neuer kommunikativer Heterogenitäten. In Bezug auf die Bürger begrenzen sich die Medien und die Parteien auf ihre Fähigkeit zur Vermittlung, indem sie die legitime Heterogenität der Widerstände abwerten. In den Transformationsbewegungen selbst wurde die Schwierigkeit der Konsensfindung angesichts der Heterogenität schon seit Anbeginn viel debattiert: Es wurde gesagt, der Feminismus solle mehr sein, als ein Ausdruck des *Womanismus* nach Marta Lamas; Ethnizismen werden als Verteidigung des Eigenen gerechtfertigt, aber begrenzt, sobald sie sich in Fremdenfeindlichkeit verwandeln oder die Verflechtung wirtschaftlicher, kultureller und geschlechterbezogener Unterdrückung außer Acht lassen.

Die ungelösten Schwankungen zwischen Bewegungen und Parteien entstehen durch Mängel in Bündnissen, durch die man in manchen Fällen die Heterogenität anerkennt, ihr dann aber schnell wieder eine Absage erteilt. Die gegenwärtige Politik weist zahlreiche große Schwierigkeiten bei der Aufrechterhaltung von Vereinbarungen auf, bei denen Utopien durch Differenzen, sowie durchaus durch die Sabotage selbstverliebter Partei- und Gewerkschaftsführer geprägt werden, welche die Medien und Netzwerke unterdrücken und kooptieren, sobald sie ihnen widersprechen.

Macht ergreifen oder Macht verteilen?

Ein Aspekt, die noch immer nicht ausreichend untersucht wird, ist die Frage, was auf mittelfristige Sicht von dem Produkt kritischer soziokultureller Prozesse übrig bleibt, inklusive derer, die nicht fortbestehen. Möglicherweise sind es Lernerfahrungen zur Überwindung politischer Empörung jenseits der Protestplätze, die Ereignisse aus der Distanz miteinander verbinden können und über sichere Dienste wie Telegram geteilt werden können. Einst unvermeidbar scheinende Formen der räumlichen Eingrenzung und der kommunikativen Kontrolle können so außer Kraft gesetzt werden. Tausende von Normalbürgern verstehen heutzutage, wie man Nachrichten- und Videoportale aufbaut und sich in einer Gruppe zusammentut, um für seine Rechte einzustehen. Dafür werden »kollektive Aktionen« in einem Zusammenhang außerhalb der Parteien und den üblichen Mittlerorganisationen entwickelt, wie sie W.L. Bennett und A. Segenberg bezeichnen. Reguillo spricht von »losgelassenen Bürgern«, die misstrauisch gegenüber denjenigen werden, die sie zu vertreten behaupteten. Sie lernen jetzt, sich direkt und in einer Umgebung der Kontaktfreudigkeit auszudrücken: #WeAreThe99% oder #YoSoy132. Die Hashtags sind, abgesehen von Werkzeugen zum gezielten Markieren von Informationen, zur Unterstützung bestimmter Personen oder Veranstaltungen und zum Teilen von Meinungen und Fotos, auch zu Räumen des Zusammentreffens geworden. In ihnen wird das *Wir gebildet*.

Soziale Bewegungen mit dem Ziel zur Filterung von *Fake News* und Fehlinformationen verdienen eine besondere Aufmerksamkeit und Anerkennung. Ein solches Projekt mit dem Namen *Verificado19S* wurde als Reaktion an das Erdbeben vom 17. September in Mexiko gestartet. Es hatte das Ziel, den unter Trümmern verschütteten Überlebenden zu helfen und Lebensmittel und Medikamente für sie zu sammeln. Dafür entwickelten die Verantwortlichen eine interaktive Karte mit zugehöriger Datenbank für die Überprüfung von Informationen aus den Medien und den sozialen Netzwerken, und um auf Bedürfnisse eingehen zu können, die ansonsten nicht gehört worden wären:

> Wir koordinieren ein Vor-Ort-Team, das Informationen überprüft. Sobald sie bestätigt werden, erscheint auf der Karte eine Art Ebene mit verifizierten Infos. Wir teilen die Information, die uns geschickt wird mit anderen, und überprüfen sie auch nochmal selbst. Wir finden, dass die Überprüfung und Bestätigung von Informationen auf unserem Twitter-Account eine dringen-

de Notwendigkeit für Mexiko-Stadt und andere Staaten darstellt (Beamonte 2017).

Ein Jahr darauf wurde *Verificado 18* gegründet, ein unabhängiges gemeinsames Projekt aus der Initiative von *Animal Político, +Español* und *Pop-Up Newsroom*, mit dem Ziel der Aufdeckung unmöglich durchführbarer Wahlversprechen und manipulierter Inhalte im Zusammenhang der Wahlen in Mexiko. Zusätzlich zum Sammeln von Daten für die Aufdeckung unehrlicher Versprechen konnte man anhand der genutzten Methoden die Bedeutung der spezifischen Themen, der beteiligten Akteure und der angewandten Interaktionsmethoden genauer aufzeigen. Man bot eine WhatsApp-Hotline an, die es Nutzern möglich machte, zweifelhafte Informationen zur Überprüfung einzureichen. Ihre Seite verzeichnete mehr als 5 Millionen direkte Aufrufe, zu denen noch weitere Leser, Radiohörer und Fernsehpublikum hinzukamen, die über andere Medien von den Widerlegungen und Klarstellungen der Initiative erfuhren. *Verificado 18* wurde von Firmen und Organisationen wie *Facebook, Google News Initiative, Twitter, Open Society Foundation, Oxfam México* und *Mexicanos Contra la Corrupción y la Impunidad* unterstützt. Ihr viermonatiges Wirken endete eine Woche nach den mexikanischen Wahlen vom 1. Juni 2018. Die Webseite blieb danach jedoch öffentlich und mit allen Inhalten erhalten.

Ähnliche Programme sind auch in anderen Ländern entstanden. Eine Vereinigung kolumbianischer Journalisten hat diese neue Tendenz als *periodismo de confirmación*, als Journalismus der Faktenprüfung, bezeichnet (colombiacheck.com). Gemeinsam haben sie eine Plattform organisiert, die richtige Information von falscher unterscheiden und den Wettbewerb zwischen zivilen und offiziellen, branchengesteuerten Medien verbessern soll.

Radikaler in der Infragestellung des E-Kapitalismus sind die so genannten Piratenparteien. Die erste wurde 2006 in Schweden gegründet, weitere folgten in Österreich, Dänemark, Finnland, Deutschland, Irland, den Niederlanden, Spanien und Polen. In Lateinamerika sticht der brasilianische Ableger dieser Partei hervor, der 2007 entstand. Ihre Hauptziele sind die Verteidigung des freien Informations- und Kulturflusses, die kooperative Arbeitsweise mit einem Maximum an Transparenz, und die Benutzung lizenzfreier Open-Source-Software, sowie die Förderung direkter Demokratie und der Solidarwirtschaft. Im Jahr 2010 gruppierten sich die Parteien übergreifend in der *Pirate Parties International* und bildeten 2012 auf europäischer Ebene die *European Pirate Party*. Sie erzielten 2011 bei den Wahlen zum Abgeordnetenhaus in Berlin 8,9 %, und stellten zwei Jahre später bereits 45 Landtagsabgeordnete und 199 Stadtratsabgeordnete in Deutschland. In Schweden verzeichneten sie drei Jahre nach ihrer Entstehung 2011 bereits 215.000 Stimmen.

Trotz ihres Wachstums in rund 40 Ländern folgt ihre Reichweite einer instabilen Logik, die weit entfernt von den gewöhnlichen öffentlichen Auseinandersetzungen anderer Parteien ist. »Wir sind nicht hier, um an die Macht zu kommen«, behauptet Ásta Guthrún Helgadóttir, Piraten-Abgeordnete im isländischen Parlament, »sondern um die Macht zu verteilen« (Witte 2016).

Rodrigo Saturnino ist der brasilianische Parteiführer der Piraten und beobachtet das Phänomen aus wissenschaftlicher Perspektive. Er hat festgestellt, dass es keine »Piratenidentität« gibt, sondern eine »Piratenperspektive als Lebensentscheidung«. Vielmehr als um die Verteidigung spezifischer Ursachen gehe es um »eine Strategie des Widerstands« und man müsse »eine exotische Existenz im Feld der Parteienpolitik« bewahren (Saturnino 2016, 228-229). Seine »kontrapropagandistische« und ironische Ästhetik des Publizierens versucht sicherzustellen, dass die Demokratie »ein weniger undurchsichtiges und besser durchführbares Projekt« wird (*Ibid.*, 233).

Staatsbürgerschaft neu definiert

Was gewinnen wir an den Schwankungen zwischen Erfolgen der zivilen Bewegungen, an der Zersetzung der Parteien und der Verherrlichung ihrer symbolischen Ziele? Was kommt nach den Veränderungen der politischen Kultur und der Formen ihrer Ausübung? Das *Colectivo Situaciones* schaffte es 2009 nach einer Auswertung der acht Jahre zurückliegenden massiven Aufstände vom Dezember 2001, die von Fernando de la Rúa geführte Regierung bis hin zu deren Auflösung unter Druck zu setzen und den Protest so weit zu intensivieren, bis ihrem Motto getreu »Haut Alle ab« waren (»*Que se vayan todos!*«). Das Kollektiv sagte aus, die massive Reaktion auf ökonomische Verdrängung sei »ausgehend von Fragmenten« zustande gekommen. Aus dieser Perspektive bedeutete seine kontrainformative Arbeit laut eigener Aussage die Entdeckung »einer einstimmigen und unbestimmten Willenskraft«. Dabei stell sich allerdings die Frage, wohin dieser unbestimmte Wille führen soll.

Wir beobachten heterogene Widerstände inmitten eines geschwächten und wenig glaubwürdigen Parteiensystems und materialistischen und symbolischen Wirtschaftsmodellen, die uns dort in Cluster einteilen, wo Proteste zerrinnen. Oft täuschen sie eine Teilnahme an der Debatte nur vor: Der Ausblick ist nicht besonders ermutigend, wenn wir ihn ausgehend von der

Konzeption der modernen oder liberalen Staatsbürgerschaft betrachten. Sie strebt anhand der Gruppierung freier Individuen danach, den Staat und die internationalen Organisationen so zu modifizieren, dass sie dem Gemeinwohl dienen. Der Fortschritt in der Demokratiefrage ist unmöglich, solange wir an von der Vorstellung einer einheitlichen, homogenen Vertretung der sozialen Organisation und der Bürgerschaft festhalten. Schon Michel Foucault lehnte angesichts der Erkenntnis der dezentralisierten Machtlogik und der Fragmentierung von Autorität die Konzeption von Macht als vollkommen integrierte und lokalisierte Struktur ab. Was die Macht so unverständlich macht, so erklärte er in den 1970er-Jahren, ist die Tatsache, dass sie kein einzelner fixierter Punkt sei, kein bestimmter Fokus der Souveränität, von dem abgeleitete und nachgeordnete Punkte ausstrahlen. Anstatt sich die Macht als Institution oder Pyramidenstruktur vorzustellen ist es entscheidend zu verstehen, dass sie *eine strategische Situation* darstellt, in der mehrere Kräfte miteinander konkurrieren.

Wenn Foucaults Perspektive sich bereits damals als fruchtbar erwies, so ist ihre Relevanz umso größer bei der Ermittlung, welche Bürgeraktionen sich in der Ära des kognitiven Kapitalismus bewähren. Ich würde sogar behaupten, dass das Zeitalter der algorithmischen Gouvernementalität die in der foucaultschen Konzeption vorgeschlagenen Verschiebungen bis aufs äußerste verstärkt, gewissermaßen von der Macht der Konfrontation zwischen Klassen und Gegnern hin zur (ungleichen) Verteilung von Geräten und Zugangs- und Nutzungsformen. Es geht um die Macht als etwas, das man im Sinne einer konzentrierten Substanz über Subjekte oder privilegierte Organismen besitzt. Sie verändert sich in quasi ständig erneuerbare Beziehungen zwischen Subjekten, Artikulationsweisen und der Möglichkeit der Verbindung und Ausschaltung. So sehr Facebook und Amazon das Wachstum im Kommunikationssektor belegen, so sind doch diese Firmen (und noch weniger Herr Zuckerberg) nicht die einzigen Verantwortlichen bei der Informationsgewinnung zur Kontrolle. Verantwortlich sind vielmehr die Strukturen des Datenaustauschs und der Datenverwendung, an denen wir uns als Teil von Milliarden von Nutzern freiwillig beteiligen: Diese Dynamik macht uns zu Dienern der Server. Der Schlüssel dieser Wende ist, dass sie die Rolle des Staates verändert, die im Mittelpunkt Foucaults biotechnologischer Kritik steht. Inzwischen ist der Staat Teil der Zerstreuung der algorithmischen Gouvernementalität.

Die jüngste Geschichte zeigt ein weiteres Zusammenspiel von Akteuren und Kommunikationsmitteln, vermehrte Interaktionen zwischen

Widerständlern, Aufständischen, Parteien, Staaten, Unternehmen und Algorithmen (den letzteren geben wir hierbei eine Rolle im Sinne von Akteuren oder gar Aktanten nach der Bezeichnung von Bruno Latour). Die foucaultsche Vorstellung, die eine einzige Zusammenführung der heterogenen Widerstände nicht vorsieht, bleibt also gültig. Natürlich erkennen wir eine starke Einschränkung, wenn wir die Ausbreitung und kurze Dauer der Bewegungen mit der wachsenden und zentralisierten Vormachtstellung der transnationalen Unternehmen vergleichen. Wenn wir jedoch die Gouvernementalität als Dispositive verstehen, über die sich die Regierung des Selbst und die Regierung der anderen auszudrücken vermögen, dann ist es möglich, die Beziehungen zwischen den Bürgern und die zwischen den Bürgern-Nutzern mit den Unternehmen in der Gesamtheit der Institutionen, Vorgänge, Berechnungen und Taktiken, die die Machtausübung im Zeitalter der Algorithmen neu formulieren, zu denken.

Aus der modernen, liberalen Perspektive befindet sich die aktuelle Staatsbürgerschaft in einem gebrochenen Zustand. Wir üben sie aus, indem wir beispielsweise unsere besonderen Rechte als Indigene, Frauen, Jugendliche und Nachbarn verteidigen. Wir sind aber zu schlecht vernetzt und haben eine geringe Kapazität zur dauerhaften Verbündung. Währenddessen haben die Staaten ihre Macht missbraucht, und das Stimmrecht – der letzte Akt, der uns als Bürger vereint und uns näher an die Gleichberechtigung bringt – ist zu einer nahezu leeren Idee verkommen. Die soziodigitalen Netzwerke, die uns verbinden, sind *virtuell*. Und dies im doppelten Sinne des Wortes: Sie verdoppeln die Materialität des »Realen« und sie kommen über mögliche Handlungen nicht hinaus. Die Umwandlung von Bewegungen in Parteien oder ihre Integration in Volksfronten kann helfen, aber sie löst die Gleichsetzung zwischen Konzentration und Zerstreuung nicht auf.

Genauso wie Unternehmen die Verbraucher nicht mehr standardisieren und sich fragen, was *mit* den Anderen zu tun ist, müssen wir als Bürger*innen herausfinden, was wir *als* »die Anderen« bewirken können. Eine Akzeptanz der Unsicherheit der Unterschiede löst die Probleme des Ganzen nicht. Die Unternehmen nutzen Unterschiede für ihre Strategien, um Unterscheidungen zu generieren. Aber ihre Designstile, Werbung und Warenzirkulation fließen in der Buchhaltung zusammen, die in ihrer Verwaltung integriert ist. Als Verbraucher und Nutzer können wir in unserer Bürgerrolle unsere Rechte als Minderheiten verteidigen. Genau wie Indigene, Frauen, Homosexuelle und Bewohner aus marginalisierten Stadtteilen stellen wir in der heutigen Welt eine Minderheit dar. Wenn wir dabei noch erkennen, dass wir in ungleichen Unterschieden leben, können unsere Aktionen umso konsistenter und stärker werden (Fernández 2008). Wie Ana María Fernández, erklärt, entsteht die Selbstermächtigung aus einer simultanen Anerkennung von Unterschieden, die hierarchisch über ungleichmachende Biologismen, Ökonomismen und Technokratismen integriert werden. Der Begriff der Staatsbürgerschaft kann so angewandt zur Überwindung ethnischer, geschlechterspezifischer oder nationalitätsspezifischer Essenzialismen angewandt werden, die in der Regel mit getrennten Identitätskonstruktionen zusammenhängen. Er kann der Entwicklung einer gemeinsamen oder konvergierenden Emanzipationsstrategie dienen.

Noch werden wir nicht vollkommen durch Algorithmen ersetzt. Aber die Möglichkeit, uns als Subjekte im Bündnis mit anderen zu erholen wird durch die Parteien gehemmt, die keine Verbindung mehr zu ihrer Klientel haben. Auch die Medien, die uns von Entscheidungsplattformen weggelockt haben, tragen hierzu bei. Gleiches gilt für die politischen Entscheidungen, die gegenwärtig der Macht anonymer Entitäten nachgeben. Es sollte also herausgefunden werden, ob in den Bewegungen von heute noch ein Fünkchen politisches Leben enthalten ist, das nicht nur auf Daten basiert, wie es in den materiellen und symbolischen Unternehmenswirtschaften der Fall ist. Denn dann könnte das wahrhaftige Sich-Austauschen zu einem neuen, sinnhaften Abenteuer führen, einem Abenteuer des Sinns.

Von den Institutionen zu den Applikationen

Die algorithmische Gouvernementalität zielt nicht auf die Unterstützung der Massen ab, sondern auf deren Desorganisation. Das Wort »abzielen« klingt dabei radikal, weil es eine bestimmte Absicht suggeriert. Es ist so, dass, solange die algorithmischen Operationen die Subjekte ersetzen, sie ihre Absicht auch vermitteln: Sie erzielen Wirkungen auf das Handeln von Verbrauchern, Nutzern und Bürgern. Die unzähligen Kreuzungen an Information, die von Akteuren für unterschiedliche Zwecke benutzt werden, haben einen desorganisierenden Effekt. Die scheinbare Vollständigkeit der Daten lässt zwar zunächst auf ein rigoroses und vollständiges Wissen, das allen zur Verfügung steht, schließen. Jedoch ist diese Wahrnehmung relativ, wenn man den Umgang der Unternehmen im Wettbewerb mit Informationen bedenkt, über den Nachrichten nach bestimmten Interessen ausgewählt werden.

Genauer gesagt stellen die Untersuchungen über die Politik und die Medien die *Massen*kultur infrage, indem sie die in dieser Vorstellung enthaltene Vielfalt aufzeigen. Allerdings ist der Vorwand der Desorganisation der Massen – genauso wie der Nation – umso weniger konsistent, wenn Algorithmen Computerprogramme anhand von personalisierten oder gruppenbezogenen Informationen aufbauen und persönliche Vorlieben erkennen und klassifizieren. Zu diesen beiden Funktionen, die den Algorithmus im Zusammenhang mit seinen Verwendungsweisen definieren ist hinzuzufügen, dass sie nichtöffentliche Informationen aufgreifen und daher nicht nur »die Massen« zunehmend desorganisieren, sondern auch den Sinn des Öffentlichen.

Die Lücken zwischen dem algorithmischen Gedächtnis und den tendenziösen politischen und unternehmerisches Nutzungsweisen verzerren das, was die digitale Partizipation eigentlich zur Staatsbürgerschaft beitragen könnte. Internet*suchmaschinen* sind nicht nur unsere Helfer bei der Wissenssuche, sondern sie suchen uns als Individuen gezielt auf, um uns zum Teil von Produktreihen und Kundenprogrammen zu machen. Sie bewegen uns vom einen auf den anderen Tag in eine neue Richtung. In diesen Geschäften, in denen Clouddienste und andere Wetterlaunen des Kommerzes oder der Politik zum Tragen kommen, wird zunehmend der potentielle Sinn, den diese Errungenschaften für die Bürger haben, vernebelt. Wenn wir darauf bestehen, in diese Geschäfte miteinbezogen zu werden und andernfalls damit drohen, unsere Smartphones zu entsorgen, tauchen diese Akteure häufig trotzdem wieder auf. Selbst Versuche zur Wiederherstellung der Initiative durch die gemeinsame Organisation mit anderen Bürgern (z.B. Petitionen über change.org) werden letztendlich von der Maschinerie absorbiert, indem man uns andere Mitgliedschaften, Petitionen, politische Initiativen oder Newsletter anbietet.

Die Rückkehr der Politik als Sinndebatte

Es gibt verschiedene Möglichkeiten, die Wiederentdeckung der Staatsbürgerschaft zu erforschen, und zwar nicht nur durch Denker wie Harari, sondern auch durch die Denker, die den Spuren verfolgen und Sinn interpretieren. In den Werken Carlo Ginzburgs bieten die Spuren, oder auch Indizien, Anhaltspunkte zur Hervorhebung verdichteter divergierender Bedeutungssinne bei Individuen und ortsbezogenen Situationen. Genau wie in *Der Käse und die Würmer*, in dem der Müller Menocchio die kirchlichen Dogmen infrage stellt und mit alternativem Wissen und durch eine heterodoxe Interpretationsweise sich vor den Richtern zu verteidigen weiß.

Folgendes kann hier das Indizienparadigma beitragen: a) Es deckt innerhalb des auf die Gesamtheit zielenden rationalen Wissens individuelle und qualitative Spuren auf und ermöglicht es, verborgene Fissuren und Differenzen innerhalb eines als einheitlich gedachten Systems offenzulegen. b) Der Zugang über Indizien oder Spuren öffnet innerhalb des durch die Eliten strukturierten Wissens den Blick auf Verschiebungen zwischen dem hegemonialen Diskurs und dem der Subalternen und Dissidenten. c) Diese Verschiebungen können sowohl als Systemfehler interpretiert werden, als auch als Ergebnis einer Grenzverschiebung durch die Subalternen; d) Indem die Subjekte wieder Teil des durch generalisierte Statistiken erzeugten Wissens werden, entsteht ein Raum für einzelne Stimmen. Gleichzeitig wird – im Sinne einer nicht naiven Erkenntnistheorie – die Subjektivität der Frage sichtbar, wer Umfragen und Statistiken entwirft: die Spuren sind integraler Teil der Forschung.

Diese »dichte Beschreibung« lässt, wie Clifford Geertz sagen würde, Interpretation zu, die komplexer sind als die Mathematik. In der Politik sensibilisiert sie uns für die verschiedenen Stile derjenigen, die um die Hegemonie kämpfen und für die Handlungen derer, die behaupten, im Namen der Bürger zu handeln. Sie eröffnet einen Raum für das, was in den akkumulativen Skripten des Internets und in seinen Vernetzungspunkten nicht registriert wird. Wissen wird nicht durch das Anklicken von Internettabs und durch digitale Interaktionen erlangt. Ginzburg sagt:

> Ich finde es schwierig, von Google zu lernen, wie man Google benutzt. Um auf das Unbekannte reagieren zu können, braucht es menschliche Vermittler. Was impliziert ein in die Tiefe gehender Gebrauch von Google?: Google nicht nur in der Hoffnung zu nutzen, dass wir Antworten auf unsere Fragen erhalten, sondern uns auch neue Fragen einfallen – überraschende Fragen, etwas Unerwartetes. Google ist ein dummes Genie, aber es hat etwas sehr Interessantes und Vielversprechendes an sich: die Möglichkeit, ihm Fragen zu stellen, die nicht durch die Fragen anderer gefiltert werden. Das funktioniert allerdings nicht bei jeder Suche. Wenn du »Christoph Kolumbus« eingibst, wirst du als Erstes Wikipedia aufrufen. Aber wenn du zum Beispiel etwas zu einem bestimmten Wort wissen willst, gibt es die Möglichkeit zur Einstellung einer Konfiguration, die das Suchergebnis nicht vom vorherigen Suchverlauf abhängig macht. Viele Menschen versuchen, den Lärm an Informationsfluss zu vermeiden, um eine einzige Antwort zu erhalten. Ich hingegen will diesen Lärm. Und um ihn zu suchen, muss man über Wissensressourcen verfügen. Das Motto von Google ist in diesem Sinne die politisch unkorrekte Version dessen, was Jesus predigte, als er sagte »Denn wer hat, dem wird gegeben; wer aber nicht hat, dem wird auch noch weggenommen, was er hat« (Prieto 2018).

Wenn die digitale Organisation der Gesellschaft sich ihrer Grenzen nicht bewusst ist, dann ist das nützlich für Staaten und Unternehmen, die sich nur um die Buchhaltung, aber nicht ums Regieren oder die Verwaltung des Sinns des öffentlichen Lebens kümmern. Sie wollen lediglich Katastrophen verhindern, Raubüberfälle stoppen und Massenmorde vermeiden, jedoch ohne diese Phänomene dabei zu untersuchen.

Ein verborgener strategischer Bereich für die Untersuchung des Widerspruchs zwischen der emanzipatorischen Rolle sozialer Netzwerke und dem unterdrückerischen Potenzial der Hypervigilanz macht mich neugierig: Warum löst die algorithmische Organisation der Märkte nicht auch die Konflikte in den Bereichen der Ungleichheit und der Interkulturalität? Die Antworten auf die von der Soziometrie und der Biotechnologie generierten Konflikte können nicht verhindern, dass die internationale Geopolitik sich zu einer Interdependenz der Ängste gewandelt hat. Über ein vages Gefühl der Angst haben wir den Handel, den Tourismus und den wissenschaftlichen Austausch vorangetrieben, und aus ihnen etwa Musik und medizinische Ressourcen gewonnen und so unseren kulturellen Horizont erweitert. Es handelt sich bei ihnen scheinbar um bedrohliche Geister. Unser Austausch untereinander ist von Misstrauen geprägt. Neben der wirtschaftlichen und kulturellen Interdependenz nehmen auch Nationalismen und Ethnizismen, regionale Separatismusbestrebungen und die fanatische Zerstörung des Andersseins zu. Dieser schmerzliche Konflikt der Gegenwart scheint nicht mehr durch robotergestützte Gouvernementalität überschaubar zu sein.

Die Erneuerung der Debatte über die letzte große hegemoniale Narrative in den Sozialwissenschaften bietet sich an, um in dieser Utopie des Wirtschaftsmarkts und des programmierten Konsums noch einen Raum für die Bürger und ihre Heterogenitäten zu finden. Ursprünglich fand diese in einer Zeit vor dem Neoliberalismus und dem »Dataismus«, also im Rahmen des Strukturalismus statt. Ihr Ziel war es, universelle Gesetze für die Verwandtschaft, für Mythen und andere Systeme zu finden. Darunter fielen auch wirtschaftliche und politische Ordnungen, ohne dabei Details oder spezielle Voraussetzungen auszulassen, die eine andere Interpretation hätten möglich machen können.

Die biotechnologische Disqualifizierung des Subjekts und der sozialen Transformation findet ihren Vorläufer in zwei fundamentalen Werken des strukturellen Anti-Humanismus: *Traurige Tropen* von Claude Lévi-Strauss und *Die Ordnung der Dinge* von Michel Foucault. Beide Bücher liefern eine pessimistische Perspektive auf die subjektivistischen Vorstellungen des Existenzialismus, sowie auf die revolutionären Ideen des Marxismus. Gleiches gilt für die zerbrechlichen Verbindungen zwischen solchen Strömungen, die Jean Paul Sartre in seiner *Kritik der dialektischen Vernunft* ergründete. Nichts in der Vorgeschichte ermutigt uns zu einer Einforderung dieser Verherrlichung des Subjekts oder der Revolution. Andererseits zeugt der Strukturalismus genauso wenig von einer fruchtbaren alternativen Vision des Sozialen für die Konstruktion eines Modells des Wandels. Der folgende Abschnitt aus den letzten Seiten von *Traurige Tropen* soll kurz auf das Bezug nehmen, was diese Debatte bisher nicht auflösen konnte:

> Die Welt hat ohne den Menschen begonnen und wird ohne ihn enden. Die Institutionen, die Sitten und Gebräuche, die ich mein Leben lang gesammelt und zu verstehen versucht habe, sind die vergänglichen Blüten einer Schöpfung, im Verhältnis zu der sie keinen Sinn besitzen; sie erlauben bestenfalls der Menschheit, ihre Rolle im Rahmen dieser Schöpfung zu spielen. Abgesehen davon, daß diese Rolle dem Menschen keinen unabhängigen Platz verschafft und daß sein überdies zum Scheitern verurteiltes Bemühen darin besteht, sich vergeblich gegen den universellen Verfall zu wehren, erscheint der Mensch selbst als Maschine – vollkommener vielleicht als die übrigen –, die an der Auflösung der ursprünglichen Ordnung arbeitet und damit die organisierte Materie in einen Zustand der Trägheit versetzt, der eines Tages endgültig sein wird. Seitdem der Mensch zu atmen und sich zu erhalten begonnen hat, seit der Entdeckung des Feuers bis zur Erfindung der atomaren Vorrichtungen, hat er – außer wenn er sich fortgepflanzt hat – nichts anderes getan als Millionen von Strukturen zerstört, die niemals mehr integriert werden können. Ohne Zweifel hat er Städte gebaut und Felder bestellt; doch handelt es sich auch hier nur um Maschinen, die dazu bestimmt sind, Trägheit zu produzieren, und zwar in einem Tempo, das in keinem Verhältnis zur Menge an Organisation steht, das die gebauten Städte und Felder implizierten. Was die Schöpfungen des menschlichen Geistes anbetrifft, so besitzen sie Sinn nur in bezug auf ihn, auf sie werden im Chaos untergehen, sobald dieser Geist verschwunden sein wird. So kann die ganze Kultur als ein ungeheuer komplexer Mechanismus beschrieben werden, in dem zwar gerne die Möglichkeiten, die Chance des Überlebens sehen möchten, welche unsere Welt besitzt, dessen Aufgabe aber einzig darin besteht, das zu produzieren, was die Physiker Entropie und wir Trägheit nennen. Jedes ausgetauschte Wort, jede gedruckte Linie stellt eine Verbindung zwischen zwei Partnern dar und nivelliert eine Beziehung, die vorher durch unterschiedliches Wissen, also durch größere Organisation gekennzeichnet war. Statt Anthropologie sollte es *Entropologie* heißen, der Name einer Disziplin, die sich damit beschäftigt, den Prozeß der Desintegration in seinen höchsten Entscheidungsformen zu untersuchen (Lévi-Strauss 1974, 366-367).

Und lesen wir nun einmal die letzte Seite aus *Die Ordnung der Dinge*:

> Eines ist auf jeden Fall gewiss: der Mensch ist nicht das älteste und auch nicht das konstanteste Problem, das sich dem entsprechenden menschlichen Wissen gestellt hat. Wenn man eine ziemlich kurze Zeitspanne und einen begrenzten geographischen Ausschnitt herausnimmt – die europäi-

> sche Kultur seit dem sechzehnten Jahrhundert –, kann man sicher sein, daß der Mensch eine junge Erfindung ist. Nicht um ihn und seine Geheimnisse herum hat das Wissen lange Zeit im dunkeln getappt. Tatsächlich hat unter den Veränderungen, die das Wissen von den Dingen und ihrer Ordnung, das Wissen der Identitäten, der Unterschiede, der Merkmale, der Äquivalenzen, der Wörter berührt haben – kurz inmitten all der Episoden der tiefen Geschichte des *Gleichen* –, eine einzige, die vor anderthalb Jahrhunderten begonnen hat und sich vielleicht jetzt abschließt, die Gestalt des Menschen erscheinen lassen. Es ist nicht die Befreiung von einer alten Unruhe, der Übergang einer Jahrtausende alten Sorge zu einem lichtvollen Bewußtsein, das Erreichen der Objektivität durch das, was lange Zeit in Glaubensvorstellungen und in Philosophien gefangen war; war es die Wirkung einer Veränderung in den fundamentalen Dispositionen des Wissens. Der Mensch ist eine Erfindung, deren junges Datum die Archäologie unseres Denkens ganz offen zeigt. Vielleicht auch das baldige Ende.
>
> Wenn diese Dispositionen verschwänden, so wie sie erschienen sind, wenn durch irgendein Ereignis, dessen Möglichkeit wir höchstens vorausahnen können, aber dessen Form oder Verheißung wir im Augenblick noch nicht kennen, diese Dispositionen ins Wanken gerieten, wie an der Grenze des achtzehnten Jahrhunderts die Grundlage des klassischen Denkens es tat, dann kann man sehr wohl wetten, daß der Mensch verschwindet wie am Meeresufer ein Gesicht im Sand (Foucault 1974, 462).

»Maschinen, die dazu bestimmt sind, Trägheit zu produzieren«, »inmitten all der Episoden der tiefen Geschichte des *Gleichen*«. Die Neuigkeiten, die den sozialen Austausch in der Gegenwart auf Sprach- und Informationssysteme reduzieren sind gar nicht so neu. Die Strukturierung der Information und der Kommunikation erfolgt unabhängig von den Handlungen der Subjekte. Computer ermöglichen das Erfassen, das Klassifizieren und die Ausführung von Datensystemen. Sie sind umfangreicher als zu der Zeit, als Claude Lévi-Strauss Mythen dekodierte. Das Studieren und Verbessern von urbanen oder kommunikationsbezogenen Problemen ist seit der Geburt von Google leichter. Trotzdem sind neue wissenschaftliche Herausforderungen entstanden, seitdem die Biologie, die Medizin und die Psychologie nicht nur das Ziel der Krankenheilung haben, sondern auch Gene, unser Empfinden und unsere Emotionen entschlüsseln und sie verändern wollen, um sie anschließend auf Daten zu reduzieren, die von Algorithmen verarbeitet werden können.

Innerhalb dieses neuen Erkenntnisprozesses taucht die Frage von Paul Ricœur an Claude Lévi-Strauss wieder auf: Wir gehen also davon aus, dass die Dekodierung es möglich macht, den Sinn der biologischen und sozialen Strukturen sowie der symbolischen Gerüste zu erfassen, auf deren Basis wir unsere Beziehungen zu anderen begreifen. Was ist jedoch *der Sinn des Sinns* (Ricœur 1967), den wir den Strukturen verleihen, sobald wir uns als individuelle und kollektive Subjekte begreifen, wir uns von den anderen abgrenzen und zwischen verschiedenen Arten des Zusammenlebens mit ihnen entscheiden?

Es geht nicht um eine Rückkehr zu irgendeiner Form des Subjektivismus oder zur Illusion eines unkonditionierten Bewusstseins. Es geht um die Erprobung einer Möglichkeit der Rekonstruktion einer Theorie über Akteure. Diese wäre durch den Bruch mit der maschinellen Verabsolutierung in der Lage, nach Éric Sadin zwischen denjenigen zu unterscheiden, die jegliche Lebensbereiche kommerzialisieren wollen, und denjenigen, die bloß mit »dem Sensiblen, dem Widerspruch und der Angst vor dem Kontakt mit dem Anderen und dem Konflikt« (Vicente 2017) experimentieren. Die Ungleichheiten und Unstimmigkeiten in unseren Gesellschaften gestatten uns – in diesem Zeitalter der Ungewissheit über die Gültigkeit von Strukturen – keinen Glauben daran, dass die Weitergabe gescheiterter Befehle an andere ohne die Intervention privilegierter Akteure geschieht. Weder die materiellen, noch die symbolischen Märkte sind selbstregulierend.

Mit dem Prozess der Robotisierung und der wirtschaftlichen Konzentration wird den Sozialrechten und der sozialen Sicherheit ein immer niedrigerer Stellenwert zugeschrieben. Dabei scheint weitverbreitete Prekarität den Eliten, die für mehr Akkumulation und Knappheit sorgen, zunehmend egal zu werden. Die getroffenen Entscheidungen sind kein bloßer Effekt der Marktlogik. Menschen ohne Krankenversicherung werden nicht behandelt, ärmere Personen erhalten keinen Breitband- oder Internetzugang oder können nicht studieren, weil sie eben nicht ausschlaggebend für den profitablen Ausbau dieser Institutionen sind.

Während die Debatte zwischen Lévi-Strauss und Ricœur über die Legitimität des Strukturalismus und die Grenzen seiner Gültigkeit eine epistemologische Kontroverse über die Fähigkeit zum Verständnis des sozialen Sinns über die innere Struktur des Sprachgebrauchs darstellt, veranschaulicht die aktuelle Analyse der Gesellschaft als algorithmische Verbindung den Dataismus als Rechtfertigung des Kapitalismus. François Dosse schrieb in seiner Analyse zu dieser Kontroverse, dass »strukturelles Denken ein Gedanke ist, der nicht gedacht wird« (Dosse 2013, 349). In dem das Gefühl, ständig und immer verbunden zu sein, einen Absolutheitsanspruch erhält, verlernen wir, die Konsequenzen der algorithmischen Reduzierung der sozialen Interaktionen auf einen Marktwert zu problematisieren. Das algorithmische System ist eine Strategie zur Desorganisation der gesellschaftlichen Kräfte. Möglicherweise wird diese auch nur vorgegeben. Eine Ablehnung dieser vermeintlichen Autonomie ist elementar, sobald wir einen Eingriff oder deren tendenziöse Steuerung durch hegemoniale Akteure feststellen. Durch die Relativierung dieser Akteure können wir hoffen, dass wir als Betroffene wieder über die Bedeutung der sozialen Zukunft diskutieren können.

Die zur Allgemeinheit vorgedrungene Interaktivität erweitert die Macht von Unternehmen und einigen Staaten. Sie verbessert unsere Erfahrungen als Nutzer, wenn wir uns im Netz bewegen. Wir nutzen die Dienste und fühlen uns dabei gleichzeitig gefangen. Wir können gegenhegemoniale Alternativen ausprobieren, oder wirtschaftliche und technologische Programme hacken, die uns einschränken. Aber ob diese Aktionen wirksam sind. hängt davon ab, ob wir diese regimekritischen Praktiken in eine größere, komplexere Diskussion um den Sinn übertragen können. Dazu fällt mir ein Gedicht von T.S. Eliot ein:

> *We have the experience but missed the meaning.*
> *And approach to the meaning restores the experience in a different form.*

Die Weitergabe von Erfahrungen und ihrer Hierarchien, die von Subjekten verborgen und verarbeitet werden, welche (wie die GAFA) schon entsubjektiviert erscheinen, sollte nicht in ihrem Potenzial und ihren Gefahren bewertet werden, sondern der Erneuerung der Debatte über die Auflösung des Sinns dienen. Dabei muss allerdings klargestellt werden, dass der Sinn der Geschichte, des Lebens, des Zusammenlebens, der Konflikte und der »Lösungen«, auf den ein Dichter wie Eliot sich in der ersten Hälfte des 20. Jahrhunderts bezog, oder den Ricœur seinerzeit meinte, nur teilweise den aktuellen Erfahrungen entspricht.

Die Neuverteilung der Hegemonie

Ich wage folgende Hypothese über einen Sinneswandel in der sozialen Organisation und in den Erfahrungen der Bürger: der Durchbruch der sozialen Netzwerke liefert durch neue interaktive Prozesse ein Format, das jenseits der (kontra-)hegemonialen Absichten oder der Unternehmen und Parteien, Arten der Kommunikation und des Assoziierens eröffnet, die a priori weder hegemonial noch kontrahegemonial sind. Durch die Neukonfigurierung der Machtkonstellationen und der Akteure tauchen ambivalente und hybride Kombinationen auf. Über sie entstehen Formen der Kontaktfreudigkeit dort, wo die Macht ihre binäre Struktur verloren und eine verstreute Komplexität angenommen hat. Es gibt zahlreiche Möglichkeiten des Zusammenseins, der Kommunikation oder des Teilens und Verteilens von Gütern.

In den Netzwerken teilen wir Informationen mit Freunden und laden Fotos oder Memes hoch zur Unterhaltung oder für soziale Anerkennung. Gleichzeitig werden Nutzerressourcen abgeschöpft und oftmals veröffentlicht. Das öffentliche Teilen von geknackten Passwörtern bezeichnet man im spanischsprachigen Raum als *crackear*. Teilt man sie mit dem Ziel eines wirtschaftlichen Nutzens, so spricht man von Piraterie. Natürlich wird dadurch eine Köderwirtschaft etabliert, in der nach der Bezeichnung von Luis Reygadas »falsche Geschenke« an die Nutzer verteilt werden: freier Zugang oder Dienstleistungen im Gegenzug für Nutzerinformationen (2018, 74).

Wir erkennen, dass diese Prozesse nicht auf binäre Gegensätze reduziert werden können: Ob die Praktiken lukrativ orientiert sind oder nicht, ob legal oder illegal, kooperativ oder wettbewerbsorientiert, hegemonial oder popular. Bei einigen Interaktionen überwiegt eine Art dieser Verhaltensweisen, aber oftmals sind mehrere Akteure mit unterschiedlichen Zielen beteiligt. So wie nicht alles als Altruismus, Gegenseitigkeit und gemeinschaftlicher Aufbau in gemeinnützigen Beziehungen zu verstehen ist, da in solchen Verbindungen auch immer das Streben nach Status, Anerkennung oder Macht enthalten ist, so stützt sich die formale Wirtschaft häufig auch auf Informalität. Profitorientierte oder illegale Praktiken sind mit denjenigen aus der gleichberechtigten Zusammenarbeit verknüpft.

Wie rekonfigurieren sie also die politische Auseinandersetzung zwischen Bürgern, Unternehmen und anderen Zusammenschlüssen in der digitalen Ära? Mehrere Antworten sind hierauf möglich. Sie deuten darauf hin, dass der Begriff der Staatsbürgerschaft selbst sich verändert. Eine kritische Perspektive bietet die Diskussion zwischen Étienne Balibar und Wendy Brown. Balibar sagt darin, dass

> der Neoliberalismus nicht nur eine Ideologie [ist], er ist eine Mutation der Natur der Politik selbst, die von Akteuren herbeigerufen wurde, die in allen Bereichen der Gesellschaft zu finden sind. Es handelt sich in der Tat um die

> Entstehung einer extrem paradoxen Form der politischen Aktivität. Denn er neigt nicht nur dazu, das Element der Konnektivität soweit wie möglich zu neutralisieren – was essenziell für seine klassische Erscheinung ist –, sondern er versucht, ihr im Voraus jegliche Bedeutung zu entziehen und will die Voraussetzung für eine Gesellschaft schaffen, in der Handlungen von Individuen und Gruppen (auch wenn sie gewalttätig sind) von einem einzigen Kriterium abhängen: Ihrem quantifizierbareren Nutzen. Daher geht es tatsächlich nicht so sehr um Politik oder Anti-Politik, oder um Neutralisierung oder präventive Abschaffung des soziopolitischen Antagonismus (Balibar 2013, 169).

Zur Diskreditierung von Parteien und anderen traditionellen Formen der Repräsentation kommt die Verneinung der Konfliktträchtigkeit hinzu. Balibar schreibt diese zwar dem Neoliberalismus zu, aber er neigt offensichtlich zur Verschleierung der Konflikte, die der algorithmische Reduktionismus in das soziale Leben hineinträgt. Diese entpolitisierte Perspektive kann zum blinden Vertrauen gegenüber der computerbasierten Intelligenz führen oder das Gefühl vermitteln, unsere Handlungen seien unbedeutend angesichts einer Intelligenz, die über unsere eigenen Kompetenzen hinausgeht. Dies ist bereits im Alltagsleben der Bürger und sogar in aktivistischen Kreisen eingetreten. Beim Nutzen der Netzwerke sind sie von der widersprüchlichen Informationsfülle verblüfft und sehen sich mit der Schwierigkeit konfrontiert, zwischen wahrheitsgemäßen und gefälschten Nachrichten zu unterscheiden, die von russischen oder westlichen Bots oder durch gierige journalistische Seiten für die Steigerung ihrer Klicks manipuliert wurden.

Harari warnt, dies sei erst der Anfang. Bisher begrenzen sich *Tracking* oder gar Spionage-Funktionen auf Webseiten nur auf externe Signale: Welche Produkte wir wo kaufen, mit wem wir kommunizieren und welche Wortwahl wir bei der Online-Suche benutzen. Doch schon bald werden biometrische Sensoren Daten über unseren Herz-Kreislauf-Rhythmus und unsere Gehirnaktivität sammeln, um sie mit den Aktivitäten unserer Kreditkarten und unseren Engagements bei Themen wie Ökologie, Jugend, Frauen und Migranten zu korrelieren. Wir sind »Tiere, die man hacken kann« (Harari 2019).

Ist politisches Handeln also nur eine Illusion und lediglich die Wirkung derer, die uns besser kennen, als wir uns selbst, und die unser Verhalten herbeiführen? Hararis Empfehlungen, um diesen Bedingungen entgegenzuwirken, sind bescheiden: a) »Unsere Schwachpunkte kennen« – Ängste, Vorurteile, Wünsche – »denn sie sind die Hauptinstrumente derer, die sich in unser persönliches System einhacken wollen«; b) »die liberale Demokratie nicht nur verteidigen, weil sie bewiesenermaßen eine gütigere Regierungsform ist, als jede Alternative, sondern auch, weil sie die am wenigsten restriktive in der Debatte über die Zukunft der Menschheit ist«; c) »die traditionellen Hypothesen des Liberalismus gründlich infrage stellen und die Entwicklung eines neuen politischen Projekts stärker in einen Einklang mit den wissenschaftlichen Realitäten und den technologischen Möglichkeiten des 21. Jahrhunderts bringen« (*Idem*).

Wo sollen wir diese vagen Vorschläge ausüben, wenn die Rolle des Nationalstaats und generell die der territorialen Subjekte schon so weit geschrumpft ist? Anonyme Entitäten, die unsere Kommunikation tracken und wissen, wie wir auf lokaler, nationaler und globaler Ebene interagieren, wachsen weiter, aber sie generieren weder eine weltweite Gouvernementalität, noch Möglichkeiten, um sich als Bürger mit ihr verständigen zu können.

Vielversprechender ist hingegen die Frage nach den neuen Modi der »Souveränität« und der »algorithmischen Gouvernementalität«, und ob sie tatsächlich so global und neutral sind, wie sie vorgeben. Ist es nicht typisch für den westlichen Liberalismus, die individuellen und kollektiven Rechte zu verteidigen, darunter etwa die Forderung nach qualitativ hochwertiger Information? Bürger- und Regierungshandlungen gegen Google beziehen sich in manchen Fällen auf Menschenrechte, wenn es etwa um die Praxis dieses Unternehmens geht, Hassbotschaften gegen Frauen zu dulden. Sie haben Google dazu gebracht, seine Inhalte stärker zu kontrollieren. Weitere Beschwerden an Facebook wegen der Weitergabe von Falschinformationen während der Brexit-Kampagne und den Präsidentschaftswahlen in den USA zwangen die Firma letztendlich dazu, die verbreiteten Inhalte besser auszuwerten. Aus welchem Grund ist diese Art von Internet-Kontroversen in Asien weniger präsent?

Die fortgeschrittenste Annäherung an das Thema hat sich in den europäischen Ländern gezeigt. In der Folge beschloss das Europäische Parlament im April 2018 die Europäische Datenschutz-Grundverordnung. Vom 30. Mai an begann ihre Umsetzung. Unternehmen müssen ihre Valorisierung quantitativer und qualitativer Daten neu ausrichten: Das Sammeln von Informationen ist genauso wichtig wie die Art und Weise, auf diese gespeichert und verwendet werden. Die Verwaltungskultur wandelt sich angesichts der politischen und zivilgesellschaftlichen Forderungen, die mit den Forderungen nach Gewinn und den finanziellen Tricks der Konzerne in Konkurrenz stehen.

Wenn europäische Unternehmen sich nicht an diese gesetzlichen Änderungen halten und ihre Systeme zur Verarbeitung von Kundendaten gegen die Grundverordnung verstoßen, kann sie das teuer zu stehen kommen: die Geldstrafen betragen 4 % des Gesamtumsatzes, beziehungsweise bis zu 20 Millionen Euro. Am Beispiel von Facebook haben sie gelernt, dass die Missachtung der Nutzerrechte ihren digitalen Ruf schädigen kann. Die schwachen Erfolge der Verbraucherorganisationen im medialen Zeitalter (bezogen auf Radio und Fernsehen) haben bereits die Reichweite und die Bedeutung der Staatsbürgerschaft und ihrer beginnenden Ausübung im Netz geändert. Die Anführer des E-Kapitalismus, die durch den Gang an die Börse schnell große Gewinne gemacht hatten, verloren im Juli 2018 zwischen 20 und 25 % ihrer Aktienvermögen an der Wall Street. Daraufhin begannen sie, genau wie Facebook und Twitter, für eine klare Unterscheidung zwischen zuverlässigen und gefälschten Nachrichten einzustehen, um den Nutzern wieder Sicherheit zu suggerieren. Nachdem im April desselben Jahres der Datenskandal um Cambridge Analytica bekannt wurde, bestand die Notwendigkeit, der eigenen Diskreditierung schnellstmöglich entgegenzuwirken. Damals wurden zig Millionen von Nutzerdaten in sozialen Netzwerken zwecks der Trump-Kampagne zweckentfremdet (»Facebook s'effondre de 18 % à l'ouverture de Wall Street« 2018).

Sollen tausende Silicon Valleys blühen?

Während die transnationale Kommunikation und soziodigitale Netzwerke nationale Grenzen verschwimmen lassen, betreffen sie spezifische Regionen auf unterschiedliche Weise. Sie artikulieren sich durch wirtschaftliche und politische Auseinandersetzungen, die nicht elektronisch ablaufen. Sie bringen Bürgern in Ländern ohne fortschrittliche Technologiepolitik, darunter Lateinamerika, in eine unsicherere Lage; im Gegensatz dazu geben sie Bürgern aus europäischen Ländern mehr Möglichkeiten oder schützen sowohl deren Interessen, als auch die der dort ansässigen Unternehmen. Diese Unterschiede sind für die Diskussion in diesem Buch besonders interessant: es geht um die Reorganisation soziokultureller Aspekte der Staatsbürgerschaft. Das Fortbestehen ethnischer, nationaler und regionaler kultureller Entwicklungen, welche die angebliche Universalität des Tech-Kapitalismus widerlegen, stellt die globale Datenwirtschaft vor unterschiedliche Herausforderungen. Die lateinamerikanische Kritik am zivilisatorischen Anspruch des E-Kapitalismus – Zugang für alle, horizontale Interaktion, autonomes Unternehmertum mit freier Konnektivität – kann sich von den Debatten in den Metropolen inspirieren lassen und gleichzeitig eigene Handlungswege finden.

Für einen Einstieg in diesen Prozess ist eine Beobachtung der Nanostrategien der Technologieunternehmen nützlich. Wir sprechen bereits von »semigeheimen Vereinigungen« der emanzipatorischen und der dominanten Hackergemeinschaft. Es ist heutzutage bekannt, dass der Tech-Liberalismus nicht entortet ist und auch nicht völlig versteckt abläuft, sofern er seinen steuerlichen Verpflichtungen nachkommt.

Die Hauptlabore der digitalen Industrie befinden sich im Silicon Valley. Hier konzentrieren sich die Start-Up-Unternehmen, Tempel der »Flexibilität« und der »Zusammenarbeit«, die »die kreativen Beiträge jedes Einzelnen« brauchen. In der Umgebung von San Francisco stimmen Datenspeicherung und -verarbeitung mit einer expansiven Logik des kapitalistischen Liberalismus überein. Der Glanz des Silicon Valley ist nicht nur wirtschaftlicher Natur. Der Wunsch, Teil der Ideologie solcher Unternehmen zu sein, hat sich seit den ersten Jahrzehnten des 21. Jahrhunderts verbreitet. Junge Menschen wollen Silicon Valleys, Täler des Wissens, auf allen fünf Kontinenten gründen. Trotz der Ungleichheit und der schutzlosen Prekarität, die wir im Kapitel über junge Kreativschaffende und soziale Bewegungen unter der Beteiligung Jugendlicher analysiert haben, beruft sich diese so genannte »Silikonisierung« weiterhin auf »egalitäre Werte« von »visionären Start-Up-Angestellten« und der »unabhängigen Freiberufler«. Als öffentlich-private Arbeitsgemeinschaften programmierte Industrieparks und Gründerzentren beugen sich vor diesem freundlich anmutenden Kolonialismus: Er vereint die freiwillige Selbst-Silikonisierung oder »Sili-Kolonisierung«, wie Eric Sadin sie nennt.

Damit wären wir auf der anderen, versteckten Seite des »Zeitalters der Zugangsmöglichkeiten« angekommen, das in den ersten Jahren des Internets so gelobt wurde. Es geht nicht mehr nur um die Erfassung und die Verwaltung von Daten. Die Begleitung unserer Existenz und unseres Zusammenlebens durch Algorithmen macht die künstliche Intelligenz »zu einer Form des Über-Ichs, das zu allen Momenten mit der Intuition der Wahrheit ausgestattet ist und das den Kurs unserer individuellen und kollektiven Handlungen auf ein Optimum lenkt« (Sadin 2018, 37). Durch die Gestaltung unseres kognitiven Horizonts ohne eine öffentliche Debatte kommt es zu einer »Schwächung der Möglichkeit zum politischen Handeln im Sinne einer a priori freiwilligen Beteiligung von Einzelpersonen für das Leisten eines Beitrags zum Aufbau des Gemeinwohls« (*Ibid.*, 38).

Wenn das Internet und die digitalen Server nicht universell sind, dann liegt das daran, dass ihre Macht zur Erfassung von Daten zur sozialen Überwachung Teil des Disputs zwischen den USA und China ist. Darin geht es um die zukünftige Hegemonie und die Expansion einer bestimmten Lebensweise. Besonders deutlich wird das beim Betrachten des Handelskriegs zwischen den beiden Ländern und dem Streit über die neue Reichweite von Huawei Mitte 2019. Die US-Regierung urteilt, dass chinesische Mobiltelefone und Tablets eine Gefahr für ihre nationale Sicherheit darstellen und hindert US-Unternehmen daran, ihnen Komponenten oder Software zu verkaufen. Es geht nicht nur um einen Kampf zwischen zwei Tech-Giganten. Googles Forderung an Huawei, keine Service-Updates von Google auf Geräten von Huawei zu installieren, ist für die die asiatischen Geräte ebenso ein Schlag wie für die Google-Software Android und Gmail. Ähnlich verhält es sich bei Nutzern im Westen, die nicht wissen, ob sie mit gutem Gewissen auf 5G-Netze zugreifen können, deren Marktführer Huawei ist. Mehrere Partnerunternehmen (Alphabet, Skyworks und Xilinx) verzeichnen Preiseinbrüche. Am wichtigsten ist für uns dabei der mangelnde Schutz für Smartphone-Nutzer. Sie müssen nicht nur damit rechnen, dass ihre Daten von einer auf die andere Seite dieser Auseinandersetzung entführt werden, sondern dass sie auch über Gmail entwendet werden können, einem E-Mailanbieter mit etwa einer halben Milliarde Nutzer.

Sadin erklärt, dass seine Bedenken bezüglich der Datennutzung und der Bürgerrechte sich aus der Idee des europäischen Humanismus nähren. Es ist anzuzweifeln, dass dieser Humanismus eine solche Anerkennung für auf »der Kraft des menschlichen Verstandes« basierende »juristisch-politische Errungenschaften« verdient. Seine Glaubwürdigkeit ist des Weiteren fraglich, weil er »das grundlegende Recht auf Widerspruch und auf die Erhaltung unserer Gefühlswelt, die uns ausmacht« aufrechterhält (*Ibid.*, 38). Nichtsdestotrotz erweist sich Sadins Diagnose über die Allianz zwischen »der technisch-wissenschaftlichen Forschung«, »dem überaus abenteuerlichen und eroberungsfreudigen Kapitalismus« und den neoliberalen Regierungen, die sich der Algorithmierung des Sozialen verschrieben haben, als interessant.

Wenn der Ortungsdienst Waze in Mexiko-Stadt, Buenos Aires oder Frankfurt meine Unsicherheiten aus dem Weg räumen kann, dann scheint es, als übersteige sein computerbasiertes Urteilsvermögen, und damit seine Dienstleistung, lokales Wissen oder zeitliche Schwankungen. Diese können wir Menschen nicht vorhersehen, noch weniger in einem uns fremden Land: wir können nicht im Voraus wissen, dass der Verkehr heute wegen eines großen Nachbarschaftsfest, einer Demonstration oder der Straßenarbeiten ins Stocken kommt. Delegiere ich meine Entscheidungen also an diese mir überlegene Intelligenz, die sekundengenau und multilokal arbeitet? Google und andere globale Enzyklopädien deuten das Bild einer lückenlosen, kontrollierten und im Sekundentakt kommunizierbaren Welt an.

Auf diese Weise bildet sich folglich ein »unbeabsichtigter Vorgang des Delegierens, der bewusst oder unbewusst durch die berauschende Gewohnheit des ›technologischen Rituals‹ erregt wird, und das auf ›intuitive Systeme‹ oder auf eine Art *Parallelmenschheit* ausgerichtet ist, die auf das ›gute Benehmen dieser Welt‹ hinarbeiten soll«, so Eric Sadin (2017, 26-27). Dadurch richtet sich eine »roboterartige Verwaltung der Existenz ein, die durch hellseherische und empathische Agenten garantiert wird« (*Idem*).

Was sind die Konsequenzen für die Beziehungen der Bürger mit den öffentlichen Befugnissen? Die »politische Macht auf der Grundlage der Debatte und der Verpflichtung zu selbstständigen Entscheidungen beginnt zu bröckeln, und sie führt allmählich dazu, die Verantwortung für die Durchführung und *Entscheidung* öffentlicher Wahlen den statistischen Ergebnissen und den algorithmischen Projektionen zu überlassen« (*Ibid.*, 30). Zahlen aus dem Jahr 2012 zeigten, dass bereits 51 % des Internetverkehrs von nicht-menschlichen Entitäten ausging: Hacking-Programme und automatisierte Spamnachrichten. 20 % dieser 51 % wurden als »neutral« bewertet, während 31 % schädlich waren.[1]

Weil digitale Informationen so hellsichtig und empathisch wirken, lenken sie uns von den eigentlichen Gefahren ab. Sie verleiten uns dazu, das neue Design einer App interessanter zu finden als Anlässe zum politischen Protest im digitalen Zeitalter. Wir sind eher dazu geneigt, Geräte zu bedienen, als Güter zu produzieren. Wir delegieren immer häufiger an scheinbar magische Mächte. Ich frage mich: Werden diese Trends nicht Teil des zivilisatorischen Prozesses selbst, der außergewöhnliche »Führungspersönlichkeiten« einsetzt, die das zustande bringen können, was Parteien, Gewerkschaften und soziale Bewegungen versäumen? Dahingehend sollten bestimmte empirische Vorgänge untersucht werden. Denn es gibt keinen Grund zur Annahme, dass eine derart generelle Hypothese unter gleicher Gültigkeit die aktuellen Geschehnisse in Brasilien, in den USA, in Mexiko und in einige Ländern

1 Siehe www.incapsula.com

Osteuropas erklären kann. Man erzählt uns auf der ganzen Welt, Lohnerhöhungen seien ebenso wie die Vermeidung unsicherer Arbeitsverhältnisse unmöglich, und zwar aufgrund der Globalisierung, der Schuldentilgung, der internationalen Abkommen und der Natur eines Marktes, von dem wir ohnehin nicht wissen, in welche Richtung er gelenkt wird. Scheint dann die nicht die Idee attraktiv, auf Geolokalisatoren zu vertrauen? Durch sie würden wir unsere Entscheidungen nicht nur an Geräte der künstlichen Intelligenz delegieren, sondern auch an Herrscher, die uns im Gegensatz zu den Schreckensmethoden der alten Tyrannen zum Glauben an Videokameras, an Zentren für künstliche Intelligenz und an Detektions- und Überwachungsgeräte bekehren, die von den Supermächten kommen.

Es ist nicht leicht, zu den soziokulturellen Folgen und den Politiken, die mit der automatisierten Organisation der Welt im Konflikt stehen, Stellung zu beziehen. Wir haben so viele Beweise für die Vorteile eines induzierten und hypervernetzten Lebens sowie für die Übernahme unserer Fähigkeiten als Verbraucher, Nutzer und Bürger. Im Netz gibt es zahlreiche Apps, die uns jederzeit bei der Erweiterung unserer kognitiven und kommunikativen Fähigkeiten behilflich sein können, während sie unsere Fotos und Bewegungen aufzeichnen und unsere Produktsuche und Käufe auswerten, ohne dass wir wirklich etwas kaufen. Sie sind dank einer Kreuzung aus Gesichts- und Bildschirmerkennung und unseren übrigen Präferenzen in der Lage, unsere potenziellen Interessen in einer Stadt vorauszusehen, in der wir vorher noch nie gewesen sind, zum Beispiel ob wir zu einem Kongress oder einer Sportveranstaltung gehen.

Der niederländische Experte für Cybersicherheit Victor Gevers entdeckte im Februar 2019, dass die chinesische Regierung über die Nutzung von Datenbanken der Firma *SenseNets Vision Technology* die Bewegungen von 2.5 Millionen Menschen in Xinjiang kontrollierte, da sie angeblich besorgt um die Uiguren und andere muslimische Minderheiten in der Bevölkerung war. Die Datenbank erhielt eine Liste von GPS-Standortmarkierungen. In 24 Stunden sah er, wie sich die überwachten Einzelpersonen durch verschiedene markierte Standorte bewegten – eine Moschee, ein Internetcafé, ein Hotel. Gevers von der *GDI Foundation* konnte, wie jeder andere, der es versucht hätte, auf diese Informationen (damals 6.7 Millionen Bewegungen) zugreifen und hätte sie auch manipulieren, ausspionieren oder löschen können, da die Seite nicht passwortgeschützt war. Er schickte eine Nachricht an *SenseNets* mit Hauptsitz in Shenzhen, um die Firma auf ihre Sicherheitslücke aufmerksam zu machen. Das Unternehmen antwortete nicht, aber schloss den Zugriff auf die Datenbank, sodass nun kein Eindringen außerhalb des chinesischen Cybernetzes mehr möglich ist. China erklärte, dass dieses Kontrollsystem mit einem Netzwerk an Umerziehungslagern verknüpft ist und argumentiert, dass es seit dem Aufbau solcher »politischen Trainingslager« keine neuen Zusammenstöße zwischen ethnischen Gruppen gegeben habe.

Mir fallen mehrere Unterschiede zwischen dem beschriebenen Überwachungssystem und dem Öffnen von Google oder dem Bestellvorgang auf Amazon von Nutzern in lateinamerikanischen Ländern ein. Angesichts der Tatsache, dass die Geräte, beziehungsweise die Ziele der Tech-Unternehmen nicht durchschaubar sind, gestaltet sich eine Antwort auf die Unterschiede zwischen den ethnischen Gruppen in Xiajiang und unseren Netzwerken zur digitalen Umerziehung jedoch schwierig. Wir können nicht genau wissen, wie lange diese Phase andauern wird.

Sadin stellt sich die Frage, wie diese Risiken einzuschätzen sind, wenn die robotisierte und globale Gouvernementalität als »ein als nicht-politisch deklariertes und unpersönliches Projekt erscheint, das aber auch expansiv und strukturierend wirkt« (*Ibid.*, 138). Ihm zufolge neigt die algorithmische Gouvernementalität zur Regulierung des sozialen Bereichs für eine Vermeidung jeglicher Art der Spannung. Ihre Fähigkeit, sich zwischen die Menschen zu stellen, auch zwischen Menschen und Dinge, zwischen die Dinge selbst und Organisationscodes, erzeugt eine Art »universelle Passform« der »Anpassung« zwischen jeder verbundenen Einheit, bis hin zum Bewirken einer sozialen *Glättung*. Diese Konfiguration erfüllt nicht mehr den von Kant angesprochenen »ewigen Frieden« oder das hegelsche »Ende der Geschichte«, sondern es manifestiert den zeitgenössischen unpersönlichen Willen zur bestmöglichen Abstimmung in der Aktion zwischen jeder organischen und materiellen Einheit (Sadin 2018, 138).

Ich sehe die Notwendigkeit, diese aus den Metropolen stammende Vision der algorithmischen Gouvernementalität mit anderen lateinamerikanischen Prozessen zu vergleichen – sozioökonomische, politische und kulturelle – die zur *Entbürgerlichung* führen. Es fällt schwer, diese zunehmend *geglätteten* Gesellschaften in ausgezehrten Ländern zu erkennen. Durch Korruption in Parteien und anderen sozial repräsentativen Institutionen sind sie kurzgeschlossen. Kriminelle Organisationen verwenden Hightech-Geräte nicht für die Erhaltung der Ordnung oder deren Transformation, sondern um sie zu brechen. Das wiederholte Versagen der auf beiden Seiten technologisch unterstützten »Antidrogenkriege« oder die prekären Versuche der sozialen Teilhabe und der kollaborativen Wirtschaft sollten auch in diese Analyse miteingebunden werden. Wir sprechen von einem Abriss des Sozialen, zusammen mit der Rationalisierung der Algorithmen.

Um die Ausbreitung der Sili-Kolonisierung nachzuweisen, sammelt Sadin Hinweise auf argentinische, brasilianische, chilenische, afrikanische und asiatische Programme, die den Markenwert Kaliforniens nutzen. High-Tech-Unternehmen und Inkubatoren für Startups in São Paulo führten dazu, dass die brasilianische Stadt jetzt als das »Silicon Valley Südamerikas« gilt. Santiago de Chile hat angekündigt, dem brasilianischen Beispiel folgen zu wollen. Zahlreiche lateinamerikanische Universitäten und Regierungen, die im ersten Jahrzehnt des 21. Jahrhunderts die Ideologie des Unternehmertums als Schritt gegen Massenprekarität und Jugendarbeitslosigkeit übernommen hatten, beschließen im zweiten Jahrzehnt den »Ausstieg« aus diesem und folgen der Tendenz zur technologischen Innovation. Ein bedeutender Fall, den Sadin nicht erwähnt, ist Guadalajara im mexikanischen Bundesstaat Jalisco. Die Behörden fördern ein Programm zur Vernetzung großer Unternehmen, die meisten von ihnen US-amerikanisch, mit kleinen und mittelständischen Unternehmen. Von ihnen gibt es schätzungsweise 600 in Jalisco. Ziel des Programms ist die Gründung eines Technologie- und Kreativsystems. Dadurch sollen, wie an anderen Orten auch, Investitionen angezogen, hochwertige Arbeitsplätze geschaffen und digitale Dienstleistungen bereitgestellt werden, die diese Stadt zur zum »Guadalajara Valley« machen würden. Darüber hinaus versuchen die Behörden, die von Trump auferlegten Beschränkungen gegen Einwanderer auszunutzen. Denn unter ihnen befinden sich wohlmöglich auch einige qualifizierte Techniker, die sich dann zusammen mit den Unternehmen in Guadalajara niederlassen könnten. Man nimmt an, dass 85.000 Bewohner im Süden San Franciscos dann in Gefahr wären, ihre speziellen H-1B-Visa zu verlieren. Die Regierung von Jalisco lädt Experten zu den Themen Virtual Reality, Robotik und Datenanalyse nach Guadalajara ein und lockt mit Steuervorteilen und großer Medienpräsenz in Mexiko und Kalifornien. Mehrere Hochschuleinrichtungen in der Region zeigen Bereitschaft zu einer Zusammenarbeit (ITESO, ITESM, Universidad de Guadalajara, und weitere). Analysten und Befragte dieser Institutionen weisen darauf hin, dass der Diskurs in der Regierung sich nicht mit den Konflikten der städtischen Unsicherheit befasst – Guadalajara zählt zu den gefährlichsten Städten Mexikos. Gleiches gilt für den Schutz persönlicher Daten von Nutzern in Netzwerken, sowie für den Schutz akademischer Diskussionsthemen in dieser Region (Riquelme 2018; Soto 2018). Was verstehen wir von dieser Situation, wenn wir den nicht-technologischen Zusammenhängen keine Chance gewähren, ihr

Gewicht zeigen? Sowohl die Diskriminierung von Einwanderern in den USA, als auch die mafiösen Machenschaften in Jalisco (Anfang 2019 neun Morde pro Tag) bezeugen, dass die technikbesessenen Narrative mit dem sozialen Unvermögen der Gouvernementalität verflochten sind.

Eric Sadin widmet ein Kapitel seines Buchs mit dem Titel *Die Sili-Kolonisierung der Welt* der Beschreibung der Begriffe »Brutalität« und »Kriminalität« im Sinne von Notwendigkeiten für die Entwicklung der künstlichen Intelligenz. Er unterscheidet in diesem »neofeudalen« System zwischen »vier Kasten«. Die erste sind die so genannten *Königs-Codierer*, also Personen mit äußerst hohen Qualifikationen in der Mathematik und im Programmieren. Sie sind in der Lage, Projekte zu definieren, die die erforderlichen technischen Anforderungen zusammenfassen und Lösungen anbieten. Eine größere und vielfältigere Kaste bildet die zweite Gruppe, die in den Forschungsabteilungen, im Design, im Marketing, den Public Relations und der Programmierung zu finden ist: Sie befinden sich nicht innerhalb des Unternehmens, sondern »im Schoß einer Atmosphäre«. Sie können in der Kantine kostenlos gesunde Gerichte essen und teilen sich ihr Mittagessen auf großen Holztischen, da dies den informellen Austausch fördert, den sie dann in Freizeiträumen und in rund um die Uhr geöffneten Fitnessstudios fortsetzen.

Es gibt eine dritte Kaste, die »auf einer Basis des Lumpenproletariats besteht und von Firmen angestellt wird, die Hardware herstellen«. Die meisten dieser Firmen sitzen in Asien, darunter die taiwanesische Gruppe Foxconn. Es handelt sich um Montagewerke mit beklagenswerten sanitären Verhältnissen, in denen ohne Rücksicht auf ökologische und soziale Auswirkungen Rohmineralien verarbeitet werden.

Die vierte Kaste ist die der in der so genannten plattformbasierten Wirtschaft tätigen Personen: Uber-Fahrer und Arbeiter bei ähnlichen Unternehmen, Immobilienvertreter. Scheinbar unabhängige Dienstleistungsanbieter ohne Rechte, die unmittelbar mit Computersystemen verbunden arbeiten. Diese qualifizieren sie, fördern sie oder setzen sie massiv unter Druck, und zwar immer mit einem enormen Gewinnanteil für das Unternehmen.

Die Einschränkung dieser Sadin-Analyse besteht darin, dass sie von einem Prozess innerhalb oder zwischen Unternehmen ausgeht. Dabei sieht sie keine Widersprüche, Hierarchien und keine Ausbeutung bei den sozialen Bedingungen der unterschiedlichen geoökonomischen und geopolitischen Regionen, wie sie beim Kontrast zwischen Kalifornien und Guadalajara angedeutet wurden. Sadin stellt in seiner kurzen Analyse des Silicon-Valley Propagandastils etwas ähnliches fest: zusätzlich zur Förderung ihres libertären, kreativen und vermittelnden Geistes, etwa auf TED-Konferenzen (*Technology, Entertainment and Design*), auf Veranstaltungen und in Zeitschriften, begreifen diese Akteure ihre Aufgabe als »Mission« mit dem Ziel der »Erhöhung des Lebensstandards durch Technologie« und sehen ihre Führungskräfte als fast heiligengleiche Vorbilder, wie Steve Jobs sich sogar selbst bezeichnete. Der französische Philosoph weist darauf hin, dass der Begriff »Technology Evangelist« nicht zufälligerweise eine Arbeitsposition in der digitalen Industrie bezeichnet. Hararis Beschreibung des Dataismus als »Religion der Daten« bestärkt diese Interpretation. Aber es ist notwendig, dieses expansive und erlösende Vorstellungsbild auf der Basis empirischer Untersuchungen zu folgern. Carmen Bueno, Gustavo Lins und Luis Reygadas wurden in diesem Buch bereits vorgestellt. Durch diese Studien haben wir die Möglichkeit zu verstehen, wie die Köderwirtschaft und die Selbstausbeutung mit der einvernehmlichen politischen Unterwerfung verflochten sind.

Wie Bürger sich informieren

Die kombinierte Analyse zwischen *Online-* und *Offline*welt, den diskursiven Strategien der Technikbranche und deren wirtschaftlichen Strukturen auf nationaler und transnationaler Ebene ist im Kontext der Rezeption und der Nutzerrechte zu einem Merkmal der fortgeschrittenen Kommunikationsforschung in Lateinamerika geworden (Crovi und Trejo 2018). Die erwähnten Aspekte zur Kontinuität zwischen digitalisierten Arbeitsmärkten und ihren soziopolitischen Kontexten wird auch in den Formen des Zugangs und der Aneignung kultureller Güter sichtbar. So expansiv die digitale Welt auch ist: Wir bilden und informieren uns über die Geschehnisse in der Gesellschaft anhand schriftlicher Medien, audiovisueller Inhalte, über das Internet, und, nicht zu vergessen, über den persönlichen Austausch zu zweit oder in Gruppen, von Angesicht zu Angesicht. Es ist bekannt, dass die Schule eine entscheidende Rolle bei der Bildung des Menschen zum Bürger spielt. Doch genau wie Pädagogen in den 1970er-Jahren das Fernsehen als Feind sahen, widersetzt sich die Schule seit Jahrzehnten dem Einzug digitaler Ressourcen in den Unterricht. Den Pädagogen von heute fällt es schwer zu akzeptieren, dass deren breite Informationskapazität fast immer mit einem Unterhaltungswert gekoppelt ist. Bildung und Staatsbürgerschaft sind ernste Angelegenheiten.

Draußen-Spielen, Herumalbern oder miteinander Tuscheln passen eher in die Pause und auf die Straße.

Die traditionelle Ausrichtung der Schulbildung räumte ein, dass eine Annäherung an die Realität der audiovisuellen Kultur, und heutzutage der digitalen Kultur, unvermeidlich ist. Das Buch ist nicht das einzige wissensvermittelnde Medium im Alltag der Jugendlichen, und zwar schon seit Jahrzehnten nicht mehr. Die Jahre zurückliegenden wissenschaftlichen Beweise dafür (Martín Barbero 2002; Chartier 2012; Brito und Finocchio 2009, uvm.) haben Programme und Prozesse ermöglicht, die eine Legitimation der Koexistenz von schriftlichen und bildgestützten Bildungsmaterialien begründet haben. Nichtsdestotrotz setzte sich die traditionelle Auffassung von Schule bis ins erste Jahrzehnt des 21. Jahrhunderts in der Bildungs- und Kulturpolitik durch. Die Politik hat audiovisuelle und digitale Ressourcen viel zu spät einbezogen. Wir erinnern uns alle an die Anekdoten über die Überforderung von Lehrkräften, die in Windeseile auf die Nutzung neuer Medien umgeschult worden waren und erstmals mit der Funktionsweise des Fernsehens, den Regeln der digitalen Kommunikation und deren Auswirkungen auf die gesellschaftliche Meinung konfrontiert wurden. Diese schulische Abneigung gegenüber der digitalen Welt und das daraus resultierende Missverhältnis, in dem Jugendliche den Reden der Politiker und den Politsendungen im Fernsehen abgeneigt sind, kommt nicht überraschend.

Sogar Studierende, ob politisch aktiv oder nicht, kombinieren die Informationen aus Büchern und Zeitungen mit denen aus Online-Nachrichten. Die weit verbreitete Mischung aus Info-Chats und »ernsthaften« Diskussionen mit Memes wirkt nicht nur als Neugestaltung der politischen Kommunikation und des ideologischen Marketings, sondern sie verändert gleichzeitig die Konstituierung des soziokulturellen Sinns. Dieser wird gleichermaßen büchertreu, audiovisuell und digital. Ähnliches gilt für die Lebenszeit und die Überholung innerhalb und zwischen diesen verschiedenen Medien und Sprachgebräuchen.

In einer Studie der Anthropologin Rosalía Winocur über die Gewohnheiten von Studierenden der Kommunikationswissenschaft an der UAM in Mexiko-Stadt stellte sich heraus, dass die Befragten »nicht klar zwischen Online-Zeit und Offline-Zeit unterscheiden, ebenso wenig wie zwischen Freizeit und Lernzeit oder Unterhaltung und Verpflichtungen. Sie erkennen zwar die bestehenden Unterschiede, aber sie sind es gewohnt, ständig zwischen dem Lesen auf Papier und Bildschirm zu wechseln, zu chatten und zu verlinken, zu teilen, und Fragen über das Gelesene zu stellen« (Winocur 2015, 265).

Soziale Netzwerke sind der Schlüssel dieser »Aufspaltung«. Es ist jedoch unzureichend, diese neuen kommunikativen Verhaltensweisen als Entpolitisierung zu deuten. Winocur fand heraus, dass junge Menschen wissen, wie man informative Medien erkennt und wie man sie mit anderen Medien vergleicht. Sie verstehen, dass

> die reflexive Verarbeitung, die durch diese Anhäufung [an Medien] erforderlich ist, zu Hause oder an einem ruhigen Ort leichter fällt. »Wenn es Zeitschriften oder Zeitungen sind, kann ich die sogar im Bus lesen. Aber wenn der Text konzentriertes Lesen verlangt, muss ich das schon an einem Ort tun, wo ich alleine bin. Dann mag ich es nicht, wenn meine Lektüre unterbrochen wird. Ich möchte sie flüssig gestalten können«. »Ich will eine bestimmte Atmosphäre zum Lesen schaffen und das Gefühl haben, dass ich in den richtigen Lesemodus komme«. (*Ibid.*, 255)

Das Lesen als eine der Möglichkeiten, Zugang zum öffentlichen Raum zu erhalten, nährt weiterhin den Meinungsaustausch, Debatten und Abstimmungen. Ehemals auf Papier gedruckte Inhalte sind inzwischen in Websites umgewandelt worden. Trotzdem existiert weiterhin eine große Zahl gedruckten Lesestoffs. Die Prognosen zu Beginn des 21. Jahrhunderts, die das Aussterben der Buchhandlungen und der Verlagshäuser prophezeiten, haben sich nicht bewahrheitet. Die Veränderungen unserer Gewohnheiten zeigen zwar einen gewissen Rückgang der Papierpresse, aber sie ebnen hauptsächlich Wege der Kombination verschiedener Medien mit ihr. Im Netz werden Artikel vervielfältigt. Wir kombinieren gedruckte Inhalte mit dem Radiohören, dem Fernsehen, der Nutzung von Smartphone und iPad, der Onlinesuche und den Kommentarspalten und Rückmeldungen der Leser oder des TV-Publikums. Darüber hinaus sind das eigenständige *Posten* der Nutzer und die Chats, die wir lesen und in denen wir schreiben, zum medialen Panorama hinzugekommen.

Das kulturelle Problem des Politischen liegt nicht an einer vermeintlichen Opposition zwischen dem Schriftlichen und dem Visuellen. Im Gegensatz zu den Diagnosen, die den Austausch des geschriebenen und veröffentlichten Wortes auf Papier durch Bilder annahmen und von Phänomenen wie der Ablösung der Analyse und der Kritik durch Narrativität und Sensationalismus ausgingen, sehen wir heute, dass diese Trends zwar teilweise eingetreten sind, aber mit einer Diversifizierung der Informationsbeschaffung koexistieren. Die Art und Weise, Daten zu finden und Interpretationen vorzunehmen, die Bedeutung von Politik und Wirtschaft aus geteilten Erfahrungen zusammenzutragen, und der Austausch und das gemeinsame Treffen von Entscheidungen sind vielfältiger geworden.

Diese soziokulturellen Transformationen eröffnen den textbasierten und audiovisuellen Medien sowie den Netzwerken Möglichkeiten zur Aufdeckung von Korruption und anderen politischen Verstrickungen, was eine nie zuvor dagewesene Auswirkung auf die Masse hat. Das Vergleichen von Meldungen und ihren verschiedenen Versionen erweitert den Sinn und macht ihn pluralistischer und polemischer. Die vielfältigen Medien von heute befähigen die Bürger zum Herauslesen von Indizien und Verbindungen zwischen Texten, die ehemals getrennt in den Rubriken für Politik, Wirtschaft, Kultur und Unterhaltung präsentiert wurden.

Apps vs. Institutionen

Der technologiebezogene Wortschatz hat uns so viele neue Namen beschert, dass es schwer ist, die Relevanz jedes einzelnen nachzuvollziehen. Sind wir digitale Junkies, denen nahegelegt wird, immer verbunden zu sein? Allmächtige Wesen, dank der unaufhaltbaren Ausweitung unserer Kontakte? Verlinkt, aber auch blockierbar? Hyperinformierte Menschen, denen es schwerfällt, zwischen der Wahrheit und dem Unwahren, zwischen echten Personen und Bots zu unterscheiden?

Apps geben vor, uns das Leben zu erleichtern – sie wählen die kürzeste Reiseroute mit wenig Verkehr, schlagen uns Freunde als Begleiter bei der Arbeit und in der Freizeit vor, und vieles mehr. Trotzdem helfen sie uns nicht dabei weiter, zu verstehen, warum wir das alles tun. Die Apps sind wie unsere Begleiter: Ist das ihr Sinn? Was ist mit unseren Mitmenschen? Es wird immer verzichtbarer, sich mit Freunden zu treffen, wenn wir uns Nachrichten schicken können, auch wenn dafür der Wunsch nach ihrer ständigen Verfügbarkeit auf WhatsApp und die Bedingung, dass sie uns auch antworten, erfüllt sein muss. Wir können von uns Selfies schießen, ohne dass uns jemand hilft, uns im Bild einfängt und uns zu einer »spontanen« Mimik für das Foto anregt. Dabei entfallen auch die Bewunderung oder die Lacher, wenn wir das Bildresultat des einmaligen Klicks gemeinsam betrachten. Ein frischer, unmittelbarer Eindruck kann heute auch durch Fotoretusche herbeigezaubert werden. Aber es ist doch so, dass viele Selfies gemacht werden, um sie an einen bestimmten Empfänger zu bringen.

Die anderen sind da und schlendern digital durch unsere Tätigkeiten, die wir teilen. In gewisser Weise – sagten früher die Philosophen und Psychoanalytiker – führen wir sie mit uns mit. Und das nicht im losen Sinne, wie etwa den Vater, die Mutter, Geschwister und den Partner oder gar den Arbeitskollegen, sondern als Institutionen – die Familie oder die Fabrik. Bisher sind noch keine Studien bekannt, die untersuchen, wie diese Institutionen mit den Apps konkurrieren. Ein Komiker greift die Idee jedoch auf einmal auf. Andrés Rábago, auch bekannt als El Roto, hat einen Teenager gespielt, der gerade dabei ist, mit seinem Finger den Handybildschirm zu berühren und dabei sagt: »Eltern sind eine Handy-App«.

Zusammen mit den schriftlichen und visuellen Botschaften, die auf Distanz in Echtzeit ausgetauscht werden und durch die ein Gefühl der Ko-Präsenz entsteht, führt die Vorherrschaft der Smartphones und der E-Mails zu Veränderungen in der Interaktion und der Verfügbarkeit für unsere Mitmenschen. Nicht nur persönliche Treffen werden ersetzt, wenn Vereinbarungen per E-Mail und WhatsApp-Nachricht getroffen werden. Auch die Stimme des anderen verschwindet auf diese Weise zunehmend. Außerdem kann es vorkommen, dass wir stunden- oder tagelang auf eine Antwort warten, sodass die Unmittelbarkeit nicht mehr gegeben ist und der Gesprächspartner die Möglichkeit hat, seine Antwort genauer auszufeilen und so die gewöhnlichen Effekte, die sich aus der Stimmlage und ganz besonders aus der Konfrontation von Angesicht zu Angesicht ergeben, zu manipulieren. Mehr Freiheit für jedes Subjekt, mehr Distanz, eine geringere Verbindlichkeit? Verliert sich die Intensität des Schweigens und der gelegentlichen Leere im Gespräch, oder ergeben sich andere Akzente und Anregungen durch das Schreiben und Lesen? Die Annäherung, die durch diese neuen Vermittler generiert wird, ist gleichzeitig eine Entfernung – die Nähe kann zur Distanz führen.

Die Beziehung zu unseren Mitmenschen wurde einst durch die Institutionen geschlichtet oder in einem Rahmen gehalten. Sie waren, offensichtlich oder nicht, der Beweis dafür, dass wir begleitet wurden. Wie rekonfigurieren sich persönliche Zustände wie Zuneigung, Gewissheit und Not, wenn wir auf Apps zurückgreifen, bezahlen und bezahlt werden, und unsere medizinischen Testergebnisse über Bildschirme erfahren?

Wenn Mobiltelefone zum Sprechen dienen, sei es durch aufgeschobene Kommunikation wie in den Chats, und wenn Verabredungen schnell vereinbart werden oder wir uns zumindest in Konversationen auf Distanz miteinander »treffen« und wissen, dass die anderen da sind, was sie denken und was sie bewegt, dann fühlen wir alltäglich, dass die Apps die veralteten Institutionen (Parteien, Kirchen, Gewerkschaften) ersetzen können.

Dieses Vergnügen existiert parallel zu zahlreichen Unannehmlichkeiten. Zum einen muss man zwischen den alten Institutionen und den jüngsten virtuellen Aktivitäten interagieren. Ein weiteres Hindernis ergibt sich aus dem Wissen, dass wir ständig abgefangen und unsere Daten, Fotos oder Reaktionen an geheimen Orten verwertet werden. Insofern scheint es schwieriger geworden zu sein, dieses Eindringen, den digitalen Terrorismus und die Entführung von Informationen, Geld und Sicherheit zu kontrollieren, als Banken oder Flughäfen, in denen Handys nicht benutzt werden sollen.

Selbstbestimmung und Enteignung gehen miteinander einher. Die Fähigkeit zum Umgang mit diesem Widerspruch, durch den wir etwas erhalten und uns im Gegenzug gleichzeitig etwas weggenommen wird, ist die Aufgabe der Bürger: nicht einfach nur Süchtiger oder Follower zu sein. Immer mehr Autoren, darunter Ronald J. Deibert, Evgeny Morozov und Eric Sadin, argumentieren jedoch, dass das, was von den alten Formen der Staatsbürgerschaft übriggeblieben ist, von geringem Nutzen sei. Demnach befinden wir uns immer noch in einem Prozess des Herausfindens über die Frage, ob diese Form des Lebens einen neuen Sinn annehmen kann, der inmitten der Raster der Algorithmen weniger abstrakt und dafür pluralistischer wäre.

Die Rede ist vom elektronischen, kognitiven Kapitalismus, sowie vom Tech-Kapitalismus. Dazu muss betont werden, dass zusätzlich zu den Veränderungen in den Interaktionen zwischen Parteien, Videopolitik, digitalen Technologien, Unternehmen und Nutzern der derzeitige unklare Zustand der Staatsbürgerschaft auf die Mutation der Biopolitik zurückgeht. Neben ihrer soziokulturellen Bedeutung charakterisieren sich der gegenwärtige Kapitalismus und die Strategien zur Transformation oder zum Widerstand durch etwas, was in der Kultur als Symbolsystem eine zentrale Bedeutung hat: die Zuneigung. George Yúdice beschreibt den Kapitalismus der Gegenwart als »Ökonomie der Information, der Erfahrung und der Zuneigung« (Yúdice 2016). Dass wir die Rolle von Suchtverhalten, Kontakten, sozialen Netzwerken und dem Akt des Verlinkens und Blockierens diskutieren, liegt daran, dass die Subjektivität und der Körper in unseren täglichen Verhaltensweisen impliziert sind. Diese weniger greifbaren Verhaltensweisen haben eine Schlüsselbedeutung für den Aufbau des Handelns bzw. der Staatsbürgerschaft erhalten, sowohl in Bezug auf offen politische, als auch öffentliche Handlungen empörter Bürger. Sie zeigen sich etwa in Austauschbewegungen und neuen Formen der Zugehörigkeit, die uns einer Bewegung näherbringt und uns von den fest verankerten oder korrupten Organisationen wegbringt, die oft in Form von Parteien existieren.

Es gibt einen Grund dafür, dass wir von der »Abkehr« von der Politik sprechen. Laut Yúdice brauchen wir eine »kritische Perspektive auf die auf Zuneigung basierenden Technologien«, anstatt bloß die Analyse und Sammlung der Daten zu betrachten. Dann könnten wir verstehen, wie die Plattformen sie nutzen, ohne dass bei uns ein Gefühl der Unterwerfung oder Unterdrückung entsteht. »Die große Mehrheit liest nicht einmal die Nutzungsbedingungen, akzeptiert die AGB für den schnellen Zugang, den eigenen Ausdruck und die Vernetzung. Es ist genau dieser Imperativ des Sich-Ausdrückens, der in sozialen Netzwerken vorherrscht, und der dem auf Erfahrung und Zuneigung gründenden Kapitalismus zugutekommt« (*Idem*).

Zuneigungen sind mit *Wünschen* verbunden (und lösen deshalb Reaktionen gegen die kapitalistische Unterdrückung aus, die uns daran hindert, unsere Wünsche zu verwirklichen). Über Zuneigung entstehen auch *Überzeugungen*, etwa gegenüber Bewegungen, Parteien oder Anführern, die versprechen, den Weg für unsere Ziele zu ebnen. Die Psychoanalyse ist als Disziplin, die Instrumente zur Interpretation dieser drei Prozesse liefert, hilfreich, wenn sie sich für soziale Themen öffnet und dadurch kollektive Projekte und deren transformatorisches Potenzial, sowie Anteile der Frustration und der Illusion in ihnen nachvollzieht. Sie kann auch kritisch beleuchten, wie unsere Beziehung zu den Algorithmen funktioniert. Sie sind zum einen Kollektoren unserer Wünsche und Überzeugungen im Rahmen bewusster Manifestationen. Zum anderen wirken sie ähnlich wie politische Anführer: sie wirken wie Bildschirme, auf die wir eine imaginäre Bedeutung projizieren. Die interpretative und kritische Kapazität der Psychoanalyse ergibt sich aus der Wissensproduktion über die verborgenen Mechanismen, die uns dazu führen, kollektive Hoffnungen zu entwickeln. Ebenso wie manche Autoren die wünschenswerte Dimension der kollektiven Überzeugungen mit dem verknüpfen, was die soziopolitische Theorie an utopischen Projekten, Anführern und algorithmischem Wissen kritisiert, ist es möglich, die psychosoziale Natur der Emanzipations- und Unterwerfungsprozesse zu verstehen. Sie bieten auch Instrumente zum Verständnis darüber, wie die Suche nach Sinn und Vergnügen mit den intensiven Aktionen und Gefühlen verstrickt sind, die bei Revolten zu Stande kommen (Zigouris 2005).

Anhand dieser Schlüsselpunkte ergibt sich eine Lesemöglichkeit unbeugsamer lateinamerikanische Bewegungen, die sich der neoliberalen Politik widersetzen. In ihren Aktionen und Slogans zeigen sich nicht bloß utopische

Gedanken. Beispiele sind die Landlosen in Brasilien, der mexikanische Zapatismus, die indigenen Rebellionen in Bolivien und Ecuador, die Nachkommen der Verschwundenen oder besetzte Fabriken in Argentinien: »eine andere Welt ist möglich«, »eine Welt, in die viele Welten passen«, »besetzen, widerstehen, produzieren«. Ihre Stärke und Beständigkeit hängen von der Fähigkeit ab, sich über die Organisation von Parteien und Gewerkschaften hinaus neu zu erfinden. Dafür braucht es andere soziopolitische Konstruktionen über eine direkte Demokratie, Horizontalität und Selbstverwaltung. Angesichts der ernüchternden Realität scheint

> die Willenskraft dieser sozialen und politischen Bewegungen […] heutzutage mit einer Vielfalt an Handlungsformen zu verschmelzen, die kollektiv agieren, um hier und jetzt Existenzbedingungen zu ändern. Es handelt sich um territoriale Bewegungen. Sie nehmen vernachlässigte Räume ein und nehmen sie in Produktion; Felder zum Besäen, Häuser zum Bewohnen, Fabriken zur Herstellung. Sie befinden sich nicht nur Widerstand, sondern erfinden sich ihre Welt selbst. Es sind zwar kleine Welten, aber eigene. (Fernández 2010)

Nach dieser intensiven Periode der Apps beobachten wir damit einen Wunsch nach Institutionen. Kollektive Aktionen haben die Grenzen des Möglichen ausgeweitet. Erwähnt seien die Errungenschaften von Menschenrechtsbewegungen und die Schließung von 220 Fabriken nach der argentinischen Krise im Jahr 2001, die von 1500 Arbeitern in einer autonomen Aktion wiedergeöffnet wurden und schließlich in Selbstverwaltung wettbewerbsfähig wurden. Frustrationen werden jedoch auch deutlich. Um diese scheinbar widersprüchlichen Ergebnisse zu verstehen bedarf es Studien, die sich mit der Zuneigung, Wünschen und Überzeugungen beschäftigen, die von einem erneuerten sozioökonomischen und politischen Denken begleitet werden.

Hier kehre ich zum Wert der Indexmethode zurück, die auch von denjenigen benutzt wird, die nicht wissen, wer Clifford Geertz oder Carlo Ginzburg sind, aber deren Taktiken die Fähigkeit haben, im Wissen um das Ganze (also im neoliberalen und elektronischen Kapitalismus) zwischen den Zeilen zu lesen und Lücken zu erkennen, sodass kritische Stimmen diese Mängel ausnutzen und sie sich durch Störaktionen zu Nutze machen können. Wie weit können sie als alternativer Weg des Wissens kommen? Meine hervorgebrachte Synthese, deren Ausarbeitung an dieser Stelle den Rahmen sprengen würde, lautet: Das Indizienparadigma ist nützlicher, wenn es um das Entdecken unbekannter Spuren geht. Aber in Kontexten der Rechtfertigung und Anwendung sind andere Wissensformen vonnöten, die eine ganzheitliche Perspektive einnehmen und Handlungsoptionen eröffnen, die nicht auf den Status der Ausnahme beschränkt bleiben.

Epilog: Emanzipation unter der Hypervigilanz

Es gibt viele Wege, um zu den Schlussfolgerungen auf diesen letzten Seiten zu gelangen. Einer wäre die erneute Diskussion der Gründungsdoktrinen moderner Demokratien, wie zum Beispiel der von Immanuel Kant, die Étienne Balibar in seiner Analyse der sozialen Staatsbürgerschaft heranzieht (Balibar 2013), oder des Beitrags von Eric Sadin zur Überprüfung der Rolle der Bürger im digitalen Zeitalter. Ich bevorzuge es hingegen, die kantschen Fragen nochmal im Hinblick auf ihre Verbindung mit Ereignissen und Prozessen zu betrachten, die uns als Bürger in der heutigen Zeit noch überraschen, sowohl als Wähler politischer Parteien, als auch als Teil sozialer Bewegungen und als Nutzer im Netz.

Die vier ursprünglichen Fragestellungen Kants – was kann ich wissen, was soll ich tun, was darf ich hoffen und was ist der Mensch – unter Berücksichtigung der heute vorhandenen Erkenntnisse aus den Sozialwissenschaften mit den aktuellen Ungewissheiten zu verbinden, führt uns zunächst einmal dazu, sie in den Plural zu übertragen.

Was können wir wissen?

Das Internet, die soziodigitalen Netzwerke und die algorithmische Datenanalyse erhöhen die Möglichkeit des Wissensaufbaus durch die Kombination des Wissens aus verschiedenen Disziplinen. Sie führen auch zu einer Interaktion verschiedener Theorien und Methoden, die in anderen Kulturen entwickelt wurden, was unter anderem unterschiedliche Perspektiven auf den Körper, die Gesellschaft oder die Natur mit sich bringt (z.B. allopathische, chinesische und andere Traditionen der Medizin; westliche, asiatische oder indigene Kunst). Gleichzeitig ist dieses Wissen miteinander verflochten oder kollidiert mit heterogenen Prozessen der Lehre oder der sozialen Organisation, von denen manche kommunitaristisch sind, und andere durch moderne Rechtsformen geregelt werden.

Diese kognitive Erweiterung potenziert unsere Ressourcen, um uns als Bürger einzubringen. Im Prinzip sind wir über die globalisierte Interdependenz dazu in der Lage, mit einem multikulturellen Verständnis zu handeln. Nichtsdestotrotz erweitert sich dieser Horizont unter Spannung zusammen mit dem, was wir nicht wissen können. In den Ländern Lateinamerikas (und in anderen Regionen der Welt) mehren sich die Enthüllungen über das, was die Gesellschaften auseinanderrücken lässt. Gleichzeitig tritt etwas zutage, das gar nicht gezielt untersucht wird: Dies sind etwa die verborgenen Geschäfte der transnationalen Unternehmen mit unseren persönlichen Daten oder auch die Morde an Frauen und Männern, deren Identitäten nicht aufgedeckt werden (allein in Mexiko mehr als 40.000). Es entstehen Bezeichnungen die für die Benennung solcher Verbrechen, wie etwa beim Phänomen des *juvenicidio*, den Morden an Jugendlichen. Sie gelangen von spezialisierten Disziplinen über das journalistische Vokabular in den alltäglichen Sprachgebrauch, ohne dass schlussendlich aufgeklärt wird, inwiefern kriminellen Gruppen, persönliche Prekarität und Gleichgültigkeit gegenüber dem menschlichen Leben zu diesen Tragödien beitragen.

In Argentinien werden die Verbrechen der letzten Diktatur weiterhin hauptsächlich aufgrund der fortdauernden Arbeit der Menschenrechtsorganisationen verurteilt, und es gibt Hunderte von Inhaftierten. Diesen Organismen und einem Teil der Justiz ist es zu verdanken, dass die Bürger mehr über die Vergangenheit wissen und in ihren Forderungen bestärkt werden. Aber auch das Wissen über das gesellschaftliche Leben und die politische Debatte werden durch die undurchschaubare Korruption der öffentlichen Beamten – und sogar durch Morde – verzerrt. Die tendenziösen Verhaltensweisen vieler Richter, Medien und Netzwerke, die weniger am Informieren und Aufklären interessiert sind, als an der Steigerung ihrer Aufrufe und Followerzahlen, trägt ebenfalls dazu bei. In Mexiko wurden 16 Gouverneure und hohe Beamte aus verschiedenen Parteien (die meisten von der PRI), die zwischen 2006 und 2018 im Amt waren, des Drogenhandels, der Geldwäsche und der unrechtmäßigen Bereicherung beschuldigt. Nur acht von ihnen wurden inhaftiert und zwei freigesprochen. Einige befinden sich auf der Flucht. Die weit verbreitete Wahrnehmung unter den mexikanischen Bürgern ist, dass ein Bruchteil der wahren Geschehnisse ans Licht kommt und meist so getan wird, als sei nie etwas geschehen: Richter sprachen beschuldigte Politiker frei (und gaben einigen sogar ihren illegal erworbenen

Besitz zurück). Die ehemals Angeklagten treten einige Zeit darauf wieder als Gesetzgeber, Gouverneure, Bürgermeister oder Gewerkschaftsführer in Erscheinung, also als offizielle Vertreter von Institutionen, die sie einst selbst über den Tisch gezogen haben.

In Guatemala bat die Regierung die Vereinten Nationen angesichts der Erkenntnis der Unfähigkeit der eigenen nationalen Behörden, eine *Internationale Kommission gegen Straffreiheit in Guatemala* einzurichten. Ihre Arbeit begann am 4. September 2007 mit der Ratifizierung durch den guatemaltekischen Kongress. In den elf Jahren ihrer Tätigkeit identifizierte sie kriminelle Strukturen, die von staatlichen Beamten, Abgeordneten, Militärs, Polizeibeamten, Politikern, Geschäftsleuten, Richtern und sogar Unterzeichnern genutzt wurden. In 73 eingeleiteten Gerichtsverfahren wurden mehr als 800 in Menschenrechtsverbrechen verwickelte Personen ermittelt, und es wurden 300 Urteile ausgesprochen. Ab dem Jahr 2017 drängten involvierte Familienangehörige von Präsident Jimmy Morales, hochrangige Geschäftsleute und Militäroffizielle angesichts der engen Beweislage diese Institutionen dazu, das Ende der Kommission zu veranlassen. Im September 2018 wies Morales den Kommissar Iván Velázquez Gómez aus. Die Kommission handelte weiterhin von außen. Seit 2015 hatte es Straßenproteste gegeben, die die Sicherstellung der Untersuchungen und der Sanktionen gegenüber den Schuldigen auf allen Ebenen verlangten. Aber dieser Prozess, der schwerwiegendste in Lateinamerika, befindet sich im Stillstand (Blitzer 2019; Malkin 2019).

Das notwendige Wissen, das wir brauchen, um uns als Bürger einzubringen, wird durch die Entwendung und die Geheimniskrämerei rund um die Daten durch Unternehmen und Regierungen eingeschränkt. Es gibt vieles, was wir nicht wissen können oder was wir, selbst wenn wir es kennen, nicht verändern können. Um heutzutage die mögliche Emanzipation zu begreifen, müssen wir uns eingestehen, dass das Internet, wie seine Netzwerkstruktur vermuten lässt, im Grunde antiautoritäre und de-hierarchisierende Ressourcen bietet. Aber seine Abhängigkeit von hyperzentralisierten Instanzen der Datenverwaltung und von undemokratischen Regierungen führt zu einem Widerspruch zwischen dem befreienden Potenzial des Wissens und der Wiederherstellung und der Verstärkung von Praktiken der Domination, der Vorurteile und der Konfliktkontrolle.

Evgeny Morozov dokumentierte in seinem Buch *The Net Delusion: The Dark Side of Internet Freedom*, dass die »Freiheit« im Netz ein Nebenprodukt eines kleinen Unternehmens sei, das keine großen Kapitalinvestitionen rechtfertige. Als es sich zu dem Wirtschaftsbereich entwickelte, der die größten Gewinne und soziale Kontrolle generiert, wurden die sozialen Netzwerke zu Instrumenten autoritärer Regierungen und der Hardliner in den Regierungen, die sich nach außen demokratisch geben. Nach den Worten von Ronald J. Deibert sind »soziale Netzwerke nicht nur kompatibel mit dem Autoritarismus; sie könnten einer der Hauptgründe dafür sein, dass sich autoritäre Praktiken heure rasch in der Welt ausbreiten« (Deibert 2019). Das erste undemokratische Vorgehen besteht im Fehlen der informierten Zustimmung durch die Nutzer. Das zweite Anzeichen ist die Erleichterung der Zirkulation von Hassinhalten oder offen faschistischen Inhalten durch Taktiken, die die Suche nach der Wahrheit behindern. Das dritte ist die Unfähigkeit der Unternehmen, Falschinformationen unmittelbar zu entfernen und die für deren Verbreitung verantwortlichen Konten zu sperren: Trotz des enormen Drucks aus der Öffentlichkeit und der Regierung, entsprechende Maßnahmen nach den US-Wahlen 2016 einzusetzen, schlussfolgerte eine Studie aus dem Jahr 2018, dass »mehr als 80 % der Konten, die während des Wahlkampfes Falschinformationen verbreiteten, noch aktiv waren« (*Idem*). Das Betreiben von *Phishing* und der Einsatz so genannter *Skywaves* (Raumwellen) sind in einem deregulierten Markt verfügbar, und »die Zivilgesellschaft verfügt nicht über das nötige Wissen oder die Kapazität, um sich vor solchen Attacken zu schützen« (*Idem*).

Gerade habe ich den Umgang des Widerstands mit den Einschränkungen des Autoritarismus beleuchtet. Einige Seiten zuvor habe ich mit dem Vergnügen, den Wünschen und den Überzeugungen, sowie mit dem Nutzen des Indexmodells bei der Ermittlung von Lücken in den Disziplinen befasst, die danach streben, die heutige Zeit in ihrer Gesamtheit zu verstehen. Auf diese Weise kann die Debatte rund um den Marxismus und andere Denkrichtungen, die eine universale Perspektive auf die Welt einnehmen, in Bezug auf die Systeme des Sozialen, der Wirtschaft, und den Algorithmen weitergeführt werden.

Auch der Kunst sollte als Beitrag zu so vielen Orten, an denen Vergnügen, Wünsche und alternatives Wissen gemeinsam ausgedrückt werden, Aufmerksamkeit gewidmet werden. Sie ist auch ein wichtiger Bestandteil von Erzählungen, die den Menschenverstand herausfordern, um andere Sinne anzuregen, wie etwa die von Marcel Duchamp, León Ferrari oder Jean-Luc Godard. An dieser Stelle möchte ich auch die Künstler, Filmemacher und Schriftsteller von heute erwähnen und, angesichts der Unmöglichkeit, bloß eine Liste zu erstellen, auch die Art und Weise erwähnen, wie zwei junge Schriftstellerinnen diese beschriebene kognitive Herausforderung hervorrufen: Samanta

Schweblin und ihr Roman *Hundert Augen*, in dem ein Panda-Roboter uns mit der Offenlegung unserer persönlichen Geheimnisse erpresst, und Valeria Lusellis *Archiv der verlorenen Kinder*. Die Essay-Chronik erzählt, ausgehend von ihrer Erfahrung als Dolmetscherin für Migrantenkinder, aus deren Perspektive und in Worten voller Misstrauen von ihrem Weg in die USA, nachdem sie den Massengräbern nahe der Grenze entkommen sind. Die Kinder wagen daraufhin das Abenteuer, von einem Land abgelehnt zu werden, das Waffen nach Lateinamerika liefert.

Was sollen wir tun?

Das Wissen, was durch die Erfassung und Ordnung großer elektronischer Datensätze wie auch durch deren Kritik entstanden ist, weist nach wie vor Lücken auf. Dieser Umstand wird noch durch die Annahme verschärft, dass unterschiedliche Kulturen und Formen der sozialen Organisation pauschal zusammengefügt werden können. Uns Bürgern bleiben das Essay und die Montage als Strategien des Gegenangriffs und zur Aufdeckung der Probleme. Es ist erforderlich, eine vorläufige Staatsbürgerschaft zu entwickeln und sie in flexibler Zusammenarbeit auszuprobieren.

Die Komplexität der Transformationen und die Ausdehnung der globalisierten Interaktionen haben die eurozentrischen oder euroamerikanischen Konzepte, die das Zusammenleben in erster Linie im Rahmen der Modernität und des Nationalstaats vorsahen, unzulänglich gemacht. Es gibt keine globalen Organismen, die ausreichende Politiken liefern, weder für das Ausmaß der Konflikte noch für den interkulturellen Konsens über das Gemeinschaftliche, das Öffentliche und das Private, die Bürgerrechte, Gerechtigkeit oder die Arten, sie auszuüben. Innerhalb einer jeden Nation schränkt die Diskreditierung von Parteien, Gewerkschaften und anderen vermittelnden Institutionen den gemeinsamen sozial-regulierten Raum weiter ein, der zudem noch von autonomen Initiativen gemieden wird.

Diese zwischen den Bürgern und der öffentlichen Hand entzweiten Bereiche werden von messianischen Anführern neu aktiviert, indem sie klientilistische Anwerbungsstrategien verfolgen, bürgerliche und moralische Aufforderungen äußern, die sich auf der *vorpolitischen Ebene* bewegen und daher die unabhängige Organisation der Bürger behindern. Die religiösen Bewegungen, darunter die neoevangelikalen mit ihrer Propagierung von Schutz, Solidarität und einer ausgleichenden Geselligkeit, unterstützen oft neoliberale Politiker mit teils improvisierten Karrieren (Bolsonaro ist der bekannteste, aber nicht der einzige Fall). Sie blockieren die eigentliche politische Partizipation und Kritik.

Die Rolle der Zuneigung und des Imaginären auf der kollektiven Ebene, die diese Grenzen verschieben, ist nicht zu unterschätzen. Aber letztendlich festigen sie die Abhängigkeit und den Verlust. Sie ordnen den öffentlichen Sinn des Konflikts anderen Formen unter, die auf die Zugehörigkeit und den Beitritt in eine Gruppe gerichtet sind, und sie untergraben individuelle Emanzipationsprojekte und schwächen selbstverwalteten Kollektive.

Die Enteignung der Gefühle wird auch von Unternehmen und Institutionen praktiziert. Zwei der Bewegungen empörter Bürger, die in diesem Buch analysiert wurden, wurden zu deren Opfer. Die »15M«-Demonstrationen in Madrid, die auf ihren Transparenten den Slogan »Otro mundo es posible« (dt. »Eine andere Welt ist möglich«) nutzten, sahen diesen später in Werbespots von Coca-Cola, die den Spruch übergenommen hatten. Ihre teilweise Entsprechung in Mexiko, nämlich die Bewegung »YoSoy132«, mit Ursprung an der Universidad Iberoamericana unter der Konfrontation des Präsidentschaftskandidaten der PRI und der darauffolgenden Verleumdung der Bewegungsmitglieder als Eindringlinge in die Institutionen, konterte dieses Manöver. Wie bereits einige Kapitel zuvor beschrieben, filmten 131 Studierende sich selbst und veröffentlichten ein Video, in dem sie ihren Status als Studierende bewiesen; die Legitimität und ihre Auswirkungen wurden kurz darauf von der Universidad Iberoamericana zweckentfremdet, indem sie städtische Werbetafeln der Institution mit dem übernommenen Hashtag #YoSoyIbero (»Ich bin Ibero«) und mit einem jugendlichen Gesicht und Sätzen versahen, die von einer sozialen Innovation anhand der Kapazität »meiner Universität« sprachen.

Die Vermittlung über das Fernsehen und die soziodigitalen Netzwerke hat die Kommunikation ausgebaut und Wege geschaffen, die Partizipation möglich machen. Auch wenn sie manchmal erlauben, dass Zuschauer sich aktiv beteiligen, lassen sie wenig Raum für deren Partizipation als Bürger. Die jüngste Phase dieser Vermittlung über das Fernsehen und die Netzwerke wird mit der Verrechtlichung der Politik in Verbindung gebracht. In Argentinien, Brasilien, Kolumbien, Peru und in anderen Ländern übernehmen die Gerichte angesichts der andauernden Korruption die Verantwortung für die politischen Dispute in Bezug auf die Anschuldigungen gegen Parteiführer. Bevor es zum Urteil kommt und Beweise ausgewertet werden, kommt es zu einer »Anklage« in den Medien und im Netz, sowie zu einem medialen Prozess, der im Zusammenhang der öffentlichen Meinung verschiedene Verdächtigungen antreibt. Neben der Verschiebung von der politischen Polemik zu gerichtlichen Entscheidungen treten auch die Schwierigkeiten der Bürger in den Vordergrund, sich richtig und verlässlich zu informieren: Ihre Rolle wird insbesondere dadurch neutralisiert, dass das demokratische Zusammenspiel durch gleichermaßen juristische, unternehmerische und parteiaffine Ebenen absorbiert wird. Die gelegentlichen Straßendemos sind das einzige Mittel, um sich dagegen zu behaupten.

Das gigantische Wissen der Algorithmen und ihre Fähigkeit zum Verflechten von Millionen von individuellen Verhaltensweisen erscheinen als *die* neue strukturgebende Macht. Aber die totalitäre Logik in ihrer Aneignung persönlicher Daten und die Unzulänglichkeit der algorithmischen Systeme bei der Erschaffung sozialer Gouvernementalität lassen die Bürger, Verbraucher und Nutzer außen vor, ohne dass wirksam dagegen vorgegangen wird.

Die Frage »Was sollen wir tun?« ordnet sich der Frage »Was können wir tun?« unter, wenn es den lateinamerikanischen Regierungen an politischen Konzepten und an Organismen mangelt, durch die post-digitale Schieflage kanalisiert werden kann. So wie sie (bis auf ein paar Ausnahmen) gleichgültig gegenüber den akademischen Erkenntnissen waren, die während des massiven Aufschwungs im Kommunikationssektor und der darauffolgenden Förderung von Freihandelsabkommen für eine öffentliche Medienpolitik und regionale Integration plädierten, handeln die Regierungen jetzt so, als hätten weder Handys, noch Tech-Giganten unsere Länder erreicht. Ausschließlich Verbraucher- oder Verbände für Informationsrecht sind an der Debatte beteiligt, die in Europa im April 2018 zur Verabschiedung der Datenschutz-Grundverordnung (DGSVO) geführt hat, die für alle Unternehmen, Finanzkontrollen und den Handel mit persönlichen Informationen gilt. In den USA hat das Repräsentantenhaus Untersuchungen zu Angriffen auf den Wettbewerb und auf die Cyber-Sicherheit eingeleitet. In den Kampagnen vor den Wahlen Mitte 2019 wurden Vorschläge zur Zerschlagung von Firmen sowie für neue Regulierungen geäußert, die die zügige Begrenzung der Macht einzelner Unternehmen bewirken sollen. In Lateinamerika gibt es wissenschaftliche und journalistische Informationen die deutlich beweisen, dass Google seine eigenen Produkte bei der Suche favorisiert, und dass Facebook, Instagram und WhatsApp die soziodigitalen Netze monopolisieren. Amazon kontrolliert mit Handelsprivilegien den Online-Handel, aber die Gesetze ändern sich dahingehend nicht. Wie bisher weiterzumachen bedeutet, dass diese Missbräuche zwischen Washington, Peking, Brüssel und Moskau geregelt werden – also dort, wo Lateinamerikaner nur als unbedeutende Ausländer gelten.

Wir haben das demokratisierende Potenzial digitaler Ressourcen und die verschiedenen Gebräuche erkannt, die Jugendliche aus ihnen ziehen, um andere Wege zum Aufbau einer Gesellschaft zu ebnen. Des Weiteren haben wir einige kreative und gesellschaftlich-innovative Erfahrungen kennengelernt, sowie Projektaktionen, die bewusst von der Programmierung der Arbeit und der Kommunikation innerhalb des E-Kapitalismus abweichen. Trotzdem bleibt ihr emanzipatorischer Wert nicht ohne Zweifel, wenn wir ihn innerhalb der prekären Logik des sozioökonomischen Systems betrachten. Verbunden mit Jugendbewegungen die sich emanzipieren, vor allem unter Beteiligung junger Menschen mit einem hohen Bildungsniveau, münden das Nichtvorhandensein einer Regulierung seitens des Staates und dessen Zersetzung in vielen Fällen in das Entstehen illegaler und selbstzerstörerischer Netzwerke. Es bleibt daher die Frage: Was kann getan werden, um sicherzustellen, dass anfällige, kurzlebige Projekte zu einer Gesellschaft führen, die die jüngste Generation (sowie Rentner und Ausländer) schlussendlich nicht auf die hinteren Plätze verbannt und übergeht? Angesichts der Schwierigkeit, auf diese Frage eine Antwort zu finden, verweist man gerne auf Hacking, um die algorithmische Welt zu unterbrechen und uns in den Lücken einzurichten.

Ich füge eine weitere Aktionslinie hinzu: Unabhängige Vereinigungen der Zivilgesellschaft interpellieren die Staaten und internationalen Organisationen. Hier gibt es in Lateinamerika bereits einige Erfahrungen, unter denen die *Equipos de Antropología Forense* eine besondere Hervorhebung verdienen. Man könnte an dieser Stelle viele Unterfangen zur Erneuerung seitens der neuen Generation oder Verbände mit jugendlicher Beteiligung hinzufügen – Musikfestivals, Festivals zum unabhängigen Kino und Dokumentarfilmen mit breiter Rezeption (*Ambulante* in Mexiko, *Baci* in Buenos Aires etc.). Sie artikulieren innovative Initiativen mit öffentlichen und privaten Institutionen. Diese kulturellen und kommunikativen Aktivitäten stehen im Kontrast zur so genannten der Entfremdung der Jugendlichen gegenüber öffentlichen Institutionen. Kooperationsorganismen können einen neuen Sinn finden, sofern sie mit diesen Unterfangen verflochten werden und es schaffen, dass Jugendliche ihre Strukturen und Wege, Kultur zu machen und sie zu teilen, als interessant erachten. Durch die Fähigkeit, in die Richtung zu repräsentieren, in die sich die Gesellschaft bewegt, können die Integrationsorganismen mehr sein, als nur entfernte verstreute Platzhalter.

Was dürfen wir hoffen?

Es gibt eine scheinbar paradoxe Doppeltendenz zwischen dem Wunsch, zu wissen, wie ein Film oder eine Serie endet, und dem Unbehagen, dass der Ausgang des Endes schon zwei Tage zuvor absehbar ist, wie zum Beispiel in der Serie *Game of Thrones*. Es geht um dieses Schwanken zwischen dem Wunsch nach der spannenden Erzählung und nach dem Ergebnis, durch das der Sinn vollendet wird und das uns überrascht. Unsere Freunde sollen auf keinen Fall das Ende »spoilern«. Dabei entsteht eine Spannung mit der Begierde, einen Ort zu erleben, an dem der Sinn rekonstruiert wird. Endlich ausbrechen aus den Inkohärenzen der Realität, auch wenn nur in eine Welt aus ausgedachten Szenen.

Wir suchen in fiktionalen Geschichten den in der Sozialgeschichte verlorengegangenen Sinn. Die gelebte Geschichte stellt uns jedoch an einen Wendepunkt zwischen dem Wunsch, das Unerträgliche hätte einen positiven Ausgang und dem Lernprozess, denjenigen zu misstrauen, die uns so etwas (nicht nur im Wahlkampf) versprechen. Die Politiker sprechen weiterhin, vielleicht als Regierungspartei davon, dass wir Transformationen durchleben, die Ähnlichkeiten mit der nationalen Unabhängigkeit oder mit einer entfernt scheinenden Revolution im eigenen Land hätten, oder sie sagen, wir würden eine sichere öffentliche Ordnung zurückgewinnen und dann würde der Wohlstand kommen. Unterdessen nehmen wir als Bürger Regierungen wahr, die es nicht schaffen, die Unsicherheit zu bewältigen, die von der Globalisierung, der wirtschaftlichen Prekarität, der Gewalt in Städten und den interkulturellen Konflikten im Zusammenhang von Migration, dem Generationenkonflikt und dem Verhältnis zwischen Verbrauchern und Nutzern mit Unternehmen ausgeht. Die Führungspersönlichkeiten, die die meiste Überzeugung vermitteln, sind diejenigen, die entglobalisierende Bewegungen fördern und es befürworten, sich »in sich selbst« zurückzuziehen, auch wenn ihre Macht oft mehr in der Zuneigung zu ihnen und der Nation liegt, als in informierten und begründeten Ansichten. In den Oppositionskräften finden wir noch mehr emotionale Appelle, anstatt einem rationalen Verständnis der Widersprüche: die Rechten rufen dazu auf, die Autorität wiederherzustellen oder direkt in den Autoritarismus überzugehen; unter den Linken versprechen viele das Paradies, indem sie diejenigen angreifen wollen, die versuchen, die Diagnose zu erneuern und alternative Programme aufzubauen, die im globalen und regionalen Rahmen anwendbar sind.

Diese Horizonte des Unbehagens werden immer trüber, wenn unbeherrschbare Auswirkungen der Algorithmen das Gefühl erzeugen, eine Welt ohne gemeinsam aufgehende Rechnung und ohne ein uns vereinendes Narrativ zu bewohnen. Für diesen Epilog besteht eine Herausforderung in der Akzeptanz, dass es keinen möglichen Spoiler gibt: Es ist schwierig, unbegrenzt so weiterzumachen, ohne zu wissen, was man tun soll und während man den Wunsch hat, Bürger zu sein.

Trotz allem sollten die Fortschritte in den Sektoren hervorgehoben werden, die sich von der Naivität um das globalisierende Epos vom Ende des 20. Jahrhunderts und von den Patentrezepten von Links, die nur zögerlich Diagnosen erneuern und ihre Misserfolge kaum infrage stellen, distanzieren. Welche Fortschritte sind das? Sie erscheinen im Besonderen, wenn die jungen Generationen die Analysen und die Versprechen des Liberalismus und der eingerosteten Linken ins Archiv verbannen, um sich stattdessen der aktuellen politischen, wirtschaftlichen und kommunikationsbezogenen Ökologie anzunehmen. Es geht nicht darum, die Krise des Kapitalismus in seiner elektronischen Phase zu de-historisieren, sondern um deren Situierung und die Wiederaufnahme der klassischen Kritiken im Sinne eines Archivs, das immer wieder konsultiert und studiert werden darf. Oder, wie Maurice Merleau-Ponty sagte, als er vor siebzig Jahren von den sowjetischen Konzentrationslagern erfuhr: der Marxismus bleibt weiterhin ein Ort, von dem aus man nachdenken kann.

Die gleiche Freiheit bei der Neuinterpretation ist notwendig in Bezug auf die fremdenfeindlichen, rassistischen, den vorglobalen Stolz wiederherstellenden neuen Rechtsextremen, die sich auch der fortschrittlichsten technologischen Ressourcen bedienen. Dies sind die ersten Schritte zur Erkenntnis über das, was wir hoffen dürfen. In beiden Fällen – bei der Erneuerung der Diagnose und der Begrenzung einer äußersten Bedrohung– sind die heute weit verbreitete Entfremdung der Politiker und die ungelösten Fragen der kritischen Positionen keine schlechten Nachrichten. Das unbequeme Leben ohne Spoiler führt dazu, dass viele das Akzeptieren der Unsicherheit mit einem negativen Gemüt verwechseln, oder dass wir beim Beenden einer Konferenz oder eines Buches aufgefordert werden, zu entscheiden, ob wir Pessimist oder Optimist seien. Ich sage da lieber, ich bin ein Anti-Skeptiker.

Es gibt drei grundlegende Aufgaben, um jetzt Bürger sein zu können: der Wiederaufbau eines undogmatischen und umfassenden Sinns der sozialen und weltweiten Heterogenitäten, der gegenwärtige Widersprüche, mit dem Zweck einer Solidarität auf eine andere Art und Weise; die Notwendigkeit zur Erkenntnis, dass wir etwas brauchen, auf das wir gemeinsam hoffen können; die Notwendigkeit zu wissen, dass der Inhalt dieser Hoffnung sowie die Möglichkeiten, dass sie in Erfüllung geht, ganz vielfältig sind, sich im Aufbau befinden und rationale und nachweisbare Überprüfungen erfordern.

Ich denke dabei etwa an die nachprüfbare Dokumentation von *Verificado 19S* in Mexiko, oder der Inhalte in alternativen Gesellschaften im Kontext einer internationalen Gegeninformation wie Telegram, Cryptopunks oder der Software *The Onion Router* (TOR). Andere Beispiele sind die starken öffentlichen Proteste wie #MeToo oder *Ni una menos*, die Wahrheit, Gerechtigkeit und Freiheit für ein gutes Leben fordern. Darüber hinaus fallen mir diskretere Besetzungen des öffentlichen Raums ein: Programme von Künstlergruppen und Kulturschaffenden zur Wiederbelebung urbaner Gebiete und der Schaffung von Partnerschaften und Netzwerken, um auf der Mikroebene regenerativ zu wirken. Es gibt viele Möglichkeiten, die Stadt zu gestalten und die »Wahrheiten« und ihre Interpretationen der Verbindungen mit anderen Formen der Globalisierung von unten selbst auszudrücken. Jenseits des Gegensatzes zwischen Domestizierung und Widerstand und über den Wunsch zum Aufbau unterschiedlicher Kulturpolitiken hinaus, schaffen diese Initiativen neue, produktive Staatsbürgerschaften. Es entstehen neue Formen des Sich-Kennenlernens, des Sich-Kennens und des Ausdrucks.

Ich führe auf diesen Seiten das nachprüfbare Wissen, die feministischen Enthüllungen über sexuelle Belästigung und die Aktionen auf der Mikroebene, sowie die großen internationalen Festivals auf, weil diese Praktiken Alternativen bieten, die sich gegenseitig ergänzen. Sie bringen Glaubwürdigkeit, bewährtes Wissen und einen poetischen Sinn der individuellen und der kollektiven Subjektivität in die politische Arena und bieten so ein wiederhergestelltes Zusammenleben an, das wir folglich nicht nur den religiösen Bewegungen überlassen müssen. Wissenschaft und Kunst konvergieren – wie unzählige Vertreter beider Disziplinen zeigen – in einer Zeit, in der natürliche und soziale Strukturen mehr denn je modifizierbar sind und in der sogar die wichtigsten Kunstwerke verändert, Videos neu aufgenommen und Nachrichten durch Algorithmen geordnet werden. Die Traditionen, die sich die ganze Zeit über vermischen, machen den Fundamentalismus zu einer traurigen Nostalgie, zu einem Symptom der Angst vor der wissenschaftlichen Erkenntnis und Fakten oder vor anderen Formen, Geschichte zu erzählen und sich die Zukunft vorzustellen.

Oft wird ein Satz von Walter Benjamin zitiert: »Nur aus Liebe zu den Verzweifelten halten wir noch an der Hoffnung fest.« Wenn wir diesen Liebestaten mit einem gewissen Hang zum religiösen Mandat einen politischen Sinn verleihen wollen, ist es wichtig, sie mit Untersuchungen zu untermauern, die ihnen rationale und empirische Konsistenz geben. Sie müssen in einer Sinnstiftung münden, um die gemeinsamen Erfahrungen zwischen gewöhnlichen Bürgern, Forschern und Akademikern zu nähren.

Was wir hoffen dürfen, hängt von der gemeinsam gestalteten Veränderung ab, die Wege des Handelns und der Erkenntnis zu gestalten. Eines der größten Defizite ist aktuell in Lateinamerika bei der Verbindung von Politik und Wissenschaft die Mutlosigkeit der staatlichen Behörden gegenüber der wissenschaftlichen Forschung. Dabei ist auffällig, dass die Rolle, die politische Führer dem Staat und den Menschenrechten zuschreiben, sich trotz einiger Unterschiede deutlich ähnelt. Regierungen wie die unter Mauricio Macri, Jair Bolsonaro und Andrés Manuel López Obrador teilen trotz bestehender Unterschiede diese eine Verhaltensweise. Wie entkommen wir dieser Kette der Fehldiagnosen und der Frustration, wenn nicht durch das Fördern eines gründlichen und erneuerten Wissens? Hierzu muss gesagt werden, dass der Mangel an universal konsensfähigen Gesellschaftstheorien stattdessen den Rückgriff auf das Wissen des »weisen Volks« oder »unserer Leute« genau so wenig rechtfertigt, wie die Klugheit der *Millennials*, die durch die Ideologie der Kreativwirtschaft idealisiert wird. Diese Branche ist mit geisterhaften Entitäten vergleichbar, die Gruppen zusammenführen, die in ihrem Verhalten, ihrem Wissen oder ihren Intuitionen viel zu heterogen sind. Die missbräuchliche Verwendung dieser Begriffe für widersprüchliche Zwecke hat ihre Definition aufgebrochen und ihren Gebrauch teilweise sehr riskant gemacht. Aus diesem Grund ziehe ich den Begriff des Bürgers vor, da wir ihn, neben seiner wahlbezogenen und rechtlichen Bedeutung, im politischen und moralischen Kontext aufleben lassen können, und weil seine Verwendung und seine Kritik durch wissenschaftliche Analysen eingegrenzt werden können.

Die Wissenschaft kann sich auch irren, etwa wenn sie zu weit von den Lebensbedingungen und dem »anderen«, nicht-wissenschaftlichen Wissen abrückt. Trotzdem verfügt sie über mehr Werkzeuge, um Konzepte zu schärfen, um den gesunden Menschenverstand und die Algorithmen mit komplexen Fragen zu konfrontieren, und um deren Folgen zu verstehen. Ohne diese Aufgaben, die eine verstärke Finanzierung für die Wissenschaft, die Technologien und die Geisteswissenschaft erfordern, werden wir die Richtung, in die sich unsere Gesellschaften (des-)organisieren oder (ent-)globalisieren, nicht ändern können. Sichtbar wird diese Tendenz anhand der Korrelation zwischen hohen Investitionen in die wissenschaftliche Forschung (2 bis 4 %) und dem sozioökonomischen Entwicklungs- und Lebensstandard in den OECD-Ländern, sowie an der offenkundigen Bewunderung für die Asiaten, wenn es um deren schnelles Wachstum, deren neue internationale Führungsrolle und die Überwindung der Armut geht. Was können wir uns von den lateinamerikanischen Ländern erhoffen, die wissenschaftlich das höchste Niveau vertreten (Argentinien, Brasilien, Kolumbien und Mexiko). Schon vor Jahrzehnten versprachen die Machthaber dort, 1 % des BIP in die Forschung zu investieren – ohne zu liefern. Diese Vernachlässigung der wissenschaftlichen Entwicklung zu korrigieren ist nicht nur Sache von Spezialisten, die in den letzten Jahren aus Protest auf die Straßen von Buenos Aires, Rio de Janeiro, São Paulo oder Mexiko-Stadt gegangen sind, um sich gegen die massiven Kürzungen des Budgets zu wehren. Wie bei Entscheidungen über das Internet und über die Rolle der Öffentlichkeit in der Bildung, der Wissenschaft und der Gesundheitsversorgung wird diese Frage nun zu einer entscheidenden Verantwortung der Bürger, da sie ebenso wichtig für Lehrer, Wissenschaftler, Studierende, wie für verarmte Familien, Migranten und Arbeitnehmer ist.

Was sind die Menschen?

Aktuelle Trends stellen diese Frage mit unterschiedlichen Perspektiven. Wir haben intellektuelle Abhandlungen, wie die von Foucault, Lévi-Strauss und Harari gesehen, sowie die Überlegungen soziokultureller Bewegungen, die sozial beeinträchtigt werden und von *Entbürgerlichung* betroffen sind, wie in lateinamerikanischen Diktaturen, und extreme Konfrontationen mit den Grenzen des Menschlichen durch den Femizid, Leichenraub oder deren bewusstes Verschwindenlassen. Da manche diese Erfahrungen unerträglich finden, sprechen sie den Tätern ihre Menschlichkeit ab und fordern die Todesstrafe. Auf der anderen Seite, die manchmal mit der ersten Perspektive verbunden ist, kommt es durch die Entführung von Daten und der Entscheidungsmacht der Menschen, die von so vielen freiwillig über die Delegierung an algorithmische Systeme ausgeht, zu einem Verschwimmen der Identität und der Grenzen des Menschlichen, die durch die Modernität neu gesetzt werden.

Die Geschichte der kolonialen Eroberungen ist zeitgleich die Geschichte über die Zweifel an der eigenen Identität: von den anderen und denen, die kolonialisieren. Haben die Indios auch eine Seele? Nach Jahren sehen wir, dass die gleiche Frage immer noch auftaucht: Mit welchem Recht unterwerfen wir Westler die andersartigen, wo wir selbst unter uns so unterschiedlich sind? Handelt es sich bei afrikanischen Masken und antiken Vasen aus Amerika um Kunst? Kurz darauf heißt es dann, die Museen der schönen Künste, der modernen oder zeitgenössischen Kunst seien unvollständig, würden die nichtwestlichen Werke in ihnen fehlen. Wir wissen, wie oft die Antworten, die in dieser schwankenden Diskussion vorherrschen aus Imperien stammen, die den Widerstand ersticken. Wir wissen, dass die prominenten Stimmen in solchen Diskussionen von denen kommen, die Revolutionen institutionalisieren, sogar die technologischen, die von Monopolen für bestimmte Zwecke entwendet werden. Die heutige Zeit ist keine Ausnahme. Vielleicht besteht ihre Neuartigkeit darin, dass viele Staatsbürgerschaften das de-programmieren, was die Souveränität des Imperiums, und jetzt die Algorithmen, einmal zu befehlen schienen. Die destabilisierenden Fragen kommen aus vielen Richtungen. Millionen von amerikanischen Indigenen, Asiaten und Afrikanern, die feministischen Bewegungen und die LGBT-Bewegungen tragen dazu bei, dass die Frage nach dem Menschlichen neu geschrieben wird. Was sind Bürger*innen?

Die radikale Dekonstruktion des liberalen Menschenbildes tangiert die Prinzipien der Demokratien und der historischen Linken: Was bedeutet die Verteidigung der Rechte? Wie können diese aussehen und wie können sie durch das Handeln von Menschenrechtsorganisationen und Bürgern im Kampf für ihre Rechte gestaltet werden? Diejenigen, die weder Zweifel an der »natürlichen Ordnung« haben, noch an der Existenz von nur zwei Geschlechtern, ihrer Nation, Religion oder der eigenen Ethnie, die sie für auserwählt halten, fühlen, sich nicht konzeptionell verunsichert. Von den Ansprüchen auf Staatsbürgerschaft, die Ausländer stellen, zeigen sie sich jedoch erschüttert. In der euphorischen Zeit der Globalisierung war die Akzeptanz pluralistischer Politik die Ressource der Demokraten, die die Diversität wertschätzen wollten, ohne die Synthese der *mestizaje* (Mestizisierung) auf nationaler Ebene, strikten Optionen des Geschlechts oder kurzum die Dominanz der Stärkeren aufzuerlegen. Die Vereinten Nationen, die UNESCO und nationale Einrichtungen oder NGOs betreiben immer noch Sozialpolitik und fördern kulturelle Werte, die auf diesem pluralistischen Weltbild basieren. Ihre sehr begrenzten Auswirkungen stehen im Kontrast zur Größe des Durcheinanders.

Auch die willkürliche Auswahl der menschlichen Eigenschaften durch die Unternehmen, die die transnationale Konzentration der Märkte anführen –

also die 50 Konzerne mit den höchsten Einnahmen, Facebook und andere Datensammler und Algorithmus-Riesen – treffen Vereinbarungen über dauerhafte Muster des interkulturellen Zusammenlebens.

Genau wie die Frage »Was ist der Mensch?« noch nicht universell oder homogen beantwortet werden kann, gibt es bisher nur wenig freiwillige Erkenntnisse zur Pluralität. Es ist verständlich, dass die Absicht der Multikulti-Politik oder des interkulturellen Dialogs in der Politik eine friedliche Gouvernementalität über die Welt ist, die nicht selbstzerstörerisch ist. Durch das Fehlen globaler Gremien und fester Übereinkünfte, die Regeln und Sanktionen zur Sicherstellung solcher Richtlinien vorsehen, und die harte Konkurrenz finanzgetriebener Volkswirtschaften, die das Volk längst vergessen haben, wird es allerdings schwierig, dem Pluralismus Raum zu geben.

An dieser Stelle werden wir mit dem Verlust der Subjekte und des Sinns konfrontiert. Seit Marx und den sozialen Bewegungen des 19. und des frühen 20. Jahrhunderts bemühten sich die Sozialwissenschaften um eine Überwindung des Abstrakten hin zum Konkreten, beziehungsweise um eine Wende von der spekulativen Philosophie zum empirischen Wissen über soziale Klassen und Nationalstaaten und die Vorstellungen, die über sie konstruiert werden können. Es ging auch darum, Herrschaftsstrukturen von Unternehmen zu analysieren und Formen des Widerstands mit strategischem Wert herauszuarbeiten. Der Beitrag der Sozialwissenschaften zum Verständnis der Rolle der Bürger in Nationen und innerhalb des Industriekapitalismus, sowie zur Entzifferung der Erfolge und Misserfolge emanzipatorischer Prozesse, verlieren in Zeiten der finanziellen und der algorithmischen Abstraktion ihre Gültigkeit. Wo ist der Platz in der Gesellschaft für Subjekte, die von sinnrelativierenden Mächten enteignet wurden?

Die gefährdeten Identitäten bzw. Abstraktionen, die die Realität »gewinnen«, erscheinen als möglicher Schutzwall vor der digitalen Globalisierung. Ihre knappen Fortschritte machen auch in wirtschaftlicher und in technologischer Hinsicht deutlich, was die Anthropologie bereits seit Jahren aussagt: Vielmehr als essentielle und selbstkonsistente Identitäten gibt es Wege, um uns selbst zu identifizieren und um herauszufinden, wo wir gerne hingehören möchten, mit wem es sich anzufreunden lohnt und von wem wir uns differenzieren müssen. Deshalb sind die Resultate dieser neuen Abstraktionen unbeständig und von geringer Reichweite.

Durch die Expansion der sozialen Netzwerke, denen jeder angehören kann, erfahren wir auf schwindelerregende Weise von den zahlreichen Arten des Menschseins und von den vielfältigen Entfaltungsmöglichkeiten der eigenen Identität: Wir benutzen mehrere Reisepässe, denken in verschiedenen Sprachen, haben einen Familienteil im einen, und den Rest der Verwandtschaft in zwei anderen Ländern, können wählen zwischen verschiedenen sexuellen Orientierungen, und kombinieren aus einer Fülle an heterogenen Möglichkeiten unsere Kleidung, das Essen, die Inneneinrichtung zu Hause. Meine Suche nach Anerkennung teilt sich unter mehreren anderen Suchen auf.

Diese Streuung der Koexistenz erledigt sich nicht einfach durch die Erweiterung der Fragestellung nach Genderoptionen, der sexuellen Orientierung oder der Zugehörigkeit zu verschiedenen Kulturen. Gegenwärtige Kritiker kommen zu dem Schluss, dass die Schwierigkeit einer Festlegung universell gültiger Definitionen damit einhergeht, dass wir in so genannten Gesellschaften der Desidentifikation leben. Aus dem Blickwinkel eines multikulturellen Fensters befinden wir uns in einer Zeit der mehrfachen Identifikationsmöglichkeiten. Im Zusammenhang mit unserem Thema bedeutet das die Notwendigkeit der Erkenntnis, dass wir zwischen *Entbürgerlichung* und neuen Formaten der Staatsbürgerschaft schwanken.

Politiker und Wirtschaftswissenschaftler warnen vor den Risiken der Desintegration. Es ist ungewiss, wer die Entscheidungen trifft, noch von welcher Dauer sie sind. Auch ist unklar, wer uns einen Platz oder ein Gehalt auf dem Arbeitsmarkt zuweist, wer uns schadet und gegen wen wir uns auflehnen sollen, wer sich über die Medien und die Netzwerke an uns richtet. Die Unsicherheit wird also verstärkt, wenn die algorithmischen Kreisläufe uns unsere Persönlichkeit abnehmen. Die weitreichende, marketingorientierte Nutzung des algorithmischen Wissens erzeugt Illusionen über unsere Gruppenzugehörigkeit als Nutzer und führt zu Enttäuschungen bei dem Versuch, unsere Rechte geltend zu machen.

Ist das Anwenden anderer Kategorien, wie die der Klasse, für unsere Situierung in dieser Periode der verschärften Ungleichheit noch nützlich? Den traditionellen Parteien, sogar den US-Demokraten, scheint die Umverteilung wieder wichtiger zu werden. In manchen Fällen bereichert sich die rechtsgerichtete Politik, etwa unter Trump, der Front National von Le Pen, und Bolsonaro in Brasilien an dem Unbehagen in der Bevölkerung, das durch die Ungleichheit und die Ausräumung der Rechte erzeugt wird. Gleichzeitig beschuldigen sie diffuse Feindbilder mit gemischten Identitäten: Ausländer, Homosexuelle, Atheisten, Intellektuelle, die Linke und eben diejenigen, die aus der nationalistisch geprägten Kulisse herausstechen.

Die politische Auseinandersetzung begünstigt einander ähnelnde Vereinfachungen zwischen denjenigen, die mit kritischen Positionen tönen: die Partei *Podemos* sprach von »der Kaste«, López Obrador von der hochnäsigen »Fifi-Presse«. Infolgedessen verschwimmen die ursprünglichen Traditionen des Klassenkampfs – Arbeiter gegen Arbeitgeber, Angestellte gegen Regierungen, Bürger gegen das Militär – zu verschiedensten Feindbildern von denen wir den Eindruck haben, dass sie uns verspotten. In einigen Auseinandersetzungen bleibt der Hass gegenüber den Reichen und den einkommensstarken Politikern zusammen mit Motivationen und Taktiken bestehen, die eine Vernetzung des Widerstands schwierig machen: Ebenso wie sich die Gelbwesten von den Großstädtern belächelt fühlen, weil für sie das Benzin zu teuer oder das nächste Krankenhaus zu weit weg ist, führen die Ungleichheiten in Lateinamerika dazu, dass die Einwohner der Hauptstädte, die Banken, die Börsenspekulanten oder Investitionsmanager, oder ehemalige lokale Widersacher zum Sündenbock werden. Ohne eine integrierte Perspektive, in der eine Kombination aus konkreten Verantwortlichen und die Verbindungen zwischen Kartellen, Unternehmen und Politikern genau benannt werden, bleibt die oft kritisierte »Macht« nichts weiter als ein anonymer Slogan. Die Erfahrungen der letzten Jahre hinterlassen bei den Bürgern den Eindruck, dass die Verhaftung irgendeines Präsidenten (darunter drei in Peru, von denen sich einer das Leben nahm), eines lokalen Beteiligten am Odebrecht-Skandal oder eines Drogenbosses möglich ist, aber dass die Netzwerke und der Gesamtapparat der Korruption versteckt und aktiv bleiben. Wo kann man das melden, welches Beschwerdetelefon rufen wir an, um unsere *Menschen*rechte zu verteidigen?

Während der soziale Sinn an so vielen rätselhaften Fronten zerbröckelt, an denen es (zumindest aus Sicht der Wohlhabenden, der emanzipatorischen Bewegungen, der Philosophie und der modernen Sozialwissenschaft) wenig Interesse für den Sinn zu geben scheint, müssen wir die Überlegungen von Kant und den Begründern des liberalen Gedankens, ja sogar die Ricœurs Frage, erweitern: Was ist die Bedeutung des Sinns? Es geht mir nicht darum, diese Fragen zu verwerfen, sondern sie im Kontext dieser zum Ausweichen tendierenden Zeit neu zu denken. Heute neigen wir dazu, dass Investitionen in die Zeit von kurzer Dauer sind, wie beispielsweise Tweets oder Chats, die wir heute verfassen und in der darauffolgenden Woche löschen. Oder vielleicht sind diese Erinnerungen nicht nur Passagiere in unserem Kopf, sondern sammeln sich in unserem persönlichen Speicher, statt nur auf der Festplatte oder in der Cloud. Deshalb sind wir so abhängig von der Frage, wohin das alles führt – nicht nur bei unserer Lieblingsserie, sondern auch in der Realität. Gibt es Ende mit positivem Ausgang?

Gayatri Spivak argumentierte, dass wir uns angesichts der Heterogenität der Konflikte in der »doppelten Abhängigkeit der Emigranten« schulen müssen. Ich würde dieses Argument durch die zahlreicheren Verbindungen der jungen Generation und der simultanen Angehörigen verschiedener Kulturen, Medien und Netzwerke ergänzen. Spivak schlug demnach vor, »unter widersprüchlichen Vorgaben leben zu lernen« (Spivak 2017, 17).

Ich würde ihre Überlegung wie folgt ausweiten: die Unschlüssigkeit zwischen dem Realen und dem Virtuellen verwirrt uns Bürger und begünstigt den opportunistischen Zynismus von Politikern, Unternehmen und einigen sozialen Bewegungen, die Groucho Marx so treffend ironisiert hat (»Meine Prinzipien sind folgende: Wenn euch das nicht gefällt, dann habe ich was anderes für euch«). Über die Annahme der Heterogenität der Widerstände komme ich noch zu einer weiteren Art, die Konflikte und die Handlungsweisen der Lateinamerikaner sogar im Fall der Dissidenz innerhalb einer Nation, eines Genderkonzepts oder einer Ethnie ohne jeglichen Totalisierungsanspruch zu verstehen. Der anfängliche Weg dahin ist bescheidener als die Annahme, es handele sich dabei um eine anthropologische Sichtweise oder um eine Epistemologie des Südens, der Dekolonialisierung oder der Technologie und ihren Alternativen. Es geht darum, auf flexible Art und Weise zu erschließen, wann diese Konflikte als Ort fungieren, an dem man sich zum Nachdenken begibt und an dem man neue, verschiedene Handlungsformen ausprobieren kann.

Eine Erneuerung der Institutionen schließe ich nicht aus. Es kann weiterhin sinnvoll sein, altbewährte Wege der zivilen Teilhabe zu nutzen, wenn es sich lohnt. Dazu zählen Abstimmungen, Bürgerhaushalte, Straßenproteste, das gezielte Nutzen der Bildschirme. Rebellionen ausgehend von bespitzelten Bürgern, Widerstandsgruppierungen und kleinere Umverteilungen der Macht, die gelegentlich im Stadtrat oder in Gremien zur regionalen Integration auftreten, sind nicht per se überholt. Aber um Formen der Staatsbürgerschaft zu erkunden, die weder von der Institutionalität, noch von den Apps und deren Gewinnorientierung eingefangen werden, liefern die unabhängigen Bewegungen mit ihren neugestalteten Strategien und ihrer Art und Weise, Menschen zu führen, eine hochinteressante Alternative. Sie beziehen sowohl kollektive, als auch individuelle Erfahrungen mit ein, und betten diese sowohl in den makro-, also auch in den mikrosozialen Kontext ein. Sie entwerfen dadurch gesellschaftliche Montagen und beziehen Stellung angesichts der Arroganz derer, die meinen, die Gesellschaft, den Sprachgebrauch und die Algorithmen zu steuern: Schaut her, wir haben ganz andere Fragen, und es macht uns keine Angst, dass sie widersprüchlich sind!

Durch Algorithmen ausgetauschte Bürger? Das sind keine *Fake News*, sondern nur eine Dimension dessen, was in der heutigen Zeit geschieht.

Mexiko-Stadt, im Juli 2019

Bibliographie

ABÉLES, Marc, Política de la supervivencia, Buenos Aires 2008.

ÁLVAREZ, Lucía, (Re) pensar la ciudadanía en el siglo XXI, Mexiko-Stadt 2019.

APPLEBAUM, Anne, Ultraderecha con agenda global. Ideas, in: El País, 12.05.2019.

ARTEAGA, NELSON/Arzuaga, Javier, Derivas de un performance político: emergencia y fuerza de los movimientos 131 y YoSoy132, in: Revista Mexicana de Sociología 76 (1/2014), URL: http://mexicanadesociologia.unam.mx/index.php/v76n1/53-v76n1-a5.

AZÓCAR, Carlos, La tinta sobre el movimiento: revisión y propuesta de clasificación de la literatura sobre el movimiento estudiantil chileno (2011-2014) a la luz del nuevo scenario político y su crisis, in: Anuari del Conflicte Social 4 (2014), URL: http://revistes.ub.edu/index.php/ACS/article/view/12281/15034.

BADRY, Mahmoud, Verifying Facts in a Post-Truth World, in: Masters of Media (23.09.2018), URL: https://mastersofmedia.hum.uva.nl/blog/2018/09/23/verifying-facts-in-a-post-truth-world/.

BALIBAR, Étienne, Ciudadanía, Buenos Aires 2013.

BALIBAR, Étienne, La igualibertad, Barcelona 2017.

BASTIÉ, Eugénia/Guilluy, Christophe, Les ›gilets jaunes‹ attestent la révolte de la France périphérique, in: Le Figaro, 19.11.2018.

BEAMONTE, Paloma, Verificado19s: la importancia de la verificación de datos para ayudar en la tragedia, in: Hipertextual, 26.09.2017, URL: https://hipertextual.com/2017/09/verificado19s-importancia-verificacion-datos-ayudar-tragedia.

BLITZER, Jonathan, The Trump administration's self-defeating policy toward the Guatemalan elections, in: The New Yorker 30.05.2019, URL: https://www.newyorker.com/news/daily-comment/the-trump-administrations-self-defeating-policy-toward-the-guatemalan-elections.

BRITO, Andrea/Finocchio, Silvia, (Enseñar a) leer y escribir, en presente y a futuro. Entrevista a Anne Marie Chartier, in: Propuesta educativa 32 (2009), 65-71, URL: https://www.redalyc.org/articulo.oa?id=403041704009.

BROWN, Wendy, Edgework. Critical essays on knowledge and politics, Princeton 2005.

BUENO, Carmen, Innovación abierta. De consumidores a productores de valor, in: Desacatos 56 (2018), 50-69.

BUTLER, Judith, Prefacio, in: Isabel Lorey, Estado de inseguridad. Gobernar la precariedad, Madrid 2016.

CALDERÓN, Verónica, La juventud perdida de Latinoamérica, in: El País, 13.08.2010

CASTEL, Robert, La metamorfosis de la cuestión social, Buenos Aires 2002.

CASTELLS, Manuel, Telegram, in: La Vanguardia 12.05.2018, URL: https://www.lavanguardia.com/opinion/20180512/443520720169/telegram.html.

CHARTIER, Roger, Leer la lectura, in ¿Qué leer? ¿Cómo leer? Perspectivas sobre la lectura en la infancia, Santiago de Chile 2012.

CANELAS, Antonio/Bayardo, Rubens (Hrsg.), Políticas culturales en Iberoamérica, Medellín 2008.

COSTA, Flavia, Sueños y pesadillas del tecnocapitalismo. Entrevista con Eric Sadin, in: Revista Ñ, 17.06.2017.

CROVI, Delia/Trejo, Raúl (Hg.), Tejiendo nuestra historia. Investigación de la comunicación en América Latina, Mexiko-Stadt 2018.

DE HOYOS, Rafaek/Rogers, Halsey/Székely, Miguel, Ninis en América Latina, Washington, D.C. 2016, URL: https://openknowledge.worldbank.org/bitstream/handle/10986/22349/K8423.pdf?sequence=5&isAllowed=.

DEIBERT, Ronald, Três duras verdades sobre as redes_sociais, in: Fundação FHC 22.05.2019, URL: https://medium.com/funda%C3%A7%C3%A3o-fhc/tr%C3%AAs-duras-verdades-sobre-as-redes-sociais-45cb2cafcc43.

DOSSE, François, Paul Ricoeur. Los sentidos de una vida (1913-2005), Buenos Aires 2013.

DUSSEL, Inés, Más allá del mito de los ›nativos digitales‹. Jóvenes, escuelas y saberes en la cultura digital, in: Myriam Southwell (Hrsg.), Entre generaciones. Exploraciones sobre educación, cultura e instituciones, Rosario 2012.

DUTRÉNIT, Silvia (Hg.), Perforando la impunidad, Mexiko-Stadt 2017.

EXPÓSITO, Marcelo, Conversaciones con Manuel Borja-Villel, Madrid 2015.

Art. »Facebook s'effondre de 18 % à l'ouverture de Wall Street«, in: Le Monde 26.07.2018, URL: https://www.lemonde.fr/entreprises/article/2018/07/26/facebook-s-effondre-en-bourse-apres-les-scandales-a-repetition_5335985_1656994.html.

Febbro, Eduardo, ¿Por qué crece el evangelismo en Brasil y qué consecuencias políticas tiene? Entrevista con Lamia Oualalou, in: Nueva Sociedad (10/2018), URL: http://nuso.org/articulo/por-que-crece-el-evangelismo-en-brasil-y-que-consecuencias-politicas-tiene/.

Feixa, Carles, De la generación@ a la #generación. La juventud en la era digital, Barcelona 2014.

Fernández, Ana María, Las diferencias desigualadas: multiplicidades, invenciones políticas y transdisciplina, in: Nómadas 30 (4/2008).

Fernández, Ana María, Psicoanálisis y Política: Nuevas herramientas para nuevos desafíos, in: The VII Annual Social Theory Forum: »Critical Social Theory: Freud and Lacan for the 21st Century«, Kongress in Boston 2010.

Fernández, Ana María, Jóvenes de vidas grises: psicoanálisis y biopolíticas, Buenos Aires 2017.

Foucault, Michel, Las palabras y las cosas, Madrid 1978.

Foucault, Michel, Die Ordnung der Dinge, Frankfurt a.M. 1974.

Funke, Daniel, What it's like to fact-check a Mexican presidential debate, in: Poynter 14.06.2018, URL: https://www.poynter.org/fact-checking/2018/what-its-like-to-fact-check-a-mexican-presidential-debate/.

Galdon, Gemma, Es ético comprar en Amazon?, in: El País 23.12.2018, URL: https://elpais.com/tecnologia/2018/12/21/actualidad/1545407088_015525.html.

Garay, Lucía, Así, ¿quién quiere estar integrado?, Buenos Aires 2015.

García Canclini, Néstor, La sociedad sin relato, Buenos Aires 2010.

García Canclini, Néstor, El futuro de la cooperación: reformular el Espacio Cultural Iberoamericano, in: Informe sobre el Estado de la Cultura en España 2018, Madrid 2018.

García Canclini, Néstor et al., Hacia una antropología de los lectores, Mexiko-Stadt 2015.

García Canclini, Néstor/Moneta, Carlos Juan (Hrsg.), Las industrias culturales en la integración latinoamericana, Mexiko-Stadt 1999.

García Canclini, Néstor/Piedras, Ernesto, Jóvenes creativos. Estrategias y redes culturales, Mexiko-Stadt 2013.

García Canclini, Néstor/Urteaga, Maritza, Maritza Urteaga y Néstor García Canclini conversan sobre la juventud en las ciencias sociales: delincuentes, consumidores, migrantes o actores alternativos, in: Metamorfosis, Revista del Centro Reina Sofía sobre Adolescencia y Juventud 6 (6/2017).

García Canclini, Néstor/Cruces, Francisco/Urteaga, Maritza, Jóvenes, Culturas Urbanas y Redes Digitales, Madrid 2012.

García Vega, Miguel Ángel, El año horrible de Facebook, in: El País 05.01.2019, URL: https://elpais.com/economia/2019/01/02/actualidad/1546449062_518547.html.

Garretón, Manuel Antonio (Hrsg.), El espacio cultural latinoamericano. Bases para una política de integración cultural, Santiago de Chile 2003.

Gerber, Verónica/Pinochet, Carla, Economías creativas y economías domésticas en el trabajo artístico joven, in: Néstor García Canclini/Ernesto Piedras (Hrsg.), Jóvenes creativos. Estrategias y redes culturales, Mexiko-Stadt 2013.

Gigena, Daniel/Hustvedt, Siri, Los científicos deberían leer más humanidades, in: La Nación 04.06.2018.

Ginzberg, Victoria, La capacidad de movilización y lucha de la sociedad argentina no la vemos en ningún otro lugar del mundo, in: Página 12, 19.05.2019, URL: https://www.pagina12.com.ar/194836-la-capacidad-de-movilizacion-y-lucha-de-la-sociedad-argentin.

Godelier, Maurice, Lo ideal y lo material, Madrid 1989.

Grimson, Alejandro, ¿Qué es el peronismo?, Buenos Aires 2019.

Grimson, Alejandro/Varela, Mirta, Audiencias, cultura y poder. Estudios sobre la television, Buenos Aires 1999.

Guillermo, Federico, Sobre indicios y resistencias. En torno al paradigma indiciario de Carlo Ginzburg, in: Prácticas de oficio. Investigación y reflexión en Ciencias Sociales 1 (2007), URL: http://ides.org.ar/wp-content/uploads/2012/04/a1.DCSeccion_Carlo.Ginzburg_Federico.Lorenz1.pdf.

Guilluy, Christophe, Los ›chalecos amarillos‹, efecto de la globalización, in: El País, 16.12.2018.

Harari, Yuval Noah, Homo Deus. Breve historia del mañana, Barcelona 2016.

Harari, Yuval Noah, 21 Lektionen für das 21. Jahrhundert. C.H. München 2018.

Harari, Yuval Noah, Los cerebros hackeados votan, in: El País 06.01.2019, URL: https://elpais.com/internacional/2019/01/04/actualidad/1546602935_606381.html.

Harvey, David, El »nuevo« imperialismo: acumulación por desposesión, Buenos Aires 2005.

Hopenhayn, Martín, Inclusión y exclusión social en la juventud latinoamericana, in: Pensamiento Iberoamericano 3 (2008), 49-71.

Keane, John, Structural transformations of the public sphere, in: The Communication Review 1 (1/1995).

Keane, John, Vida y muerte de la democracia, Mexiko-Stadt 2018.

Kumamoto, Pedro, ¿Por qué un partido? (I), in: El Financiero, 05.02.2019, URL: https://www.elfinanciero.com.mx/opinion/pedro-kumamoto/porque-un-partido-I.

Lago, Eduardo, Entrevista a Teju Cole: ›La novela es una forma artística europea‹, in: El País, 05.10.2016, URL: https://cultura.elpais.com/cultura/2016/09/28/babelia/1475096546_912585.html.

Landi, Oscar, Videopolítica y cultura, in: Diálogos de la comunicación 29 (1991).

Lash, Scott, Capitalism and metaphysics, in: Theory, Culture and Society 24 (5/2007), 1-26.

Latinobarómetro, Informe 2018 (Chile 2018), URL: www.latinobarometro.org/latNewsShow.jsp.

Lévi-Strauss, Claude, Traurige Tropen, Köln 1974.

Lins, Gustavo, El precio de la palabra: La hegemonía del capitalismo electrónico-informático y el Googleismo, in: Desacatos 56 (2018), 16-33.

Lomnitz, Claudiom, Tlahuelilpan: imaginario político vs. imaginario económico, in: La Jornada, 23.01.2019.

Lorey, Isabel, Estado de inseguridad. Gobernar la precariedad, Madrid 2016.

Lotero, Gabriel/Romero-Rodríguez, Luis/Amor Pérez, M., Fact-checking vs. Fake news: Periodismo de confirmación como componente de la competencia mediática contra la desinformación, in: Revista de comunicación aplicada 8 (2/2018), URL: http://journals.sfu.ca/indexcomunicacion/index.php/indexcomunicacion/article/view/370.

Llul, James (Hrsg.), World families watch television, Thousand Oaks1998.

Malkin, Elisabeth, Reportaje de New York Times sobre el trabajo de cicig en Guatemala (2019), URL: https://www.cicig.org/noticias-2019/reportaje-de new-york-times-sobre-el-trabajo-de-cicig/.

Márquez, Israel/Ardévol, Elisenda, Hegemonía y contrahegemonía en el fenómeno youtuber, in: Desacatos 56 (2018), 34-49.

Martín, Patricia, ›El tema de género me importa‹: Domitila Bedel, in: El Financiero 30.01.2019, URL: https://www.elfinanciero.com.mx/culturas/el-tema-de-genero-me-importa-domitila-bedel.

Martín Barbero, Jesús, De los medios a las mediaciones. Comunicación, cultura y hegemonía, Mexiko-Stadt 1987.

Martín Barbero, Jesús, Tecnicidades, identidades, alteridades: des-ubicaciones y opacidades de la comunicación en el nuevo siglo, in: Diálogos de la comunicación 64 (2002), URL: https://www.infoamerica.org/documentos_pdf/martin_barbero1.pdf.

Martín del Barrio, Javier/de Sousa Santos, Boaventura: Portugal demostró que el neoliberalismo era mentira, in: El País 05.11.2018, URL: https://elpais.com/internacional/2018/11/02/actualidad/1541181915_050896.html.

Martins, Carlos Eduardo, Escalada fascista no Brasil: as tarefas do campo popular e democrático, in: Blog da Boitempo 09.10.2018, URL: https://blogdaboitempo.com.br/2018/10/09/a-escalada-fascista-no-brasil-as-tarefas-do-campo-popular-e-democratico/.

Mato, Daniel (Hrsg.), Políticas de ciudadanía y sociedad civil en tiempos de globalización, Venezuela 2004.

Menger, Pierre-Michel, Les intermittents du spectacle. Sociologie du travail flexible, Paris 2005.

Menger, Pierre-Michel, Le travail créatur, Paris 2009.

Miller, Toby, Cultural citizenship: cosmopolitanism, consumerism, and television in a neoliberal age, Phiadelphia 2007.

Morozov, Evgeny, El desengaño de Internet, Madrid 2012.

Moulier, Yann, Le capitalism cognitif: La nouvelle grande transformation, Paris 2007.

Muñoz, Germán, Juvenicidio en Colombia: crímenes de Estado y prácticas socialmente aceptables, in José Manuel Valenzuela (Hrsg.), Juvenicidio: Ayotzinapa y las vidas precarias en América Latina y España, Mexiko-Stadt 2015.

Naím, Moises, La polarización se globaliza, in: El País, 20.01.2018, URL: https://elpais.com/elpais/2019/01/19/opinion/1547913495_018622.html.

Nivón, Eduardo, Diversos modos de leer. Familia, escuela, vida en la calle y recursos digitales, in: Néstor García Canclini et al. (Hrsg.), Hacia una antropología de los lectores, Mexiko-Stadt 2015.

Noain-Sánchez, Amaya, Periodismo de confirmación vs. Desinformación: Verificado18 y las elecciones mexicanas de 2018, in: Ámbitos. Revista internacional de comunicación 43 (1/2019), URL: https://revistascientificas.us.es/index.php/Ambitos/article/view/6655/6817.

Olavarría, Diego, Hola. Llamo por el apartamento en renta de seis mil pesos (20.12.2018, 20:09), URL: https://twitter.com/oasisdehorror/status/1075966396067016704.

Oppenheimer, Andrés, La globalización sin Estados Unidos, in: Reforma, 08.07.2019.

Orozco, Guillermo, Audiencias y pantallas en América, in: Comunicar XV 30 (2008).

Ortiz, Renato, A moderna tradição brasileira, São Paulo 1988.

Pérez, Carmen/López, Andrés, Los usos sociales de la lectura: del modo tradicional a otras formas colectivas de leer, in: Néstor García Canclini (Hg.), Hacia una antropología de los lectores, Mexiko-Stadt 2015.

Prieto, Ana, Una historia de las excepciones. Entrevista con Carlo Ginzburg, in: Revista Ñ (10/2018).

Reguillo, Rossana (Hg.), Los jóvenes en México, Mexiko-Stadt 2015.

Reguillo, Rossana, Paisajes insurrectos: Jóvenes, redes y revueltas en el otoño civilizatorio, Madrid 2017.

Reygadas, Luis, Dones, falsos dones, bienes comunes y explotación en las redes digitales. Diversidad de la economía virtual, in: Desacatos 56 (2018), 70-89.

Ricoeur, Paul, Estructura y hermenéutica, in: Claude Lévi-Strauss/Pierre Verstraeten/Paul Ricoeur (Hrsg.), Problemas del estructuralismo, Córdoba 1967.

Riquelme, Rodrigo, Talent Land Jalisco ¿el Silicon Valley de México?, in: El Economista, 03.04.2018, URL: https://www.eleconomista.com.mx/tecnologia/Talent-Land-Jalisco-el-Silicon-Valley-de-Mexico-20180403-0057.html.

Rosaldo, Renato, Cultural Citizenship in island Southeast Asia, Berkeley 2003.

Rosas, Ana María, Ir al cine. Antropología de los públicos, la ciudad y las pantallas, Mexiko-Stadt 2017.

Rouvroy, Antoinette/Berns, Thomas, Gubernamentalidad algorítmica y perspectivas de emancipación. ¿La disparidad como condición de individuación a través de la relación?, in: Adenda Filosófica 1 (12/2016).

Sábato, Hilda, Sentidos del sufragio, in: Revista Ñ 06.10.2017, URL: https://www.clarin.com/revista-enie/ideas/sentidos-sufragio_0_HyW69_BhZ.html.

Sadin, Eric, La humanidad aumentada, Buenos Aires 2017.

Sadin, Eric, La silicolonización del mundo, Buenos Aires 2018.

SARLO, Beatriz, Escenas de la vida posmoderna, Buenos Aires, 1994.

SATURNINO, Rodrigo, Las nuevas identidades políticas de la Sociedad digital, in: R. Martins/H. Buarque de Hollanda/R. Saturnino (Hg.), Miradas Periféricas. Las nuevas epistemologías de la Comunicación en Brasil y en Portugal, Barcelona 2016, 168-192.

SCASSERRA, Sofía, El despotismo de los algoritmos. Cómo regular el empleo en las plataformas, in: Nueva Sociedad 279, Januar-Februar 2019, URL: http://nuso.org/articulo/el-despotismo-de-los-algoritmos/.

SOTO, José, Jalisco, un refugio para trabajadores de Silicon Valley, in: El Economista, 28.01.2018, URL: https://www.eleconomista.com.mx/opinion/Jalisco-un-refugio-para-trabajadores-de-Silicon-Valley-20180128-0016.html.

SPIVAK, Gayatri, Una educación estética en la era de la globalización, Mexiko-Stadt 2017.

SUNKEL, Guillermo (Hrsg.), El consumo cultural en América Latina, Bogotá 1999.

TILLY, Charles/Gootenberg, Paul, Desigualdades persistentes en América Latina: historia y cultura, in: Alteridades 28 (2004).

TREJO, Raúl, México enredado. Auge, ligereza y limitaciones en el uso político de las redes sociodigitales, in: Rosalía Winocur/José Alberto Sánchez (Hrsg.), Redes sociodigitales en México, Mexiko-Stadt 2015.

VALENZUELA ARCE, José Manuel, Trazos de sangre y fuego: Bio-Necropolítica juvenicidio en América Latina. Guadalajara 2019.

ART. VERIFICADO 2018, Verificado 2018 Hasta luego. Hoy cierra Verificado 2018, in: Forbes, 09.07.2018, URL: https://www.forbes.com.mx/hasta-luego-hoy-cierra-verificado-2018/.

VICENTE, Álex/Sadin, Éric: El libre albedrío se desploma a causa de la inteligencia artificial, in: El País 12.07.2017, URL: https://elpais.com/cultura/2017/07/11/babelia/1499762435_023266.html.

VIDAL, Macarena, 25 millones de personas en China, bajo el control de una empresa de vigilancia facial, in: El País, 18.02.2019.

VILLAFLORES, Javier, Carlo Ginzburg, el historiador como teórico, Mexiko-Stadt 1994.

WINOCUR, Rosalía, Ciudadanos mediáticos. La construcción de lo público en la radio, Barcelona 2002.

WINOCUR, Rosalía, La emergencia de esferas público-privadas en las redes sociodigitales, in: Rosalía Wincour/José Alberto Sánchez (Hrsg.), Redes sociodigitales en México, Mexiko-Stadt 2015.

Witte, Griff, Un país europeo, a punto de ser gobernado por el Partido Pirata, in: Infobae 24.10.2016, URL: https://www.infobae.com/america/mundo/2016/10/24/un-pais-europeo-a-punto-de-ser-gobernado-por-el-partido-pirata/.

Yúdice, George, Los desafíos del nuevo escenario mediático para las políticas públicas, in: Revista Observatório 20 (2016), 87-112.

Zygouris, Radmilla, El niño de júbilo (Pulsiones de vida), Buenos Aires 2005.